本书编委会

主　　编　邓剑波

副主编　陈爱华　王　旎

编　　委（按姓氏笔画为序）

邓剑波　王　旎　叶坤妮　陈爱华

昌　盛　姚　旺　徐　丹　傅湘莉

全国高职高专规划教材

环保应用文写作教程

主　编　邓剑波
副主编　陈爱华
　　　　王　旎

中国环境出版集团·北京

图书在版编目（CIP）数据

环保应用文写作教程/邓剑波主编. —北京：中国环境出版集团，2011.7（2019.1 重印）

（全国高职高专规划教材）

ISBN 978-7-5111-0619-3

Ⅰ. ①环… Ⅱ. ①邓… Ⅲ. ①环境保护—应用文—写作—教材 Ⅳ. ①H152.3

中国版本图书馆 CIP 数据核字（2011）第 122561 号

出 版 人 武德凯
责任编辑 黄晓燕 孟亚莉
责任校对 扣志红
封面设计 宋 瑞

更多信息，请关注
中国环境出版集团
第一分社

出版发行 中国环境出版集团
（100062 北京市东城区广渠门内大街 16 号）
网 址：http：//www.cesp.com.cn
电子邮箱：bjgl@cesp.com.cn
联系电话：010-67112765（编辑管理部）
010-67112735（第一分社）
发行热线：010-67125803，010-67113405（传真）

印 刷 北京中科印刷有限公司
经 销 各地新华书店
版 次 2011 年 7 月第 1 版
印 次 2019 年 1 月第 4 次印刷
开 本 787×960 1/16
印 张 20.25
字 数 360 千字
定 价 32.00 元

前　言

目前，环境保护已经成为全人类面临的共同课题。随着经济社会的高速发展，我国环境污染面临结构型、压缩型和复合型的严峻局面，环保部门肩负的使命更加繁重和艰巨，相应，对环保工作者的素质要求也更高。作为一名合格的环保工作者，不仅需要具备环保专业技能，而且还应具有一定的应用文写作能力。当前，市面上的应用文写作教材鲜有涉及环保领域，这对提高环保工作者的应用文写作能力非常不便。因此，我们组织了一批多年从事教学工作并具有丰富的环保工作经验的专家和学者，编写了《环保应用文写作教程》一书，旨在用于环保类专业学生的教学，为环保从业人员的实践提供参考。

本书具有鲜明的环保特色，学、练结合，注重实践训练环节。设计了“案例赏析”、“知识橱窗”、“问题诊断”、“技能训练”四个步骤的编排体例，本着实用和必需的原则，整本书紧密围绕环保工作，精选环保工作、学习中使用频率高的文种，从案例的选择、知识概念的阐述、问题的设计到课后的技能训练各个环节紧扣环保主题。

本书由邓剑波担任主编，陈爱华、王旎任副主编，叶坤妮、昌盛、姚旺、徐丹、傅湘莉参与编写。其中邓剑波编写第一章，徐丹编写第二章，王旎编写第三章，陈爱华编写第四章、第八章和第九章、收录附录二至附录五，傅湘莉编写第五章，叶坤妮编写第六章，姚旺编写第七章，昌盛收集整理附录一。邓剑波、陈爱华负责全书的策划、统稿工作，王旎负责全书的校对工作。

本书在编写过程中，参阅了大量著作和文章，并引用了一些例文，特向有关作者、网站表示衷心感谢！湖南省环境保护厅法制宣传处处长陈战军参与了审稿工作，并对书稿内容提出了宝贵建议，在此一并表示感谢！

由于编者水平有限，书中难免有疏漏之处，恳请广大读者、同仁批评指正。

编　者

2011 年 7 月

目　录

第一章 应用文概述

第一节 应用文的概念、作用、特点、种类

一、应用文的概念

应用文是党政机关、社会团体、企事业单位及其部门和个人在处理公务和私人事务时使用的格式规范、行文简约、具有凭据效力的实用性文体。

二、应用文的作用

应用文是一种工具，作为实用性很强的文章，它具有广泛的社会作用。在所有文体中，应用文和人们的实际生活联系最直接、最紧密。随着改革开放的不断深入，人类交往的范围不断扩大，社会主义市场经济体制的建立，市场与应用文写作的关系越来越紧密，信息交流日益增多，处理问题、接洽事情、沟通情况、交流经验等，处处离不开应用文。应用文的作用，概括起来有以下几点内容。

（一）指挥管理作用

自古以来，应用文就是对社会进行管理的工具。党和政府通过下达公文，发布各种法规，下级机关必须“遵照执行”或“参照执行”，这样，就能起到指导、规范并推动各项工作开展的作用，使各单位的具体工作统一步调；同时，下级机关的请示、报告、总结等，能及时反映基层的情况，也为中央制定方针、政策，及时指导工作提供依据。这样上情下达，下情上达，从而不断地推进社会主义现代化建设的进程，促进社会的发展。

（二）宣传教育作用

行政公文的发布，是在传达党的方针、政策，而人们在学习理解、贯彻执行的过程中，也受到深刻的教育。如公文中的“通报”，就是通过对某人某事的赞扬或批评，让人们知道什么是对和错，自己应该怎样去做。在市场经济条件下，应用文

的宣传教育作用，又有了新的表现。众多企事业单位利用“广告”这一宣传工具，宣传自身形象，传播市场信息，提高自身的知名度，扩大自身影响，赢得社会的信任和支持。经常见诸报端的“招聘启事”，也是在宣传自己的实力，扩大影响。

（三）沟通协调作用

现代社会里，人们的活动范围更加广泛。单位和单位之间，需要加强联系、互通信息、互相协作。为了当事人双方的共同利益，实现一定的经济目的，就要通过签订经济合同的方法，促进经济的发展。在当前这个信息社会里，信息是各经济部门作决策的基础。通过发布、传递市场信息，就能够使经济管理各环节互相沟通，形成经济活动的纽带。不仅单位之间如此，个人与个人之间、个人与群体之间，也需要相互了解，联络感情，协商事情。一般的书信对于加强个人间的感情联络起了很大作用。专用书信对于加强个人与群体之间的相互了解，以致协商事情也起到了相当大的作用。如感谢信、推荐信、请柬等，已为越来越多的人关注和使用。所有这些，都证明应用文的沟通协调作用是不可忽视的。

（四）依据凭证作用

应用文的依据凭证作用，在不同的文种中都有程度不同的表现。就行政机关公文而言，每份公文都反映着制发机关的意图，收文机关以此为依据去处理工作、解决问题。如果没有必要的公文作为依据和凭证，各机关之间的公务联系必然削弱，难以开展正常有秩序的工作。就经济合同而言，其凭证作用更为明显。作为双方彼此确定的权利和义务的凭证双方都要信守，任何一方违约，都要承担违约责任。其他如介绍信、证明信、计划等，都可作为凭证。应用文有时效性，某件事办完了，其作用也随之消失。但是有些应用文，作为真实的历史记录，在完成其现阶段任务后，将立卷归档，作为文献资料留供后人查考，起着凭证作用。

三、应用文的特点

要学好应用文写作，首先要掌握应用文的特点，这有利于按其特点把握思维方式、写作目的、表述方式等，提高写作水平。我国的应用文发展历史悠长，种类繁多，目前还没有权威的分类体系。但无论怎么分类，各类应用文体有其共同的特点：

（一）实用性

从广义上说，所有文章都是现实的反映，有一定的现实性，自然也包括文学作品。但应用文的实用性更强烈、更直接。实用性是应用文最主要的特征。

从写作目的看，应用文写作就是为了解决现实中的实际问题，实用性是应用文写作最重要、最根本的特点。人们重视应用文写作，社会需要应用文写作，都是因为它直接为社会生活服务，具有实际的使用价值。如写请示是为了向上级请求帮助，写广告是为了向公众宣传商品或服务等。可以说，失去了实用性，应用文写作就失去了其自身存在的价值。

写作目的的实用性决定了写作内容的实用性和具体性。应用文写作的目的是反映并指导社会实践，这就要求应用文写作必须从客观实际出发，利用真实的材料，揭示事物的本质规律。它不允许夸张，更不允许虚构。只有这样，才能达到写作目的。

应用文的实用性有时在很大程度上取决于它的表现形式。也就是说，目的、内容虽然是实用的，但是如果不是采用应用文法定和惯用的表现形式，也可能使文章的性质发生变化。

应用文的实用性集中地体现在与具体工作、事务相联系的事务性上。刘勰以“虽艺文之末品，而政事之先务”（《文心雕龙·书记》）来概括应用文的特点和地位，是比较恰当的。目的明确、内容真实、形式得体，是应用文实用性的精髓。

（二）时效性

应用文写作的时效性：一是体现在写作的及时性。这一点与文学创作不同，文学创作可以“十年磨一剑”，而应用文写作要求在一定的时限内完成，延误时间就失去了写作的意义，甚至贻误工作，造成严重后果。二是体现在作用时间的有限性。应用文写作成果只在一定时间内产生直接效用，写作目的实现以后，其直接效用就随之消失，文本的作用发生转化，成为一定时限内的档案资料。

应用文写作的目的是解决现实中存在的问题，是办事的依据。一般要求在特定时间内处理特定的问题，时效性极强，行文不及时，将会丧失其实用价值。特别是在社会快速发展的今天，应用文写作更应做到及时、准时和高效，这是进一步提高办事效率不可或缺的重要前提之一。

（三）程式性

应用文写作的程式性主要指文本形式和语体都有相对固定的要求，有大体相同或近似的结构布局，有惯用的句式和规范化词语等。应用文写作的这一特点是由其实用性所决定的。

应用文种类繁多，但无论哪一类应用文种的写作，在其发生、发展过程中，都逐渐形成了程式化的特点。这些特点有的是在实践中人们约定俗成的，如一些事务性文书；有的则是国家统一规定、统一贯彻执行的，如公文；其根本目的在于便于写作主体与受体的写作、理解和处理。为了便于理解、便于处理、提高效率，每一文种无论在实际使用中内容如何不同，格式却不能有所变化。写作者切不可随心所欲，标新立异，否则会造成混乱，不利于工作。当然，随着时代的发展，应用文写作的程式也会有所调整，但不会有太快、太大的变化。

（四）简明性

简明性是指应用文在内容表达和语言使用方面力求简洁明确的特点。内容简明，是指主旨要单一、观点要鲜明、材料要典型；语言简明，是指所用文字要准确简洁、平易朴实。应用文写作的简明性也是由其实用性所决定的，因为应用文写作要及时地发挥直接效用，文章越简明，受体就越容易把握，就不容易出理解及处理上的差错，从而提高办事效率。

（五）多样性

人类社会纷繁复杂，人们需要办理的事情林林总总，数不胜数。由于实用的需要，应用文的具体样式，即文种，便与“事”俱增，日益丰富。特别是公务文书，它在应用的过程中，形成了很多类，每类下面又有很多具体文种，如行政文书、事务文书、经济文书、法律文书等。

（六）真实性

应用文的真实性是由一般文章的写实性决定的，其他体裁的文章也要具备真实性，只不过应用文的真实性要求特别强，除了不允许虚构、杜撰、捏造外，也不允许有丝毫的美化。应用文的内容要如实反映生活中的客观存在。

（七）规范性

应用文具有规范性的特点。所谓规范，是指社会生活中官方通过法律、法规、政策、规定等手段及民间通过约定俗成而对人、事所作出的统一规定和要求。应用文的规范性主要表现在对文种的行文功能、格式构成、正文结构、表达方式方法、行文语言文字等要求的统一规定上。如《国家行政机关公文处理办法》，就对我国现行的行政公文的文种及其行文功能、格式、行文规则等方面作出了统一的规定。

除上述特征外，有的应用文还具有较强的权威性、行文的定向性等特征。

四、应用文的种类

由于应用文的使用范围十分广泛，而且还在不断发展，应用文的种类也很繁多。按照不同的标准，能将应用文划分为不同种类。

（一）按使用的领域、范围划分

科技类应用文：如实验报告、设计报告、可行性研究报告、学术论文、毕业论文等。

司法类应用文：如诉状、辩护词、公证书、判决书等。

财经类应用文：如市场预测报告、市场调查报告、经济活动分析报告、合同等。

传播类应用文：如消息、通信、特写、广告等。

此外还有应用于军事、外交等专门领域的应用文。

（二）按应用文的内容、性质划分

公文：公文是党政机关、社会团体、企事业单位在管理过程中形成的具有法定效力和规范体式的文书，是依法行政和进行公务活动的重要工具。

事务文书：事务文书是党政机关、社会团体、企事业单位在处理日常工作中形成的内容、格式固定的应用文。它和公文的区别是事务文书不具备法律效力，格式上不像公文那样要求严格。

诉讼文书：公安机关、检察院、法院和诉讼当事人，按照法律规定的诉讼程序，为解决各类案件所写作的应用文书。

经济文书：指在经济活动中，由党政机关、社会团体、企事业单位和个人使用的专业文书，包括论文、经济活动中的各种专题报告、经济合同、广告、说明书等。

规约文书：规约文书是由党政机关、社会团体、企事业单位制定并发布，适用于一定范围，体现某些规定与要求的应用文，包括法规、章程、条例、规章等。

学业文书：是本、专科毕业生运用所学理论知识和基本技能，就某一课题或项目进行独立分析和研究，并将其成果形成书面文书，包括毕业论文、毕业设计。

日常应用文书：指机关、团体、单位、个人在日常工作、生产、学习生活中使用的诸如条据、告白、书信、电报等各类应用文书。

社交礼仪文书：指机关、团体、单位、个人在社交礼仪活动中使用的各类文书，如感谢信、表扬信、求职信等。

第二节 应用文的发展历史

一、夏商周时期应用文的发展

生产劳动促进了人的思维发展和交际的增多，上古口耳相传、结绳记事的方法已无法适应人类活动所需要的交流、协调，便需要一种文字符号来作系统的表达。据史籍记载，5 000 年前黄帝时期的史官仓颉就已经创造性地改革并统一了文字，“仓颉造字，天雨粟，神鬼泣”。自有文字以来，信息的积累主要就是靠书面储存的方式进行，使人们对事物的表述呈现出连贯性和规范性，应用文也就应运而生了。

早在 3 500 年前，我国奴隶社会的夏商周时期的殷墟甲骨文“卜辞”就是统治者主要用来进行占卜和记录的公文形式，是我国迄今为止所知道的最早的文章。“甲”是龟甲，“骨”是牛骨或鹿骨，在甲骨上刻字，故称为甲骨文。由于当时生产力低下，人们对自然界和社会缺乏认识，遇事要占卜以问吉凶胜负。因此，甲骨文的产生可算是应用文产生的源头，是应用文的雏形。后来相继出现了青铜器铭文、竹木简编撰成的典册。

我国现存最早、保存最完整的文章总集是春秋战国时期孔子编撰的《尚书》，这是一部历史文献汇编，记录的主要是黄帝之后尧、舜、禹的言论。《尚书》的体例包括典、谟、训、诰、誓、命六体。“典”用来记载上古典章制度，如《尧典》；“谟”用来记载君臣议政时的谈话和他们的治国之策，如《皋陶谟》；“训”用来教诲开导，给后人以警示，如《伊训》；“诰”是训诫勉励的文告，用于告诫鼓舞民众，如《康诰》；“誓”是用兵征战时将士的誓词，如《汤誓》；“命”是君主的命令，是帝王赐给臣子的诏书，如《顾命》。这些文种，相当于现代公文中的命令、布告、纪要等。《尚书》的篇章结构已相当完整、有条理、有层次，可以视为我国古代应用文形成的标志，对后世影响巨大。

二、封建社会时期应用文的发展

如果说从奴隶社会夏商周时期甲骨文的出现到秦统一中国这一时期是应用文写作的初期，那么，在封建社会中的秦汉到明清这一时期，则是我国古代应用文不断发展并走向成熟的时期。

（一）秦汉时期

秦始皇统一中国，建立了封建专制主义集权的政权，并实现了“书同文”，即政治的统一和文字的统一，为应用文的统一创造了条件，开始走向规范。代表作有李斯的《谏逐客书》，规定了“用印”制度等，标志着应用文走向成熟。

汉袭秦制，应用文书有了新的发展，产生了书、议、策、论、疏等公文体式，明确皇帝对臣下用诏、制、策、敕，臣下对皇帝用章、奏、表、议，在表述上也使用相对固定的格式，为应用文走向程式化开了先河。汉代重视应用文写作人才，把应用文写作列为选拔人才的考试内容，这就使得许多有才学的人致力于应用文写作，产生了众多名篇佳作。如贾谊的《陈政事疏》、司马相如的《上书谏猎》等，至今仍脍炙人口。私人书信、碑、铭、吊等在汉代也有了较大的发展。“碑”指的是墓碑铭，“铭”用来表扬功德，“吊”是指借悼念而发感慨，这些文体的名篇，对后世均有很大的影响。

（二）魏晋南北朝时期

魏晋南北朝历史约400年，在应用文发展史上占有重要地位，不仅在写作实践上名家名篇迭出，而且对应用文写作理论进行了大量的探索和实践，为我们留下了宝贵的理论遗产。曹操不仅提倡应用文的写作，而且亲笔写下了很多规范的应用文，诸如《求贤令》《慎行令》《修学令》，真切地表达了自己的政见。曹丕的《与吴质书》、曹植的《与杨德祖书》都是应用文的名篇，可见，曹氏父子对应用文的发展作出了较大的贡献，而诸葛亮的《出师表》也对后世影响甚大。

（三）隋唐宋时期

隋唐宋时期是中国古代应用文发展的高峰时期，名家辈出，名篇如云。隋代，隋文帝曾诏令“公私文翰，并宜实录”；李谔的《革命华书》批评了前代的浮艳文风，强调了应用文的实用性。唐代是诗歌的黄金时代，也曾涌现出一大批应用文的大手笔和名作。如魏征的《谏太宗十思疏》、李华的《悼古战场文》、韩愈的《祭十二郎文》、柳宗元的《段太尉逸事状》、白居易的《与元微之书》、刘禹锡的《陋室铭》都是应用文名篇。

“古文运动”在宋代得到发展，散文上出现了欧阳修、苏洵、曾巩、王安石、苏轼、苏辙，与唐代的韩愈、柳宗元并称“唐宋八大家”，应用文也出现了众多的名家名篇。如范仲淹的《答手诏条陈十事》、欧阳修的《谢致士表》、王安石的《上仁宗皇帝言事书》《答司马谏议书》、苏轼的《答刘巨济书》等。苏轼的《答刘巨济书》中曾写道：“向在科场时，不得已作应用文，不幸为人传写，深为惭愧。”苏轼的这篇科场作文题为“为政之宽严”，是一篇策论。因此，“应用文”一词，产生于宋代。宋代出现“应用文”这一名称，但实际上把它作为专用的文体概念，并未对其内容和外延作出科学的界定。

（四）元明清时期

元明清时期是我国古代应用文的稳定发展时期，应用文体趋于定型化。如海瑞的《治安疏》，林则徐的《钱票无甚关碍宜重禁吃烟以杜葬源片》，充分体现了应用文匡时济世的重要作用。明代吴讷的《文章辨体》、徐师曾的《文体明辨》在理论上进行了深层次的研究。清代，刘熙载的《艺概·文概》中说："辞命题，推之可为一切应用之文。应用文有上行，有平行，有下行，重其辞乃所以重其实也。"文中不仅指出了应用文要有重实用，讲求实效的特点，而且还把应用文的行文方向分为上行文、平行文、下行文三种，研究更为深入。

三、辛亥革命之后应用文的发展

1911 年辛亥革命后是应用文从古体到新体的巨大变革时期。1912 年南京临时政府颁布了第一个应用文程式条例，废除几千年的封建王朝应用文体式，确立了新的体式。在用语上规定了禁止用"大人"、"老爷"等具有封建色彩的称呼，官吏相互称职务，民间相互称"先生"，并要求应用文写作用白话文，使用新式标点符号。1921 年中国共产党成立后，从组建工作机关起，就有了中共全国代表大会所产生的决议、纲领和宣言。1942 年延安整风运动中，边区政府不仅颁布了《陕甘宁边区新公文格式》，推进了公文改革，而且毛泽东同志所作的《反对党八股》的报告，对公文写作产生了极为深远的影响。

新中国成立后，政府十分重视应用文写作，对应用文的名称、体例、处理办法进行了一系列改革，公文质量和管理水平进一步提高。1951 年中央人民政府政务院颁布了《公文处理暂行办法》，1957 年国务院印发了《关于公文名称和体式问题的几点意见（稿）》，1964 年国务院发布《国家行政机关公文处理试行办法》，1981 年国务院办公厅发布《国家行政机关公文处理暂行办法》。国务院办公厅于 1993 年又进行修订发布，1994 年 1 月 1 日起施行，2000 年再次进行修订，2001 年 1 月 1 日起施行的《国家行政机关公文处理办法》列出十三类公文，即：命令（令）、决定、公告、通告、通知、通报、议案、报告、请示、批复、意见、函、会议纪要。这是行政机关在行政管理过程中所形成的具有法定效力和规范体式的文书，是依法行政和进行事务活动的重要工具。此外，中共中央办公厅于 1996 年 5 月 3 日发布《中国共产党机关公文处理条例》，共列出十四类党的机关常用公文：决议、决定、指示、意见、通知、通报、公报、报告、请示、批复、条例、规定、函、会议纪要。这是党的机关实施领导、处理公务的具有特定效力和规范格式的文书，是传达贯彻党的路线、方针、政策，指导、布置和商洽工作，请示和答复问题，报告和交流情况的工具。全国人大常委会办公厅 1998 年 2 月 6 日发布《人大常委会公文处理办法（试行）》，列出以下公文文种：公告、决议、决定、法、条例、规则、实施办法、议案、意见、批评和建议、请示、批复、报告、通知、通报、函、意见、会议纪要。这是人大及其常委会在依法行使各项职权过程中形成的具有特定效力和规范格式的文书，是发布法律、地方性法规、决定、决议、公告，指示、布置和商洽工作，请示和答复问题，报告和交流情况的工具。至此，我国公文走上了科学发展的大道，对社会主义建设起到了很好的促进作用。

进入 21 世纪，随着科学技术的日新月异，市场经济的蓬勃发展，知识经济的出现，工作管理的规范性加强，书写工具的电脑化，对应用文写作提出了新的要求，各行各业都需要高素质的、有较高应用写作能力的人才。因此，应用文写作也成为高校、中专职业学校、职业中学普遍开设的基础课程，应用写作这门学科将得到更大的发展。

第三节 应用文的主旨、材料、结构、语言及表达技巧

一、应用文的主旨

主旨、材料、结构和语言是应用文文本的构成要素。主旨在应用文写作中具有极为重要的意义，它决定着一个应用文写作文本的基本内容和表现形式。

（一）主旨的含义

应用文写作和人类的社会生产活动及其生活紧密相连。人们写作应用文是为了解决实际生活和工作中遇到的问题。如经济贸易要签订意向书或合同，丢失物品要写寻物启事或声明，召开会议要写会议通知等。这些都表明应用文的写作具有明确的目的性，或阐明作者的主张、观点、意图，或下达指示、传达政策、通知事项，或传递信息、交流情况、总结经验。应用文中的这种目的性的成分就是主旨。

对于主旨的叫法，历来不一：有的把“主旨”称为“主题”，有的称为“主脑”，有的称为“意旨”，但要点相同。“主题”主要指文学作品或其他艺术作品的中心思想或思想倾向。“主脑”一词是明末清初李渔在《闲情偶记》中提出的：“古人作文一篇，定有一篇之主脑。主脑非他，即作者言之本意也。”清人刘熙载的《艺概·经义概》中也认同 “主脑”说。“意旨”一词更多地见于古代文论，有时也称为“意”或“旨”，“意”一般指思想内容，“旨”指作品中心意义。我们认为，应用文是人类社会有序生活、工作的一个部分，“旨”更能体现有序管理的意义，尤其体现于行政事务公文中。所以把应用文的基本思想、观点称之为“主旨”更合适。简言之，

应用文的主旨就是作者通过全篇内容表达出来的贯穿全文的写作意图、观点和公务活动的行为意向。它是客观的社会生活与主体的主观思想和意图相结合的产物，应该反映主体对客观事物的认识，表达主体希望借助应用文这一实用工具，实现特定的社会功利目的的明确意图。

在应用文的撰写中，主旨的确立视内容多少而定，有的单一，有的复杂。从实际情况看，大致分为三个类型。

（1）意图型：表明一种意图、目的、意向。此种意向单一，一阅便知。如启事、请示、合同等。

（2）信息型：文中只对信息作出客观说明，并不渗透作者的主观态度和观点。如简报、情况通报、请柬、解说词等。

（3）思想型：主旨带有鲜明倾向性，表现为对人、对事的态度，主要体现对公务的处理有鲜明的观点、意见、措施等。如公文中的下行文均带有思想性。

三种类型有时在某一文种中都有不同程度的体现，彼此之间的界限和对应性不是十分清楚。如通知，往往既带有某种思想，又包含某些信息，还渗透一定的意图。

（二）主旨的确立

主旨的确立是应用文写作的重要步骤，材料的选择、结构的安排、语言的运用都有赖于主旨的确立。在具体的写作中，应确保主旨的正确、集中、鲜明、深刻。

1. 正确

主旨正确是撰写应用文的基本要求。应用文写作的政治性、政策性很强，文中的基本观点必须与党和国家的政策法规保持一致，任何地区、部门或个人都不能违背政策法规、自行其是、另搞一套，破坏社会、国家的整体目标的实现。

解决社会生活中的实际问题是应用文写作的目的。应用文的主旨应符合客观实际，反映客观事物的本质规律。因此，应用文主旨的确立就必须根据实际情况，尊重客观规律，不能主观臆断，凭空想象，更不能隐瞒真相，歪曲事实。

另外，还要注意主旨的可操作性。可操作性是应用文实用性的基本要求，应用文主旨的确立应充分考虑操作的可行性，注重实际效果，在符合政策法规、客观实际的条件下，开动脑筋，审时度势，从实践的可行性出发，创造性地提出解决问题的方案；否则，应用文写作就会失去其功用和价值。

2. 集中

主旨集中是指一篇应用文最好表达一个主旨，重点突出。写作要围绕一个中心把问题说清、说透，避免文中出现与中心联系不紧密甚至无关的材料。在某些应用文中，主旨的单一性甚至已经成为法定的规范，具有法定的约束力。如《国家行政机关公文处理办法》明确规定请示只能表达一个主旨，必须遵守“一文一事”原则。有些文种虽然没有这样的法定规范，但同样有单一、集中的要求。一篇应用文一般只表达一个思想，提出和解决一个问题，沟通或反映一种情况，一般不得表达两个或更多的主旨。

3．鲜明

主旨鲜明是指应用文的观点必须明确。写作的主旨应该直截了当，赞成什么，否定什么，态度必须鲜明。表述不可模棱两可、含糊其辞，而应简洁明了，以利于理解和执行。

4．深刻

主旨深刻是指应用文写作要求揭示事物本质及其内在规律，提出有利于发展的、有创见性的见解和主张。如撰写调查报告，要通过调查，获取大量材料；通过分析，从中找出揭示事物本质规律的结论，提出创造性的意见、建议和办法，以指导实践。

应用文写作立旨是否正确、集中、明确和深刻，与写作主体的综合素质有关，绝不仅仅是应用文写作文字功力的问题。因此，写作主体需要全面提高综合素质，才能立好应用文写作之“旨”。

确立主旨，也称为“立意”。主要依据有两点：一是以写作目的为立意依据。就通常情况看，一些应用文书不用作者刻意提炼主旨，文书本身就是一种较为成熟的认识或决策，这时，写作目的就成为应用文书的主旨。这个目的大多体现为机关领导的工作布置、上级文件规定等，这时作者无自我可言，上级的指示精神就成为他立意的依据。以写作目的为立意依据主要体现在公文写作中。二是以材料本身的意义为立意的依据。这需要作者对事实材料进行分析研究，得出正确的结论，然后确定文章的主旨。总结报告类、消息通信等往往根据这种立意依据确立主旨。

（三）主旨的表现形式

主旨的表现形式因文而异，应用文的主旨表现形式归结起来可以有以下几种形式。

1．标题明旨

在标题中直接概括出主旨，以简洁、明快的语言把文章的主旨告诉读者，不仅使读者一目了然，而且还可以起到高度概括全文的作用。这种写法在行政公文、新闻写作中应用普遍。如《关于表彰刘××见义勇为的决定》，这个决定（行政公文）就采用了标题明旨的形式，体现了公文的主旨。

2．开头明旨

在文章的开头部分明确行文的目的及主要内容。这种开门见山提出主旨的做法简便易行，写作时可根据所要解决的问题和材料特点恰当地使用。在文章的开头明确主旨，可以起到开门见山、统领全文的作用。

3．文中明旨

在文章主体部分直接或间接地表达主旨。行文中直接显示主旨，往往借助文中小标题来体现。这种表现形式不仅使文章主旨鲜明突出，而且使文章显得层次清楚、条理分明，便于读者理解。一般篇幅较长、内容较复杂的应用文经常使用这种形式，如报告类、总结类。行文中间接显现主旨，是将主旨融合于字里行间，需要读者通读全篇，加以概括。这种显示主旨的形式一般应用于篇幅短小的文种中。

4．篇末点旨

在文章的结尾处以简洁的语言点明或强调文章的主旨。结尾点题，能加深读者的印象，提高办事的准确率。公务文书大多使用这种方式结尾。

对于以上表现主旨的方式，写作者在使用时应根据实际情况，可以单独使用，也可以综合使用。

二、应用文的材料

应用文的内容是由主旨和材料组成的，材料是为写作而搜集、准备的，具有一定价值和意义的资料。

（一）材料的含义

应用文的材料是指作者为完成写作，体现写作意图和目的，从现实生活和文献资料中选取、使用的一系列事实根据和理论根据。所谓“事实根据和理论根据”，包括事件、现象或数据、理论依据、公认的原则、科学公理等。平时有意识采撷和积累而未写入文章中的材料，称为原始素材；可以为写作服务的相关政策、文书档案、报刊图书等，称为文献资料。

应用文的材料和主旨是紧密相连的。如果说主旨是文章的灵魂，那么材料就是文章的血肉。主旨是写作的灵魂，是材料的统率；材料是主旨赖以存在的依托，主旨依靠材料加以说明和支撑，主旨和材料必须统一。

（二）材料的搜集和鉴别

占有材料的丰富和充分，有助于达到认识的深度和广度。所以，搜集材料要“博”、“透”、“细”。搜集的材料从不同角度分为：直接材料和间接材料，历史材料和现实材料，正面材料和反面材料，具体材料和概括材料，事实材料和理论材料等。

材料的获得可以通过观察体验、调查研究获取，也可以通过查阅资料获得。

（1）观察体验是收集材料的重要途径之一，通过自身的观察体验，获取大量第一手材料，这是写好应用文的基础和前提，因此必须做到勤于观察、善于体验，获取丰富的材料以充实自己的“材料仓库”，在写作时才能信手拈来。

（2）调查研究是带有特定意图的定向观察，是有准备地获取材料的方法。它根据调查的目的，对调查对象做深入细致的全面了解，对收集的材料进行分析研究，从中找出本质性、规律性的结论。因此，调查是搜集、积累、整理材料的过程，可为写作打下扎实的基础。

（3）查阅资料。通过观察体验、调查研究获取大量第一手材料固然重要，但我们不可能事事都亲自去调查研究，因此查阅资料就显得十分必要。查阅资料可以突破时空限制，利用他人成果。但一定要保证资料的真实可靠性，对查阅的资料要进行审核，确保无误并注明出处。

占有材料后的一个重要的环节就是对材料进行鉴别。鉴别就是对材料进行整理、分析研究的过程。首先对各种材料进行分类，以利于分析使用。如理论材料和事实材料有不同的用途，原始材料和行文后的反馈信息反映了不同阶段工作的情况，对这些材料的合理分类往往意味着对材料内容及性质的准确定位与把握。材料的分析实际上贯穿了材料的选择和使用的全过程。如考察材料的真伪，抓住事物本质和问题要害，都需要进一步综合分析研究。综合和分析是一个互相衔接、互相包容的过程。分析的目的是为了综合，综合的基础又在于分析。而整个材料的价值和意义，就是通过分析与综合显现出来的。

（三）材料的选择和使用

在搜集材料方面，提倡多多益善，“以十当一”，以多为佳；但在选择使用上要求“以一当十”，以精为上。在应用文写作中，一要围绕主旨选择材料。根据主旨的需要决定材料的数量、类别和详略。材料反映出来的意义与主旨的意图、目的必须一致，这是应用文写作的基本要求。如果材料与主旨关系不紧密，就会跑题，可能“下笔千言，离题万里”，这是选材时要特别注意的。二要材料真实准确。应用文的材料真实与文学作品不同，文学作品允许虚构内容，可以进行艺术加工，只要符合艺术真实即可。而应用文则不同，“真实”即必须符合客观事物的原貌和实际情况，不能夸大或缩小，更不能杜撰；“准确”即确凿无疑，无论记人记事，还是地名和数据以及引文，都要认真核对，做到准确无误。要防止张冠李戴、添枝加叶、马虎大意。三要选择典型材料。材料要具有广泛的代表性和强大的说服力，才能称其为典型材料。文中使用的事例、数据等材料不在多，而在精，要能“以一当十”。这就要求注意选用那些最具分量、最具代表性、最能说明问题、最能揭示事物本质的材料。只有典型的材料，才能提炼出深刻的主旨；否则，文章就会平淡无奇。四是选择新颖的材料。所谓新颖，一是指新近发生的，二是虽非新近发生却是新近发现的，还可以是变换视角从老材料中挖掘出的新内涵。选材时应考虑材料的新颖性，如新人、新事、新数据、新成果、新问题及新做法等。新颖的材料，具有新鲜性和感染力，能够增加文章的可读性。

在应用文书的写作中，材料的使用应该注意以下两点：

（1）合理安排材料的顺序。对于材料使用的先后，一般应遵循以下标准：或是按照时间的先后，或是依据材料的重要程度，或是照顾事件之间的逻辑关系，或是依照说理顺序，或是考虑行文目的等。总的原则是宜于读者接受。

（2）合理安排材料的详略。写入文章的材料大多不能按材料的原来面貌去表现，可按以下要求来安排：一是要根据主旨表达的需要进行处理。对表现主旨的骨干材料要详；普通材料要略；典型材料要详，一般材料要略，所有材料都要服从主旨需要。二是根据文体特点进行加工。不同的文书具有不同的特点，公文特点在于直言，故说明部分详写，叙述、议论从略；总结报告类文书以“事”显理，故叙述部分详写，议论说明从略；论文以“理”服人，故说理部分议论为详。这就是对材料“量”（详细）的控制。

三、应用文的结构

“结构”一词，原为建筑学术语，指建筑物的骨架或内部构造。后借用指文章的组织机构，又称“谋篇布局”。结构是文章内部的组织和构造，是文章内容的重要表现形式，是作者思路在文章中的具体体现。文章结构布局体现在两个方面：一是内在联系，即材料和观点、部分与整体之间的条理和脉络；二是外部形式，即标题、开头、主体、结尾、段落等外在要素的安排。写作中，内容决定形式，形式又为内容服务，二者相辅相成，浑然一体。在写作中，文章正文部分的组织和构造，包括开头和结尾、层次和段落、过渡和照应。

应用文文本结构通常由标题、正文、落款组成。正文常分为开头、主体、结尾三大部分，各部分又根据内容表达的需要划分段落与层次，各部分之间有过渡与照应，从而形成一个严密、完整的结构体系。这里仅就应用文正文部分的结构内容作一介绍。

（一）开头与结尾

1. 开头

应用文写作“起要平直”，即开头要开门见山，不要转弯抹角。归纳起来应用文写作的开头包括以下几种方式：

（1）表明行文目的。开头写明某项活动或举措的背景、意义，表明行文目的。文本起始处常使用“为了”、“为”等词语。规章制度、合同、经济报告、计划、通知等文种经常使用这种方式。

（2）援引行文依据。开头援引有关法律法规、上级指示精神或有关单位来文，说明行文目的。起始处常用“根据”、“按照”等词语。批复、函、通告等文种经常使用这种方式。

（3）概述基本情况。概述式是应用文写作中较为常见的一种开头方式，直接写出基本情况、基本问题或工作的大致进程及结论，为正文的展开打下基础。报告类（报告、调查报告、市场调查报告、可行性分析报告）、总结等文种经常使用这种方式。

另外，应用文写作还可以提出问题的方式作为开头，进而展开思考，对问题进行解答。这种方式常见于调查报告、消息通信等。有的文种没有单独的开头，如转发、印发类通知。

应用文写作中，开头的写作方式是灵活多样的，不一定局限于以上某一种，可以是两种甚至更多方式结合在一起。应用文写作的开头方式使用最多的还是这种复合式的开头方式，既写明写作目的，又指出写作根据，还可以对当前情况作简要叙述等。

2. 结尾

结尾是文章正文主干部分的自然延伸和归结，是对全文的收束，起强化主题、完成任务的作用。俗话说：编筐编篓，重在收口。可见，最后一道工序的重要性。应用文的结尾从形式上看主要有固定结尾和自然结尾两种。所谓固定结尾，是针对那些具有固定格式（包括法定格式和习惯格式）的应用文章，它必须按照规定格式写作。如请示的结尾，必须作出请求上级对具体问题或实际困难予以批复的意思表示：“当否，请批示”。所谓自然结尾，则是根据主旨和内容表达的需要，自然作结，有话则长，无话则短，意尽言止。

应用文结尾方式主要有以下几种：

（1）概括总结式。在前文展开论述的基础上，概括总结全文的基本观点，收篇点题，以加深读者对文章主旨的理解。常用于篇幅较长、材料较多的文章，如重要的会议报告、典型先进事迹报告、综合性经济调查等。

（2）强调要求式。为引起受文者的重视，便于贯彻执行，在结尾中进行强调、要求。这种结尾方式多用于公文中的下行文，如批复、指示、会议纪要、通报、通告等，以向下级传达精神、布置工作、提出执行要求而结束全文，用语如“以上各点，希遵照办理”、“望认真执行”等。

（3）祈望请求式。这种结尾以向上级或相关部门提出有针对性的请求而结束全文，常用于上行公文，如请示、报告，也见于联系、商洽工作的函件等。用语常见

"请批复"、"当否，请指示"、"请予接洽"等。

（4）倡议展望式。这种结尾使用概括性的语言表达良好的祝愿或表示对今后工作的信心和努力方向，写作语言具有一定的鼓动性，以唤起读者的热情，达到行文目的。常用于工作总结、会议报告、讲话稿、慰问信、倡议书等文种。

（5）交代说明式。这种结尾方式常用来对与主题内容相关但性质不同的问题或事项作补充交代、说明，以保证行文的完整性。如公文类、制度类结尾交代施行日期、执行范围、传达对象，以及说明与该文规定不符的原有规定如何处置等。

此外，有些应用文可根据主旨和内容的表达需要，将结尾融入主体，意尽而言止，自然收束，而不必再有专门的结尾。

（二）段落与层次

1. 段落

段落也称自然段，是构成文章的基本结构单位，是文章思想内容在表达时由于转折、强调或间歇等情况所造成的文字停顿。分段的目的在于有步骤地表达主旨。其表现形式有三种：条款式、提行式和篇段合一式。条款式以数字符号标明条款项目，次序清晰，内容一目了然，广泛应用于法律、法规、制度、合同等文种；提行式以另起行的方式显示段落，如会议纪要常以"会议指出"、"会议认为"、"会议决定"等作为段落的区分；篇段合一式指一篇文章为一段的划段方式。无论哪种方式，都应保持相对的完整性，既不能在一个段落中意思表达不完全，也不能把一个相对完整的意思分割为若干段。

2. 层次

层次又称意义段，它是应用文主旨的秩序体现，展示作者表达主旨的整个思想轨迹。文章层次间的结构形式有并列、总分、递进、因果等形式。任何一篇应用文的各个意义段，都只能是主旨统率下的有机体。由于主旨要求不同，意义段的表现形式也不同，它们在内涵上可能是并列的，可能是总分的，也可能是递进的。当然，很多情况下属于综合使用。常见的层次表现形式包括自然段形式、小标题形式、条款形式三种。在内容单纯、主旨明确、线索单一的情况下，应用文可采用一个自然段的形式写作，即篇段合一式（是自然段形式的特殊表现形式），如命令、转发类通知、批复等文种经常使用这种形式。

（三）过渡与照应

过渡是承上启下衔接文字的一种手段，是上下文之间的联系纽带。文章中的过渡，有利于文章成为一个有机整体，有利于主旨的表达及读者的阅读理解。应用文的过渡主要有词语过渡、句子过渡和段落过渡三种形式。如可以使用“综上所述”、“有鉴于此”、“在此基础上”等短语，也可以使用“下面即为这次调查的结果报告”、“造成这次事故的原因究竟是什么？”等句子进行过渡。在篇幅较长、意义重大且内容层次跨度较大的文章中，则常使用一个独立的自然段进行过渡。

照应是通过前后呼应，相互关照，从而使应用文章形成紧凑严密的有机体。照应并非简单的文字重复，而是根据事物的内在联系所做的有意识、有计划的强调和反复，它在一定程度上表现了内容的发展变化和思想的逐步深入。常见的照应有文题照应、首尾照应以及行文前后内容照应等。文题照应，即文章内容照应标题，常见的以小标题或段首领句点题、段首结句应题，都属于文题照应。首尾照应则于结尾处对开头的观点作小结，或作进一步强调，使文章内部联系得到强化。行文前后呼应，即围绕主旨。在行文中多次呼应，加强主题的效果，加深读者的印象。通过照应，既可使观点得到强调，又可使文章显得紧凑、连贯。

总之，应用文写作结构要求根据主旨及文种的需要，正确反映客观事物发展规律，做到严谨自然，完整统一。

四、应用文的语言及表达技巧

（一）语言运用

1. 应用文的语言特点

同其他各种文章一样，应用文的构成要素中有语言，否则，有用的信息就无法表达，既不能被记录下来，“表之于外”，也无法被传递出去，“达及他人”。从这个意义上说，撰写文章的过程实际上就是一个使用语言的过程。

需要说明的是，在文章中语言是对信息作“表”与“达”的一种工具，它的运用必须服从信息性质及记录与传递信息的目的（也就是人们写应用文章的目的）的需求。这一点就使得所表达的信息性质不同，应用目的各异的各类文章在语言方面也各具特色。与其他文章相比，应用文所表达的信息性质特殊，应用目的独到，其语言必须具有明显的特征与独特的风格。

应用文在语言方面的特点主要是：庄重、准确、朴实、精练、规范。

庄重是指语言稳重大方，格调郑重严肃，以表明作者的严肃态度和严正立场，维护应用文自身的权威性。

准确是指语言在表情达意时，真实准确，无虚假无错漏，褒贬得当，含义明确肯定。如在涉外文件中，“中华人民共和国”就不能简称“中国”，“国家外交部”也必须用“中华人民共和国外交部”。在非常隆重的会议上形成和使用的文件中，

“中国共产党中央委员会”也不再简称“中共中央”，“全国人大”也必须用“全国人民代表大会”。

朴实是指语言平直自然，是非清楚，明白晓畅，恰如其分，通俗易懂，无浮华夸饰，无矫揉造作，无渲染，无细致描绘，不堆砌华丽辞藻，不滥用辞格，于平淡中见神奇。

精练是指语言简明扼要，精当不繁。没有浮辞，避免冗长空泛，服从应用文目的和表现主题的需要，详略得当。

规范是指选词造句合乎语言法则与逻辑规律，正确运用术语，合乎行政管理工作的规范性要求。为了在应用文写作的过程中遵循应用文语言运用方面的特殊要求，使撰制出来的文章保持特有的语言色彩，以产生更大的效用，应注意从语法、逻辑、修辞等多种角度，在词语的选择、语句的锤炼、表达方式方法及手段的确定、辞格的选用等多方面，勤奋钻研，狠下工夫。比如应用“值此盛会召开之际，谨致最诚挚、最热烈的祝贺”（书面语）。而不是用“在今儿个这个大会开会的时候，（我们）向大会严肃认真地表示最真心诚意而兴奋激动的道喜”（口语）。

当然，在具体撰拟文稿时，应用文写作者是不可能过多地去推敲每一字、每一词、每一句的，而主要凭借平时养成的良好语言习惯，以及精确而敏锐的“应用文语感”。有了这样的条件，就能在动笔时，随心所欲而不逾矩。因此，应用文写作者要掌握应用文语言运用的特点及技巧，注意在平时提高自己的语言文字素养，把握“应用文语感”。

2. 应用文的语言运用

（1）词语的精选。在精选词语的过程中应注意：

① 认真辨析词语的确切含义，使词语的意义符合客观实际。可在应用文中采用的词语不但数量大而且种类多。不同词语在意义和用法方面有差别也有联系。要使应用文用语精当，必须首先了解词语之间的差别和联系，掌握词语的确切含义。特别对于在意义方面差别细微的同义词更需认真分辨，否则就有可能造成表意失当或失误，甚至使整个文件失去效用。如下面一段文字：

经反复核查证明，×××、××确曾在2002年1月间收受过××公司的巨额贿赂（每人分别收受现金50万元），已构成受贿罪。案发后，两人还与××公司业务员××私下合谋串通，以图掩盖过错。

文中“过错”一词，显然是对“罪行”的误用，罪行与过错，在法律意义上都是指违法行为，但却有明显的轻重之别。“过错”是民事责任的要件，是指因故意或过失而损害他人的违法行为；“罪行”则是指犯罪行为，它对社会具有危害性并触犯刑法，是依法应当受到刑法处罚的行为。文中已确认二人的行为构成犯罪，却又称“妄图掩盖过错”，是自相矛盾且严重失实的。

再如下面一段文字：

鉴于×××能主动投案自首，认罪伏法，司法部门已决定对其免予起诉，交由其所在单位处理。

这里的“伏法”一词，又是对“服法”的错用，“伏法”与“服法”只有一字之差，而其实际含义却大相径庭。“伏法”是指罪犯被执行死刑；“服法”则指主动承担法律责任。由此可见，不认真辨析词语的确切含义，就会造成表意的失误。

② 注意分辨词语的感情色彩，以正确表达作者的立场观点。正确分辨和利用词语的感情色彩，不仅能使读者更准确地领会作者意图，而且还常常有助于使文件简明。因为正确使用词语的感情色彩，常能以简洁凝练的一笔就鲜明地表现作者的立场、观点。如“在某些企业领导人的庇护之下……”和“在某些企业领导人的保护之下……”两句话中，贬义词“庇护”与褒义词“保护”就鲜明地表现了作者的态度，无需对后面所要讲的事情再去定性（好事或者是坏事），读者就能知晓作者肯定什么、否定什么。

需要注意的是，正是由于词语的感情色彩能对鲜明表意产生重要影响，因此，应用文写作者在应用文写作中一定要避免对不同感情色彩的词的误用，否则就会降低文件的庄重严肃性，甚至会使读者无法正确领会作者的真实主张。请看下面一段文字：

调查组来到工厂之后，一些工人同志主动地、肆无忌惮地来反映情况。

在这里用了贬义词“肆无忌惮”来修饰工人同志怎样来“反映情况”，它不但不能正确地反映作者的立场，而且只能起相反的作用，是典型的褒贬词误用。正确地表达应当用褒义词替换掉“肆无忌惮”，写成：

调查组来到工厂之后，一些工人同志主动而坦诚直率地反映了情况。

再请看下面一段：

据了解各地对物价问题反映强烈，请将这些流言加以整理，及时报告局政策研究室。

这里的“流言”一词也是一种误用，按作者本意是无需对反映表态定性的，因此，既用不着褒义词也不能用贬义词，而只能用没有感情流露的中性词。否则，就会使读者误认为对物价问题的种种反映都是错误的，是要加以反对的。因此，这里的“流言”应换为 “反映”。

③ 注意词语的正确搭配，遵循语言法则。词语的选择还要受搭配习惯、事理逻辑的制约。如果随意超越这些制约，违背语言法则，就会产生差错，影响文件内容的正确表达。请看下例：

他们从实际情况出发，在发达农业生产中，因地制宜，不断摸索，不断创新，终于开创出一套发达农业各项生产的宝贵经验。

这里“发达”与“生产”，“开创”与“经验”都属不妥帖的搭配。“发达”应改为“发展”，“开创”则应改为“探索”或“总结”。

词语的搭配最根本的是语义搭配，使表达合乎事理合乎逻辑，同时也必须注意符合语言习惯。词语间的搭配有很强的习惯性，有些搭配从道理上说不出为什么必须如此，而只是一种约定俗成的习惯，这类习惯性的搭配在应用文中也具有一定的规律性，如“改善、改进”，“交换、交流”，“发挥、发扬”就分别只与相应的词语搭配。如：

改进——工作、技术、方法
改善——条件、关系、生活
交换——意见、礼物
交流——思想、经验
发挥——作用、威力
发扬——作风、传统、民主、精神、风格

（2）语句的组织。语句是由词或词组构成的最基本的语言使用单位，它可以独立地表达一个完整的“意思”，对一篇文章的表达效果有比词语更直接更重要的影响。为此，精心选择、设计、组织语句，对正确运用语言，提高应用文表达效果意义重大。

① 语序的安排。在应用文中正确安排语序，一是要注意语序的习惯性；二是要注意遵循事理的逻辑次序；三是要注意语序的强制性；四是要注意语序的选择性。

当要表达的一组并列概念之间有轻重、主次、强弱之分，大小、高低、多少之别时，应依次顺排或倒排；而无这种分别时则应按一定标准（空间分布、章节多少等）分门别类排列。如：

党的纪律处分有五种：警告、严重警告、撤销党内职务和向党外组织建议撤销党外职务、留党察看、开除党籍。（由轻至重）

所谓“三不变”就是集体所有制、统一分配、基本经济核算单位不变。（由主到次）

各级地方人民政府所制定的行政法则均不得与国家政策、法令、法律、宪法相抵触。（由次到主）

省委、地委、县委和乡党委负责同志，都曾对这个村办文化站的发展给予了热情支持。（按组织级别由高至低）

各行政村、乡（区）、县、市都配备了专职信息员或设置了专门的信息管理机构。（按组织级别由低至高）

三个质量管理小组分获一、二、三等奖，奖金额分别为 5 000 元、3 000 元、1 500 元。（由多至少）

国库券的面额，分为 1 元、5 元、10 元、50 元、100 元这五种。（由少至多）

破坏火车、汽车、电车、船只、飞机，足以使火车、汽车、电车、船只、飞机发生倾覆、毁坏，尚未造成严重后果的，处三年以上十年以下有期徒刑。（按交通类型陆、海、空次序排列交通工具）

从以上几个例句可以看出，不管顺排还是倒排，除了要遵从逻辑规律和语言习惯外，还应注意考察突出强调某一方面的需要。

当一组概念表现一个由若干连续的动作、行为构成的活动过程时，应按时间发展顺序排列。如：

该犯从我市 × × 监狱越狱逃跑后，先后流窜到大连、成都等地继续作案。

中国科协的主要任务之一，就是按照百花齐放、百家争鸣的方针，组织和支持会员积极开展学术交流活动，编辑、出版学术书刊。

当一组概念表现一个认识过程时，应按由浅入深、由此及彼、由表及里的次序排列。如：

这是一份很好的材料，它能引人深思，促人猛省，催人奋起。

当以一个语句反映因果关系时，一般都应按前因后果的次序排列，只有当需要特别申明原因或突出表现原因时，才先说结果再讲原因。如：

因为我们是为人民服务的，所以如果我们有缺点就不怕别人批评指出。（先因后果）

工人们对他一直很敬重，因为大家知道他是个正直、有知识、有本领的工程师。（先果后因，旨在特殊申明）

当将语句中的一些成分提前或后置并不违反语法规则、并不改变语义但却有利于提高表达效果时，应以此作为修辞手段。

在公文中一部分定语、状语、宾语、谓语都可以提前。如：

在事故现场，大的、小的，堆放着许多从大火中抢救出来的产品。（定语置于谓语之前）

几年来，在行业竞争日趋剧烈的情况下，我们都根据市场的实际变化，采取积极有效的对策，不断加速产品更新和技术进步，取得了商品生产的主动权。（状语前置）

这个拿血换来的经验，全党同志都不要忘记。（宾语置于主语之前）

最应当警惕的是在一些同志中，存在一种危险的骄傲自满情绪。（谓语前置）

同样，一部分定语、状语也可以后置。如：

在一个月时间里，他们共抢运救灾粮一千余吨，加固水坝三十多座。（定语后置）

② 句式的选择。由于公文对语句具有高度准确、严密的要求，因此，主谓句的使用频率很高。大多数公文中的语句都以这种句式为主，非主谓句的运用则受到一定限制，在公文中的非主谓句主要是一些无主句。如：

坚决取缔小土炼油炉。（通令语）

要稳定政策，安定人心。（调查报告语）

值此大会召开之际，谨表祝贺。（贺词）

在公文中主动句与被动句是兼而有之的，在具体语境中决定采用其中的哪一种，一般决定于需要强调哪一方面。如果强调动作或行为的发生者，就采用主动句；如要强调动作和行为的接受者，则应采用被动句。如：

××将贪污来的公款挥霍一空。

2008年10月8日晨，××仓库被盗。

任何敌人不会压倒我们，而只会被我们压倒。

工厂被这些人搞垮了。

在公文中长句常被用于阐发道理，说明事物性质（如给事物下定义）、状态，叙述比较复杂或精细的事物。因为阐发道理必须严谨周密，说明事物性质、状态也讲究周到详细，叙述复杂或精细的事物更要精确细致，而要想真正达到这些要求，句中起限定修饰作用的成分就必然比较多。短句常被运用于表达强烈感情，特别是激动的情绪方面。有时候，还用于表达一些需要受文者认真记忆和执行的概括性要求。因为，短句形体短小，语音停顿多，容易造成表达强烈感情的急促气势，也便于记忆。

在公文中，紧密句与舒缓句都可以用。从一般规律上看，前者的使用频率更高一些，后者则主要应用于一些会议文件（发言稿、讲话稿等）。当被表述的事物有多层意思且有并列的几个重点方面时，也常用舒缓句来加以突出强调。如：

我们的党是一个伟大的党、光荣的党、正确的党。

根据具体需要，紧密句和舒缓句可以相互变换，一般情况下，单句变换成复句，就可使紧密句变成舒缓句。

这个集体是一个相互关心、互相爱护、互相帮助的集体。（单句）

这个集体是一个相互关心的集体，是一个相互爱护的集体，是一个相互帮助的集体。（复句）

（二）特殊表达

应用文中的特殊表达是针对一些比较特殊的社会事物和概念而使用的。因此，在这些事物和概念的表达过程中，必然存在一些较为特殊的规律。

1. 时间的表达

应用文中表达时间概念的主要方式是语汇方式。一些实词（如名词）或词组（如联合词组、偏正词组、介词词组等）都可以用来表示时间。在选择这些词语的过程中，应注意其词义是否确切。应用文中的时间概念大都是精确的，除了不必或不允许（出于保密等方面的需要）精确表达的之外，必须用有确切含义的词语来表达这些时间概念。日期要标明完整的年、月、日，特殊情况下还要标出确切的时、分；要尽量避免使用“今年”、“明天”、“本月”、“下月”等需要借助其他时间概念才能准确理解其含义的时间代词；要杜绝使用“上月以前”、“去年之后”等一类不易划定界限的词语。

年份一律使用公历年份的全称，如 2009 年不能略为 09 年。如需要使用有关国内、国外的历史年号时，要先标出公历年份，再注明历史年号并用圆括号括入，如：1912 年（民国元年）。

2．空间的表达

空间是事物存在的又一必需的形式。应用文中的空间概念与时间概念有同样重要的意义，正确、有效地表达这些空间概念时，必须注意以下几点：

（1）地方专用名词的使用。表示地方的专用名词中城市、地区、县、乡等的名称，第一次出现在文中时，如属于国外的应冠以国别；属于国内的应冠以所属省、自治区、直辖市的名称。

（2）国名、地名的使用。所有国名、地名应使用国家公布的标准名称（包括标准译名），一般不使用别称，国内地名不使用简称。

（3）空间概念的使用。除了出于特殊需要（如保密等）之外，应用文中的空间概念大都需要精确表达。

（4）慎重使用表示处所的代词。比如说，这里、那里等处所代词在应用文中应慎重使用，以防止误解或费解。

3．职务、姓名的表达

应用文中经常涉及各种人物，需要表达其职务和姓名。在表达中应注意：

（1）各种职务、姓名用全称。比方说，××科长就不能简称×科，王××不能在应用文中写成小王或老王。

（2）身兼数职的表达。当一个人物担负多种职务时，只列出与文件内容有关的职务；列出一个人物两个或两个以上职务时，国内应按先党内后党外，由大至小排序；国外的应尊重对方习惯或双方的需要。

（3）国外人士职务、姓名的表达。国外人士的姓名、职务应以新华社的标准译名为准，如无标准译名应注意在所有有关文件中使用同一译名。

4．数量的表达

数量观念是现代社会所不可缺少的，人们在社会生活中要对各种事物作数与量的表达。在表达时应注意：

（1）使用确数。除在特殊情况下（如不必要或不具备条件）使用约数、概数外，文件中的数目概念应用确数（0 至无穷数的基数、整数前加上“第”字的序数、以数学用语“几分之几”和“百分之几”表示的分数、整数后加“倍”字的倍数）表示。

（2）增减的表达。表示增加用倍数或分数都可以，而表示减少一般只用分数，不用倍数。如“增加了 2 倍”，“减少了二分之一”。

在“增加、提高、增长、上升、扩大”或“减少、降低、缩小”等词语的后面有“到、至、为”的句式，与上述词语后面带“了”或不带“了”的句式，其语义差别很大。下面通过例句分析这些差别：

增加到过去的2倍。（如过去为1，现在为2）
增加了2倍。（如过去为1，现在为3）
减至过去的1/3。（如过去为6，现在则为2）
减少了1/3。（如过去为6，现在则为4）

（3）以上以下的表达。在需要使用“以上”、“以下”等词表示数字分界时，为使界限的划分清晰准确，应以各种方式注明“以上”、“以下”是否包括本数在内。如：

二十岁、二十岁以下人员不得入内。
二十岁以下（含二十岁）人员不得入内。

（4）数词“两”的使用。数词“两”既可作为确数，也可作为概数，应注意其正确的使用方法，不能作序数（如，不说“第两名”）。没有零头的多位数也不能用“两”（如，不将“十二”说成“十两”，有零头的“二万五千里长征”却可改称“两万五千里长征”），“过两天”等说法则表示一个大约的时间范围，并不是确指。

（5）度量衡的使用。名量词中的度量衡单位必须使用我国法定单位和国家公布的中文名称。如吨、千克、克、公斤、米。如文中必须出现历史上使用的、外国使用的或地方性的单位时（如石、斗、英寸、普特），应折算成我国法定单位并加以说明。

（6）复合量词的使用。使用复合量词（如人次、吨公里）时，如词语是不常使用的，甚至是第一次使用时，应加以简要的说明。

5. 程度的表达

程度的表达是使应用文的表达精确得体的重要方面之一。也就是说，在叙述、说明客观事物的状况、发展水平时，必须与实际情况完全相符；在提出主张、作出各种判断时，肯定或否定限度的轻重、高低必须恰当，合乎实际，合乎不同场合和对象的需要，并能获得最佳表达效果。

实践证明，应用文中程度的表达是否正确、有效，对文件质量往往有决定性的影响，因为文件中反映客观事物状况、发展水平的各种要素，常常会成为对方制定各类决策的依据，而一些文件中的主张以及其他一些判断本身就是决策的内容。在对它们进行表达时，“度”对事物“质”的重要影响，使程度的表达成为关键，程度不准确、不得体，往往会使整个事物“改变”性质，使判断失误，最终酿成决策的失败。

在表达程度时，关键是选用表示程度的各种副词、指代词和其他词语。选用中应注意恰如其分。

可在应用文中用于表达程度的词很丰富，如“很、极、太、最、更、更加、极其、非常、真、尤其、十分、过于、越发、特别、略微、稍微、比较、颇、多、多么、何等、大致”等副词，“这么、怎么、这样、如何、如此”等指代词，都可以表示程度。它们可以在被说明对象的前、后和中间起各种修饰、限制、补充的作用，以表示这些对象所达到或所应达到的水平、限度。在选择这些词时，应注意与客观状况、客观需要相符合。不同词语在表达程度时，常有细微的差别，但这种差别在应用文中却常常带来“质”的变化。特别是反映在政策规定方面，这种细微差别常关系到政策界限是否有效。为此，行文者必须精细地区分不同词语的差别，选择其中最恰到好处的，既不避轻就重，也不避重就轻。在这里特别需要强调的是，应用文中常有滥用表示程度高的词语的毛病，动辄就用“极其、万分、非常”，用一个“最”尚嫌不够，一定要连用几个，形成“最最最”的提法。结果往往起不到强调或突出的作用，反而让人感到平淡无奇。当然，这里并不是指文件中常用的礼貌用语。在这些礼貌用语中，表示程度的词常给人一种超过实际限度的感觉，如“十分感谢”、“万分荣幸”、“最诚挚的祝贺”、“我们的接待工作做得很差”等。这些词都不能说是言过其实，而只表示一种强调，这是语言习惯所允许的，对准确表意也不妨碍。

在应用文中表示程度时，特别是在表示肯定或否定的程度时，还应注意得体，即注意分寸。应用文在肯定或否定一个事物时，大都是直言式的，不含糊其辞，不绕圈子，不旁敲侧击。在表示肯定或否定的程度时，更是如此。但在一些特殊场合，如在平行文、上行文中商洽有关问题时，自己的意见中一些肯定或否定的判断，有时就需要用委婉一些的提法。特别是被肯定或否定的仅仅是一种可能性时，更应如此。在这种情况下，表示程度的词就应注意留有余地。如：

我们认为上述意见尽管与贵单位的意见稍有不同，但尚有一定道理，望予以考虑。

6. 范围的表达

这里的范围主要是指事物量的界限，这个界限可以从量的方面规定或反映一个事物的性质或状态。在应用文中，有关这个界限的表达正确与否，也常常关系整个文件是否有效。

在现代汉语中，表达范围是通过词语实现的。表示全部或部分的词语，分别为一些副词、数量词的重叠形式。如“所有、一切、全部、凡是、凡、每一个、任何一个、总共、完全、统统、没有一个……不、人人、个个”等就可用于表示全部。而“有些、若干、有的、一些、部分、大部分、绝大部分、小部分、少数、多数、大多数、绝大多数、几乎全部、一半、接近半数、百分之几”等则用于表示部分。在使用这些词语时应注意：

（1）当事物是被全面肯定或否定时，才能用表示全部的词语，否则就要用表示部分的词语。

（2）应用文中表示部分时，常要求精确，此时应使用词义精确的词语，如百分比等。

（3）不能在一个语句中同时出现表示全部或部分的词语。如：全体职工大部分都参加了劳动竞赛。

（4）前后句子中出现的表示范围的词语不能自相矛盾。如：凡是在生产岗位的工人同志，不少是在解放初厂里条件十分艰难的情况下进厂的。

（三）应用文写作常见的问题

1．篇幅冗长

（1）长篇大论，言之无物。有的业务职能部门给上级写报告长达四五万字，文中套话连篇。谈工作，只讲大道理，不讲实际情况；讲问题，只谈原则话，不谈要害处；讲下步工作安排，只喊口号，缺乏具体措施。有的工作情况报告虽然文字不长，但是空话、套话成串，文中的话今年讲也可以，明年讲也不过时，读了以后清汤寡味。例如，有一个单位向市委报告开会的情况时写了许多虚词套话，如会议在什么“前夕”、在什么“新形势下”、在什么“关键时刻”召开了；会议“总结了”、“分析了”、“交流了”、“授予了”、“命名表彰了”；某某领导“讲了话”、“作了总结”；会议又“进行了”、“提高了”、“统一了”、“明确了”、“坚定了”等。接着，对会议的评价又讲了一大套。一份3 000多字的报告，光导语就占去了600多字。

（2）语言烦琐，拖泥带水。如某省民政部门给上级民政部门的一份工作报告上万字，虽然文中有些实际内容，但是一半的篇幅是罗列事实和数字，读者看了头昏脑涨。报告的语言啰唆、乏味，套话来回说，情况反复讲，生怕遗漏。文中的事实和数字举例，从省、市、县到乡、村、户，层层都有，面面俱到。这种情况在一些综合性工作报告和年终工作报告中经常出现。

（3）画蛇添足，浪费笔墨。例如，某单位给上级的一份请示长达2 500多字。请示中真正有用的话不过700字，其余全是多余的话。本来，请求上级解决经费，只要讲明困难，说清理由就可以了。但是，接着又发了一番议论，表了一片决心，如“当前的形势和全国、全省一样大好，改革深入发展，生产形势喜人。虽然有困难，但是要千方百计挖掘潜力，去克服困难……”这类现象虽不多见，但是不加以克服，很容易带坏文风。

2. 内容粗糙

（1）内容重复。这种现象在公文中时有出现。其中包括三种情况：其一，在一份公文里前后的内容重复；其二，两个单位发文内容重复，如一份上级文件来了，两个单位分别拟稿发文，提出贯彻落实意见，造成了互相扯皮，重复劳动；其三，有的单位在不到一周的时间内，连续发出两个内容雷同的文件。有的单位在半年之内就发出四份内容重复的文件。

（2）照抄照转。有的领导机关和业务部门在贯彻上级的方针、政策时，不从本地区、本部门的实际情况出发，不进行认真的调查研究，就动手写通知、发指示。肚里无货而又急于求成，只好照抄照转。有的成条成段地抄录上级文件，甚至连上级文件中的举例也原封不动地抄录，一篇 3 000 字的公文，只有几百字是自己的话；有的边抄边主观臆造，撰写的文稿还不如上级文件具体可行。更为严重的是，有的抄录上级文件断章取义、曲解原意，造成公文内容支离破碎，损害了公文的严肃性和权威性。

实践证明，不管出于什么原因，照抄照转都是一种消极怠工。如果贯彻上级指示的公文没有自己地区、部门或单位的特点和见解，宁可不发或晚发，认真地按照上级的指示精神办事便可。如果一时拿不出具体的贯彻意见，可以抓紧时间进行调查研究，在摸清情况的基础上，从实际出发，提出有针对性的贯彻意见再行发文，绝不能照抄照转。

（3）政策矛盾。有的领导机关所属的一些业务职能部门，由于不了解其他部门的政策规定和业务情况，轻易地规定政策，下发文件，结果造成政出多门或政策矛盾，使下级单位难以执行。这种情况在个别领导机关的一些公文中也时有出现。例如，某省为了解决某一边远困难地区公路养路费不足的问题，发文规定全省的公路养路费要统一上收，然后由省集中平衡，调剂余缺，以照顾贫困地区。后来又发出文件，规定这个地区的公路养路费可以不上交省里，全部留给地、县用于发展企业和山区建设。

（4）官样文章。有的单位制发的公文缺乏针对性，没有新东西，政策不明确，措施不具体，满篇官话，冠冕堂皇，令人看了生厌，群众把这种公文叫做“官样文章”。请看下面这段话：“六、改进作风，狠抓各项工作的落实。二季度工作任务很重。各级领导要努力从文山会海和琐碎事务中解脱出来，走出会议室、办公室。深入基层，深入群众，调查研究，解决问题，少说空话，多办实事，在抓早、抓紧、抓实上下工夫，真正抓出成效来。”这是某市下发的一篇公文的最后一段话，中心意思是要求下级机关的干部转变作风。但是提出的要求虚而空，像一堆口号，不痛不痒，缺少具体的目标要求和措施，使人看了不感到有责任感和紧迫感，下级可以听也可以不听，做不做都没有检查的标准。这些话写在公文里只能流于形式。

（5）观点模糊。有的公文主题思想不明确，观点不鲜明。向上级写报告、请示工作，叙述情况若明若暗，分析问题含含糊糊，发文单位态度不明。向下发通知、作规定，政策界限不清，模棱两可，以致下级无法贯彻执行。例如，某市给省里的一份关于某某领导干部利用职权谋取私利的情况报告中这样写道："……××同志利用职权，多要住房，为子女安排工作，提拔重用亲信，等等，错误严重，影响极坏。"可是报告后面又讲："上述错误，有的应由其个人负责，有的是属于组织的责任，有的属于正常工作需要。"从报告看，究竟这个干部个人有什么错误，应负什么责任，并没有说清楚，使人看了晕头转向，不解其意。有的单位请示问题，不讲本单位的意见，而把存在的分歧和矛盾全部上交。如某单位向上级请示工作，没有自己的结论意见和明朗的态度，而把领导班子每个成员的各种不同意见照本宣科，一股脑都写在请示文件里，让上级领导裁决；还有的单位的请示公文内容繁多，成了"大拼盘"。如某单位在给市委的一份请示中，共写了十几个问题请上级答复，结果是上级没法答复。

（6）逻辑混乱。在一些公文中，除了篇章布局结构上的逻辑混乱以外，还经常出现思维方式上的不合逻辑现象。就是说，在分析问题时作出不合乎事理的结论，在概念、判断、推理上存在着不准确、不恰当的地方。比如有的公文中写道："档案里有许多重要资料，是党和国家正确制定政策、法令的重要依据。因此，做好档案工作是我们的光荣职责。"这段话起码存在两处逻辑上的错误。其一，"档案"这一概念不明确，外延太大，应加以限制。社会分工纷纭复杂，"三百六十行"，各行各业都有自己的档案资料。但是，不一定所有的档案资料都是属于方针、政策和法律、法令方面的内容。其二，"是党和国家正确制定政策、法令的重要依据"这一直言判断也不恰当。档案是用过的文件、资料，保存起来以便为用户使用，它起着记载、凭证、备查等作用。而党和国家制定政策，最根本的依据是从不同历史时期的实际情况出发的，是从现实的需要出发。即使是党政机关的档案材料，对制定现实的政策和法令来讲，也只能起参考、借鉴、对比作用，不能作为重要依据。因此说，上面那句话中的第一个判断是不对的，起码是不准确的。

（7）引文不规范、数字不准确。有些单位的公文引用引文不认真，不负责，随便往上写。如某省级机关发文时引用中央一位主要领导同志的讲话，仅三十几个字就错了三处，而且不写引文出处；某省一业务部门在公文中引用《中共中央关于加快农业发展若干问题的决定》的内容时，将"若干问题"四个字漏掉；有的公文引用上级文件的话，只写上级机关名称，不注明发文的时间、标题、文号；有的将引文的年号和顺序号用错；引用名言时，不写名言出处，说不清是引证谁的话。还有的公文引文过多，不像一篇公文，好像引言录。有些公文引用数字不正确，“以上”与“以下”、“增加了”与“增加到”、“减少了”与“减少到”等用法不分。

3. 文种不分

主要表现在请示和报告不分，工作情况报告和调查报告不分，会议情况报告和会议纪要不分。

上述三种表现中，尤其是请示和报告不分的现象最为普遍，主要有三种表现：

第一，把纯属请求批准的公文当做报告。

第二，一份公文既请示工作又报告情况。

第三，把请求上级批转的改进工作的意见和办法当作了报告。

关于文种不分的问题，后面讲具体文种的写法时还要涉及，此处不再展开讲。

4. 行文口气不当

有些单位制发公文不大注意行文口气，主要表现在用语不妥当，尤其在一些请示性公文中比较突出。比如请求上级解决困难，答复某个问题时，公文的末尾用“请尽快解决”、“请尽快予以答复”等字样，表现出一种催促的口气。在请求上级批准同意做某项工作时，公文中总是用一些肯定性的语言，给人一种不客气的感觉，这些都是不合适的。例如，某省××厅给省政府的一份关于成立××省××局的请示件中有好几处用语口气不当，如：

[例 1]“省××局是省人民政府直属机构。”

[例 2]“省××局必须配备强有力的领导班子。”

[例 3]“省××局为副厅级建制。”

[例 4]“各级人民政府和××部门要加强领导。”

既然是请示成立××局，说明还未成立。那么，用“是”、“为”、“要”等肯定性词语，就显得口气过硬。例 1 的“是”字可改成“应为”；例 2 的“必须”二字可改成“应该”；例 3 的“为”字可改成“拟按”；例 4 的“各级”二字前面应加上“建议”二字。这样，行文的用语就比较准确了，口气也显得适度。再如，某一省厅给省直的另一个厅发文，要求人家“遵照执行”，这也是不妥当的。平行的机关或单位之间互相行文，不能以指令性的口气要求对方如何，应该以平等、协商的口气说话。

（四）应用文写作的注意事项

1. 提法要准确

（1）贯彻执行党中央、国务院的指示，落实党和国家的方针、政策、法令时，提法必须严格依照党中央、国务院的文件以及中央级报刊发表的意见处理。

（2）应用文中印发的领导同志讲话，凡是涉及人、财、物、机构设置等方面的内容，不宜乱开口子乱许愿，以免给下级机关执行文件造成困难。

（3）宣传成绩要实事求是，掌握分寸，留有余地。评价一个单位的工作情况，未经调查分析，不要轻易下结论或作全面的估价；不要把一两个“点”的情况概括为全面情况；不要把打算要做的工作说成是已经完成的工作；不要随便说“达到世界水平”、“国内首创”、“全国第一”的话等。

（4）评价典型要讲辩证法，避免片面性。表扬先进单位和先进个人，要注意不要脱离群众、脱离领导、脱离客观条件。总结先进典型，不要人为地拔高，故弄玄虚；批评坏的典型，要慎重从事，恰如其分。在评价一个单位或个人时，要坚持从实际出发，是什么情况就讲什么情况，不要定性戴帽，不要把某某单位、某某个人说成是什么“科学性”、“经验性”、“开拓型”、“保守型”、“开放型”、“封闭型”等。

（5）语言要朴实，不要吹嘘，不要乱用形容词，如“最大的”、“最高的”、“最快的”等。比如一个机关单位只是部分工作实现了办公自动化，就不能说成全部工作实现了办公自动化；一个企业完成了全年生产计划的95%，就不能写成完成了全年计划。

2．专用名词要用得恰当

（1）应用文中不要写晦涩难懂的话，不要引用多数人所不熟悉的名词、术语。

（2）不能把单人名词同集体名词混为一谈。如“党委机关”、“政府机关”、“厂矿企事业”、“农民群众”、“工人阶级”等，都是集体名词，只能在泛指的情况下使用。不要把某一个人说成是“政府机关”，把某一个人说成是“工人阶级”，而应该说某一个人是“政府机关的工作人员”，某一个人是“工人”。

（3）不能滥用名词。如“朝鲜族”不能写成“鲜族”；“老师”不能写成“先生”；“水泥”不能写成“洋灰”等。

3．应用文文稿的书写规范

（1）文稿应在质量较好、统一印刷的具有固定栏目、相同规格的“发文稿纸”上从左至右横向书写。

（2）所有文字、标记、符号、图形必须书写在划定的图文区内。

（3）每页稿纸不得随意接长、截短或在中间、左右加贴浮签。

（4）书写格式必须统一，每段首起空两格，回行顶格。大小标题应书写于稿纸行间居中位置上。

（5）字体必须清楚整齐，切勿潦草，忌用异体字、复合字及一切不规范的简化字。除非必要，不使用繁体字。各种计量单位一律写国家公布的中文名称。

（6）标点符号应按国家的统一规定正确使用，忌误用和书写不清、含糊混乱。

（7）外文字母采用国际通用和我国规定的有关标准方法书写。书写时，用印刷体或工整的手写体，分清正斜体、大小写和上下角码。容易混淆的字母和大小写字形相似的，要用铅笔注明。

（8）应用文中的数字，除成文时间、部分结构层次序数和词、词组、惯用语、缩略语、具有修辞色彩语句中作为词素的数字必须使用汉字外，应当使用阿拉伯数字，同一应用文中，数字表示方法应前后一致。

（9）序号一般按层次用“一、”、“二、”、“三、”……“（一）”、“（二）”、“（三）”……“1.”、“2.”、“3.”……“（1）”、“（2）”、“（3）”……表示。同一应用文中各级序号不得混用，以避免眉目不清、层次难分。

（10）标注应用文在格式设计、排版、印刷时的注意事项应用铅笔，并使用通用的标注符号。

（11）文稿中修改之处必须勾画清楚。删节的字句应涂抹彻底，添改的字句应写在原字句的上方行间，不得改在远处用长线牵连；大段添加字句不能用纸条粘贴，而应重新抄写；恢复被删改的字句，应用相同格式的稿纸重新抄写，不得使用恢复符号；文稿修改之处较多时，必须将其全部重新誊清。

（12）全部稿纸均须标注连续页码。

（13）简短的注释内容可采用“正文夹注”的方式，即将注释内容置于正文中注释对象之后，并用圆括号括起来。注释内容较复杂时，须将其置于文末，并在注释对象的右上角依次加注序号（一篇应用文排一种顺序号）。

（14）应用文中的各种公式应居中写，有编号的公式略靠左书写，将编号加圆括号标在公式右边。公式下有代号说明时，应顶格书写“式中”，空一格后再书写代号说明。较长公式的转行处，应选在等号或加、减、乘号处，应在下一行行首出现这些符号。

（15）文中的表格应编列序号并赋予表名。表格内位项要对齐，表内数字、文字连续重复时，勿用“同上”等字样或符号代替。表内数字使用同一计量单位时，可将该单位从表中提出并置于圆括号内。表内有整段文字时，起行处空一格，回行顶格，最后不用标点符号。

第四节　学习应用文的意义

应用文体范围广泛，种类繁多。特别是行政机关公文，已成为国家机关进行领导管理一种必不可少的重要文字工具，其作用越来越重要。而当前应用文写作状况与我国迅速发展的形势相比差距很大，无论是写作水平还是从事应用文写作的人才数量都与当前的需要不相适应，因而学习应用文体的写作具有重要的意义。

一、适应新技术革命的需要

面对21世纪，新技术革命正以空前的速度和广度在全球传播。面对迅速变幻的“信息革命”，生产和管理中的现代化、自动化、电脑化程度日趋提高。为适应社会生产力突飞猛进的发展，整个社会都迫切需要用最新的科学文化知识来更新观念，武装头脑。新知识的增长，人们智力的提高，这些人类中的精神财富成果需要系统、完整地记录下来，以便广为流传，这就需要形成科学的书面语言，用各种应用文体写作来完成这些任务。

美国著名未来学家约翰•奈斯比特在他的《大趋势——改变我们生活的十个新方法》一书中指出，由于工业社会向信息社会过渡，有五件最重要的事情应该记住，其中一件就是在这个文字密集的社会里我们比以往更需要具备最基本的读写技能。结合我们的具体情况，学习和掌握应用文的各种方法和技能，就是为了适应新技术革命的需要。

二、学习应用文写作是完善现代人才知识结构和培养能力的重要途径

我们所面临的21世纪是经济社会高速发展的世纪。在21世纪，我们要把祖国建成富强、繁荣、文明、和谐的现代化强国。建设现代化强国需要众多的现代化人才。现代化人才是全面发展的人，他们不仅能做，而且必须能写。在经济与社会高速发展的时代，各种信息的传递不是靠面对面的口头传递，而是靠书面传递，因而应用文写作能力是现代化人才必须具备的素质。应用文写作，可以使人的思维、交际和各种能力得到提高。国外很多发达国家都把培养应用文写作能力作为提高员工劳动素质和业务能力的重要渠道。在我国，培养应用文写作能力也是完善现代化人才知识结构和能力结构的重要途径。

三、学习应用文写作是提高个人工作能力的重要手段

尽管办公现代化将彻底改变传统的工作模式，使办公效率大幅度提高，但在人们从事经济工作、行政工作、科技工作……在具体处理各种事务时，仍然离不开应用文写作。社会经济发展越快，社会信息量就越大，因为人流、物资流、资金流是靠信息流来引导的，因此用人单位对员工的应用文写作能力越来越重视。能否得心应手地撰写应用文，当前已成为衡量一个人工作能力的重要标准之一。

四、学习应用文写作是提高单位工作质量和绩效的重要举措

应用文写作水平不仅是衡量个人工作能力的标准，同时也反映着单位或部门处理日常业务工作的质量。如果一个单位或部门制发的应用文表达不准确，主题不正确，结构不完整，格式不规范，怎能提高其工作质量。这些不合乎要求的应用文小则让人摸不着头脑，耽误事务的处理，大则会给党和国家带来不良影响和不应有的损失。三国时的曹丕在《典论·论文》中说："盖文章经国之大业，不朽之盛事。"曹丕把文章提高到治理国家的高度来认识，这无疑是正确的。

为了适应现代社会的高速发展，我们必须从思想上认识学习应用文写作的重要意义。要认真学习应用文写作理论，积极进行应用文写作实践，不断提高应用文写作能力。

第五节　学习环保应用文的意义

当前，人类面临的环境形势非常严峻，包括全球气候变暖，臭氧层破坏和损耗，生物多样性减少，土地荒漠化，森林植被破坏，水资源危机和海洋资源破坏，酸雨污染，资源、能源短缺，垃圾成灾，以及有毒化学物品和核辐射污染等。为了保护当代人及其子孙后代赖以繁衍生存的地球，保护环境责无旁贷。作为一名环保工作者，掌握好环保应用文写作，十分重要。

1．掌握好环保应用文写作是做好环保工作的基本要求

在环保工作中，有大量的环保行政公文、环保事务文书、环保求职文书、环保科技文书、环保策划文书、环保执法文书等各类环保应用文的应用与写作。如果没有系统地学习掌握环保应用文写作，在具体工作过程中，就难以胜任本职工作。

2．掌握好环保应用文写作有利于更好地发挥环保应用文在环保工作中的指导作用

上级机关对下层单位的环保工作领导和指导通常是通过制发决定、通知、意见、计划等环保应用文来实现的。上级机关正是通过这些环保应用文，传达领导意图，部署下级环保工作，提出环保工作任务，从而把所属单位置于统一的目标和指挥之下，形成一个团结和富有战斗力的整体，而下级单位也通过报告、请示、计划、总结等环保应用文向上级汇报工作、反映情况、请示工作，以求得上级的指导和帮助。

3. 掌握好环保应用文写作有利于更好地发挥环保应用文在环保工作中的沟通作用

日常环保工作中，上级与下级、单位与单位之间的各种往来十分频繁。要想取得上下融洽、左右协调、内外相通的工作环境，重要的手段之一就是运用环保应用文。如通知有关事项，通报有关问题，报送有关资料，商洽有关事宜，签订合同、协议都离不开环保应用文。环保应用文在上下级之间、各单位与各单位之间以及单位内有关事务者之间，发挥着互通情况、沟通信息、接洽工作、联系业务的重要作用。

4. 掌握好环保应用文写作有利于更好地发挥环保应用文在环保工作中的宣传作用

党政机关、社会团体和企事业单位经常通过环保应用文来宣传党和国家的有关的环保路线、环保方针、环保政策，教育广大干部群众积极、自觉地加以贯彻。

环保应用文中的一些文种，如报告、决定、决议、公报、通知、意见、简报、调查报告等，可以详尽地阐述党和国家以及各级政府、各类组织的环保路线、环保方针、环保政策，并通过它们来统一人们的认识，协调干部群众的步调，激发人民的环保工作热情。

5. 掌握好环保应用文写作有利于更好地发挥环保应用文在环保工作中的凭证作用

环保应用文既是环保系统上下级和其他各单位之间沟通信息、联系工作的工具，又是这些单位之间开展工作、解决问题的依据和凭证。比如上级的决定、通知，下级要认真贯彻执行，而刊载这个决定或通知的文件，自然就是下级开展环保工作的依据和凭证。至于那些空口无凭，立字为证的合同、协议之类的环保应用文，其凭证作用更不用说了。此外，由于各类环保应用文体从不同角度记载了各个历史时期党和国家发布的环保法令、环保法规、环保方针、环保政策，记录了各个时期环保工作情况，即使这些环保应用文失去了时效性，但仍具有资料和凭证作用，具有历史保存价值。

第二章　环保行政公文的写作（上）

行政机关、企事业单位、人民团体在行使各自管理职能的过程中，所形成的具有法定效力并且体式规范的公务文书统称为公文。根据作者的不同，公文可以分为党内公文、行政公文、群众团体公文三大类。本章将主要针对行政公文，尤其是环保领域的通用型行政公文展开讨论和学习，使大家对今后环保工作中可能涉及的各类行政公文有一个比较系统的认识。

国务院 2000 年 8 月 24 日颁布的《国家行政机关公文处理办法》，对行政公文的概念作了如下规定：行政公文是行政机关在行政管理过程中形成的具有法定效力和规范体式的文书，是依法行政和进行公务活动的重要工具。

一、行政公文的分类

学习行政公文写作的首要问题是弄清它的种类，不同种类体现了不同的行文目的和要求，同时也体现了发文机关的地位、职权和行政关系。如果文种选用不合适，会直接影响到行政工作的进行。

（一）根据内容和适用范围划分

可以把行政公文划分为 13 种：命令（令），议案，决定，公告，通告，通知，通报，报告，请示，批复，意见，函，会议纪要。

（二）根据行文方向划分

可以划分为 3 种：上行文，下行文，平行文。

（1）上行文。是指下级机关向上级机关所发送的行政公文，如请示、报告。

（2）下行文。是指上级机关向下级机关所发送的行政公文，如命令（令）、指示、决定、批复等。

（3）平行文。是指平行机关或不相隶属机关之间为了协商或通知有关事项而制发的行政公文，如函等。

另外还有一些分类方法，如：根据保密程度将行政公文划分为绝密公文、机密公文、秘密公文、普通公文 4 类；根据承担职能将行政公文划分为指挥性公文、知照性公文、报请性公文、规范性公文、提议性公文、联系性公文、实录性公文 7 类；根据处理时限将行政公文划分为特急公文、急办公文、常见公文 3 类等。

二、行政公文的特点

（一）法定性

行政机关是依据法律和有关法规建立起来的正式组织机构，它们具有相应的职权及主管业务范围。行政公文出自行政机关，代表了制发机关法定的职权与意愿，因而具有法定的权威与效力。

（二）时效性

行政公文是为解决在现实工作中存在的实际问题而形成和使用的，是为推动现实工作服务的，其效用具有较强的时间性。

行政公文的作者、读者及其目标都是特定的。行政公文大多按领导的意图，或按照决策层和全体成员的意愿，在机关单位负责人的授意下进行写作，是代表机关发言，而不能随意表述。行政公文的读者也十分明确，常注明“主送机关”等确定阅读范围。行政公文最终的目标也是特定的，有的是传达上级指示，有的是反映情况，有的是请求事项，有的是交流信息。

（三）规范性

行政公文和一般的应用文书不同，其格式和处理程序都是要符合国家机关规定的。任何机关单位在制发、处理行政公文的时候都必须严格遵循国家统一的标准，不得违背统一规定的原则和要求。

本章将主要学习公告、通告、通知、通报、报告、请示、批复、函这 8 种行政公文的写作。

第一节 公 告

案例一

关于环境影响评价工程师职业资格注销登记有关事项的公告

2010年第47号

为提高环境影响评价工程师职业资格登记管理的科学性和规范性，现将环境影响评价工程师职业资格注销登记有关事项公告如下：

一、登记有效期满6个月仍未办理再次登记的环境影响评价工程师，我部予以注销登记。

二、注销登记人员符合下列情形的，可参照我部2009年第20号公告中第四、第五项的有关规定申请重新登记：

（一）登记有效期满6个月未办理再次登记，自注销登记之日起已满1年的；

（二）再次登记时工作业绩或者继续教育学时不符合要求，自注销登记之日起已满1年的；

（三）有《环境影响评价职业资格登记管理暂行办法》（环发〔2005〕24号）第二十一条第四、第五款或第七、第八款情形，自注销登记之日起已满3年的；

（四）以不正当手段取得环境影响评价工程师职业资格登记，自注销登记之日起已满3年的。

三、因上述情形注销登记的人员，其《中华人民共和国环境影响评价工程师职业资格证书》继续有效。

四、我部定期公布登记人员和注销登记人员名单。

特此公告。

环境保护部

二〇一〇年六月八日

（资料来源：http://www.mep.gov.cn/gkml/hbb/bgg/201006/t20100618_191078.htm 中华人民共和国环境保护部政府信息公开网“通知公告”栏目，有改动）

这则公告由标题、正文、落款三部分组成。

标题由事由、文种构成。事由是“环境影响评价工程师职业资格注销登记的有关事项”，文种是“公告”。在标题下方居中位置的“2010年第47号”是发文机关按照年度编制顺序对公告进行的编号。

正文分为开头、主体、结尾三部分。开头扼要交代了行文目的，然后通过“现将……有关事项公告如下”过渡到正文主体，针对“环境影响评价工程师职业资格注销登记的有关事项”分条列项地进行了说明，最后以“特此公告”结尾。

落款处注明了发文机关和成文日期。

全文层次清晰，内容简明，便于公众阅知。

案例二

关于调整进口废物管理目录的公告

2009年第36号

根据《中华人民共和国固体废物污染环境防治法》《控制危险废物越境转移及其处置巴塞尔公约》和有关法律法规，环境保护部、商务部、发展改革委、海关总署、国家质检总局对2008年公布的《禁止进口固体废物目录》《限制进口类可用作原料的固体废物目录》和《自动许可进口类可用作原料的固体废物目录》（以下简称“进口废物管理目录”）进行了修订和增补，现予发布，有关事项公告如下：

一、不符合《限制进口类可用作原料的固体废物目录》或《自动许可进口类可用作原料的固体废物目录》相应“其他要求或注释”中规定的进口固体废物，按照禁止进口固体废物管理，口岸检验检疫机构不予签发入境货物通关单，海关不予放行并依法责令进口者或承运人实施退运。

二、对新增列入进口废物管理目录的固体废物，在本公告发布前已经商务主管部门批准的加工贸易业务，允许按照原规定向海关办理保税加工备案、料件进口等海关手续，并在经审批的合同有效期内执行完毕；以企业为单元管理的联网监管企业，允许在2010年6月30日前执行完毕。

上述业务中，对列入《禁止进口固体废物目录》固体废物的加工贸易业务，到期仍未执行完毕的不予延期；对列入《限制进口类可用作原料的固体废物目录》或《自动许可进口类可用作原料的固体废物目录》固体废物的加工贸易业务，到期仍未执行完毕需要延期的，应按照有关规定申请固体废物进口许可证后办理。

自本公告发布日起，商务主管部门不再批准新增列入《禁止进口固体废物目录》

固体废物的加工贸易业务。

三、本公告自2009年8月1日起执行。原国家环境保护总局、商务部、发展改革委、海关总署、国家质检总局2008年第11号公告所附目录同时停止执行。

附件：1. 禁止进口固体废物目录（略）

2. 限制进口类可用作原料的固体废物目录（略）

3. 自动许可进口类可用作原料的固体废物目录（略）

环境保护部　商务部

国家发展和改革委员会　海关总署

国家质量监督检验检疫总局

二〇〇九年七月三日

（资料来源：http://www.mep.gov.cn/gkml/hbb/bgg/200910/t20091022_174566.htm 中华人民共和国环境保护部政府信息公开网“通知公告”栏目，有改动）

这则公告由标题、正文、落款三部分组成。

标题由事由、文种构成。事由是“调整进口废物管理目录”，文种是“公告”。在标题下方居中位置的“2009年第36号”是发文机关按照年度编制顺序对公告进行的编号。

正文由开头、主体两部分构成。开头第一段交代了行文目的和依据，以过渡句“有关事项公告如下”转入正文主体。主体部分针对“进口废物管理目录”的修订、调整情况进行了具体说明，并最后明确了该目录的执行日期，以此收尾。在正文下方罗列了附件条目，便于公众查看。

落款处注明了发文机关和成文日期，可知这则公告是由“环境保护部、商务部、国家发展和改革委员会、海关总署、国家质量监督检验检疫总局”五个单位联合发布的。

这则公告以相关法律法规为依据，条理清楚，表意清晰，语言准确规范，行文郑重平实。

知识橱窗

国务院于2000年8月24日发布了《国家行政机关公文处理办法》，并于2001年1月1日起开始施行。该公文处理办法对13种公文种类进行了表述，其中对“公告”的表述为“适用于向国内外宣布重要事项或者法定事项”。

一、公告的概念及分类

公告，就是向国内外宣布重要事项或法定事项的一种公文。

公告一般可以分为重要事项公告和法定事项公告。

重要事项一般是指国内外普遍关注的重大事件、重要活动、重要决策等需要国内外周知的事项，所以重要事项公告宣布的一般是有关国家的政治、经济、科技、教育等方面的重要事项。“案例一”就是一则重要事项公告。

法定事项一般是指根据法律法规向国内外公开宣布的重要事项或情况，所以法定事项公告一般就是依照法律法规向社会公布的一些重要事项。如“案例二”，环境保护部、商务部等五个发文机关根据《中华人民共和国固体废物污染环境防治法》《控制危险废物越境转移及其处置巴塞尔公约》和有关法律法规，对2008年公布的《禁止进口固体废物目录》等进行了修订和增补，并联名将相关事项以公告的形式进行了公布。

另外有一些公告是专业性的或向特定对象发布的，如招标公告，因其不属于行政公文，故在此不进行额外论述。

二、公告的特点

（一）发文主体的限制性

公告的发文主体多是国家高层行政机关及其职能部门，具体来说有全国人大及其常委会，国务院及其所属部门，各省、市、自治区、直辖市行政领导机关，检察院、法院、税务局、海关等法定机关。党团组织、企事业单位、社会团体等较少向社会发布公告。

（二）发布范围的广泛性

公告面向的是国内外的广大范畴，其告知对象具有广泛性，可以借助广播、电视、报刊、网络等媒体进行发布，促使其传播范围更加广泛，速度更加快捷。

（三）题材的重大性和行文的庄重性

公告所涉及的内容一般是能在国内外产生一定影响的重要事项，或者依法向社会公布的法定事项，是权威性和公信力的体现，其行文必须庄重严肃，语言必须准确规范。

三、公告的写作格式

公告通常由标题、正文、落款三大部分组成。

（一）标题

公告的标题有4种写法：

（1）发文机关名称 + 事由 + 文种

如：环境保护部关于发布国家污染物排放标准《水泥工业大气污染物排放标准》的公告

（2）发文机关名称 + 文种

如：环境保护部公告

（3）事由 + 文种

如：关于发布国家污染物排放标准《水泥工业大气污染物排放标准》的公告

（4）直接以“公告”为标题，多见于公共场所张贴的公告

有时会按照年度编制顺序对公告进行编号，格式为“第×号”或者“20××年第×号”，一般标注在标题下方居中位置。

（二）正文

公告正文通常由开头、主体、结尾3个部分组成。

（1）开头。简单交代行文的目的、根据、意义等，常用“现将有关事项公告如下”这样的过渡句转入正文主体。

（2）主体。交代清楚公告的事项，具体写法根据事项内容而定，内容较多的可以分条列项依次说明。

（3）结尾。一般用“特此公告”、“现予公告”来结束全文，或者通过对公告事项提出执行要求来结尾。如果是公布有关法规，还须写明施行的有效日期。

（三）落款

公告的落款位于正文的右下角，包含发文机关和成文日期，特别重要的公告还会在落款中注明发布地点。如果在公告的标题中已经明确了发文机关，在落款处可以省略。成文日期一般要用汉字小写数字规范标注年、月、日，如“二〇一〇年一月一日”。

四、公告写作的注意事项

（1）应依照制发机关的职权行文，一定要明确本组织是否有权或者是否被授权可以发布“公告”，如企事业单位、社会团体等组织的告知性事项一般是不能采用“公告”文种发布的。

（2）在公告写作时应开门见山，重点说明公布事项的具体内容，不需要对经过细节进行详细描述或深入分析讨论。

（3）公告写作主题要单一，行文要严肃庄重，用语要准确规范。

下面是一则公告，格式方面存在某些错误，内容上也有一些遗漏。请你指出来并加以完善。

关于发布废弃电器电子产品处理企业资格审查和许可指南的公告

为贯彻落实《中华人民共和国固体废物污染环境防治法》《废弃电器电子产品回收处理管理条例》《废弃电器电子产品处理资格许可管理办法》，指导和规范地方人民政府环境保护主管部门对申请废弃电器电子产品处理资格企业的审查和许可工作，我部制定了《废弃电器电子产品处理企业资格审查和许可指南》。现予以发布，请各设区的市级环境保护行政主管部门参照执行。附件：废弃电器电子产品处理企业资格审查和许可指南

根据宜昌市人民政府申请和湖北省环境保护厅推荐，经国家环境保护模范城市考核组考核验收、环境保护部公示和审议，宜昌市已经达到了国家环境保护模范城市考核指标要求。环境保护部决定授予宜昌市“2011 年国家环境保护模范城市”的称号。

请你以环境保护部的名义，起草一份关于宜昌市创建成为国家环境保护模范城市的公告。

第二节 通 告

案例一

关于加强昆明市建筑施工和营业性文化娱乐场所噪声管理的通告

为加强昆明市建筑施工和营业性文化娱乐场所噪声的管理，为广大市民创造一个安静、舒适的工作、学习、生活环境，根据《中华人民共和国环境噪声污染防治法》，现对昆明市建筑施工和营业性文化娱乐场所噪声管理有关规定通告如下：

一、昆明市建筑施工项目，施工单位必须严格遵守以下规定

1. 在建筑施工项目开工十五日以前，施工单位持环保部门对本项目环境影响评价的批准文件向项目所在地县（市）区环境保护局申报该工程的项目名称、施工场所和期限、可能产生的环境噪声值以及所采取的环境噪声污染防治措施的情况。高新技术产业开发区、旅游度假区、经济技术开发区内的建筑施工项目向昆明市环境保护局进行申报。

2. 在城市市区、县城所在地，禁止夜间（晚22点至早晨6点之间）进行产生环境噪声污染的建筑施工作业。因抢修、抢险作业和因生产工艺上要求或者特殊需要必须连续作业的除外。因特殊需要必须连续作业的，施工单位必须持有关主管部门的证明向环境保护局登记备案，并于连续施工之日1天前公告附近居民和单位。

3. 城市建筑施工期间施工场地产生的噪声应当符合《建筑施工场界噪声限值》（GB 12523—90）规定。

二、营业性文化娱乐场所经营者必须严格遵守以下规定

1. 新建营业性文化娱乐场所必须按照国家有关规定办理建设项目环境影响评价审批手续。经营中的文化娱乐场所持环保部门对该娱乐场所环境影响评价的批准文件向经营所在地县（市）区环境保护局进行噪声污染排污申报登记；高新技术产业开发区、旅游度假区、经济技术开发区内的营业性文化娱乐场所向昆明市环境保护局进行申报登记。

2. 营业性文化娱乐场所的边界噪声应当符合《中华人民共和国工业企业厂界噪声标准》（GB 12348—90）规定。

三、建筑施工过程和营业性文化娱乐场所经营中产生的噪声超过国家规定标准，干扰他人正常生活、工作的，施工单位和经营者必须采取措施进行治理，并按照《中华人民共和国环境噪声污染防治法》规定缴纳噪声超标准排污费。

四、本《通告》公布后开工建设的建筑工程和投入经营的文化娱乐场所，建筑施工单位、营业性文化娱乐场所经营者不按时申报、拒报、谎报排污申报登记事项的，由环境保护部门按照《排放污染物申报登记管理规定》给予警告或者处以罚款。

新建营业性文化娱乐场所不按照国家有关规定办理建设项目环境影响评价审批手续的，由环境保护部门按照《中华人民共和国环境影响评价法》规定进行处理。

夜间施工作业或者经营中产生环境噪声污染，干扰他人正常生活、工作的，由环境保护部门按照《中华人民共和国环境噪声污染防治法》规定进行处理。

五、在建施工项目和经营中的文化娱乐场所自本通告公布后一个月内到环保部门补办噪声排放申报登记手续，逾期不办，环境保护部门将依法追究法律责任。

昆明市环境保护局

二〇〇五年二月一日

（资料来源：http://www.kmepb.gov.cn/kmhbj/7318679247965388/20060420/1414.html 昆明市环境保护局网站“政务公开—公告通知”栏目）

此通告由标题、正文、落款三部分组成。

标题由事由、文种组成。事由是“加强昆明市建筑施工和营业性文化娱乐场所噪声管理”，文种是“通告”。

正文分为开头、主体两个部分。开头第一段简要交代了行文目的、依据，直接点明主题。然后使用过渡句“现对……有关规定通告如下”转入正文主体，分条列项从五个方面说明了通告的具体内容，针对昆明市建筑施工和营业性文化娱乐场所的噪声管理进行了严格规范，并提出了相关处罚措施。

落款处注明了发文机关和成文日期。

全文结构合理，逻辑清晰；内容具体明确，语言平实易懂；措施可行，便于规范和执行。

案例二

重庆市环境保护局
关于依法注销重庆银港冶炼有限公司危险废物经营许可证的通告

渝环发〔2010〕36 号

重庆银港冶炼有限公司已于 2009 年 12 月 19 日被綦江县工商行政管理局依法吊销工商营业执照。根据《行政许可法》第七十条第三款的规定："法人或者其他组织依法终止的，行政机关应当依法办理有关行政许可的注销手续"，我局决定依法注销该公司的危险废物经营许可证，其许可证编号为渝 ZH016。

特此通告。

二〇一〇年五月四日

（资料来源：http://www.cepb.gov.cn/ 重庆市环境保护局政府公众信息网"环保公文"栏目，有改动）

这则通告由标题、正文、落款三部分组成。

标题采用的是"发文机关名称 + 事由 + 文种"的完全式标题，发文机关是"重庆市环境保护局"，事由是"依法注销重庆银港冶炼有限公司危险废物经营许可证"，文种是"通告"。

在标题下方居中位置的"渝环发〔2010〕36 号"是发文机关按照发文字号对通告进行的编号。"渝"是重庆的简称，"渝环发"代表重庆市环境保护局发布。

正文分为主体、结尾两个部分。主体部分简要交代了行文原因、行文目的、行文依据及其处理决定，然后以"特此通告"作为结尾。

落款处注明了成文日期。

全篇通告行文简短，内容明确，语言精练，通俗易懂，便于公众周知。

一、通告的概念及分类

根据国务院《国家行政机关公文处理办法》，通告是一种用于公布社会各有关方面应当遵守或者周知的事项的公文。通告的内容涉及社会的方方面面，其适用范围也较广，不仅各级国家机关可以使用，其他企事业单位、党团组织、社会团体等也可以使用。

通告一般可以分为规范性通告、告知性通告两类。这两类通告之间没有绝对的界限，只是以法规性的强弱为标准来进行区分。

规范性通告在让广大公众周知的基础上，强制性措施较多，具有较强的约束力。如“案例一”，对建筑施工和营业性文化娱乐场所的噪声管理进行了严格规定，并且提出了相应的处罚措施，是一则典型的规范性通告。

告知性通告在让公众周知某些事项的基础上，一般没有强制性的措施，其主要目的不在于约束，而在于沟通信息、相互配合。如因施工而停水、停电的通告就属于告知性通告。“案例二”就是一则告知性通告。

二、通告的特点

（一）适用范围及其内容的普遍性

通告的适用范围上至各级国家机关，下至企事业单位、社团组织，使用十分广泛。通告的内容既可以涉及国家法令、政策，也可以公布社会生活中的具体事务。

（二）告知对象的有限性

虽然通告的适用范围和内容具有普遍性，但它所告知的对象却具有有限性。相比向国内外公布重要事项或法定事项的公告，通告公布的事项一般只是针对一定地区或一定范围内的。

（三）事项的具体指向性

通告所告知的对象有限，通常是要求一定范围内的机构或人员普遍知晓某些政策法规、重要事项，或者共同遵守某些规定，维护一定范围内的良好秩序。因此，通告的内容往往是针对某些具体事项，如环保部门关于机动车辆排气定期检测的通告，税务局关于征收环保税的通告，等等。

（四）条文内容的规范性

通告常用来宣布一些具有约束力和规范性的事项，或者用来告知一些值得提倡或被禁止的事项，一经颁布，特定范围内的单位和民众就需要知晓、遵守或执行。因此，通告的条文内容必须规范，易于执行。

三、通告与公告的区别

（一）告知对象的范围不同

公告面向国内外的广大公众，其告知对象范围很广，获知的人越多越好。通告一般只是面向一定地区或者一定范围内的公众，其告知对象范围相对较窄。

（二）发文主体的范围不同

公告的发文主体多是国家高层行政机关及其职能部门，或其他一些被授权的组织；党团组织、企事业单位、社会团体等较少向社会发布公告。通告的发文主体可以是各级党政机关、企事业单位、党团组织、社会团体等各级、各类机构，其发文主体的范围比公告更广泛。

（三）内容的重要程度不同

公告所涉及的内容多是重大事项或法定事项。通告所涉及的内容可以是重大事项，也可以是一般性事项，其内容限定没有公告那么严格。

（四）发布形式不同

公告是面向国内外公开、广泛传播的，多采用电视、广播、报刊、网络等媒体进行发布。通告一般只是面向一定地区或者一定范围内的公众，多采用文件或张贴的形式发布，有必要时也可借助于媒体。

四、通告的写作格式

通告一般由标题、正文、落款三大部分组成。

（一）标题

通告的标题有 4 种写法：

（1）发文机关名称 + 事由 + 文种

如：青岛市环境保护局关于使用环保部统一监制的机动车环保检验合格标志的通告

（2）发文机关名称 + 文种

如：青岛市环境保护局通告

（3）事由 + 文种

如：关于使用环保部统一监制的机动车环保检验合格标志的通告

（4）单独使用文种“通告”做标题，多见于张贴性通告的标题

如有需要，可以对通告进行编号，编号一般标注于标题下方居中位置。可以按照年度编制顺序对通告进行编号，格式为“第×号”或者“20××年第×号”；也可以按照发文字号进行编号，如“××发〔20××〕××号”。

（二）正文

正文部分一般由通告的缘由、事项、结语 3 个部分组成。

（1）缘由。简要交代发布通告的原因、目的、依据、意义等，常用“现对有关规定通告如下”或“特通告如下”等过渡句引出通告的事项。

（2）事项。或交代事项的过程、结果，或交代有关规定的具体内容、要求，或交代相关处罚措施，等等；主要是为了让公众掌握重要信息，了解该遵照执行的政策规定等。通告事项如果内容比较复杂，文字较多，可以采用分条列项的方式逐层说明。通告事项如果内容单一，可以前后合成一段来阐述。

（3）结语。常用“特此通告”结束正文。

（三）落款

通告的落款位于正文的右下角，包含发文机关和成文日期。如果在通告的标题中已经明确了发文机关，在落款处可以省略。成文日期一般要用汉字小写数字规范标注年、月、日，如“二〇一〇年一月一日”。

五、通告写作的注意事项

（1）清楚认识通告与公告的区别，在写作行文时不能混淆。

（2）一份通告只针对一件事项，做到“一文一事”，主题突出。

（3）通告的行文要符合相关政策法令，使之具有合法性。

（4）通告的语言要准确简明、规范严密、通俗易懂，这样才便于公众理解和贯彻执行。

下面是一则通告，格式方面存在某些错误，内容上也有一些不当或遗漏。请你指出来并加以完善。

关于排污许可证延期的通告

第 2 号　2010 年

经市政府批准，我局决定统一延长已发放的《上海市企事业单位污染物排放许可证》（以下简称"排污许可证"）的有效期限。现将有关事项公告如下：

一、各有关单位持有的 2002 年核发的排污许可证，生产工艺、污染治理设施、排放污染物的种类、数量、浓度等许可内容未发生重大变化的，该排污许可证在换发前继续有效，有效期最长截至 2012 年 12 月 31 日。排污许可证换发的具体时间和要求，我局将根据环境保护部的要求，结合本市实际另行通知。各单位应严格按照排污许可证的规定排放污染物。

二、建设项目已通过环境保护设施竣工验收、尚未办理排污许可证的，应当按照环保部门环境影响评价文件审批决定和环境保护设施竣工验收审批决定的要求排放污染物。

三、本市各级环保部门应当加强监管，对违反规定排放污染物的行为依法严肃查处。

特此通告。

二〇一〇年一月二十日

技能训练

在紧张的高考、中考期间，广大考生们最需要一个良好的学习、休息环境。长沙市环境保护局决定在今年的高考、中考期间加强对环境噪声污染的监督管理，在高、中考复习迎考和考试期间，禁止从事产生环境噪声污染的夜间建筑施工作业；在日间考试时段内，禁止考场周围 100 米内从事建筑施工作业。

请你以长沙市环境保护局的名义，根据以上内容，撰写一则关于高考、中考期间禁止建筑施工作业时间安排的通告。

第三节 通 知

案例一

重庆市环境保护局关于做好2010年“六·五”世界环境日宣传工作的通知

渝环发〔2010〕163号

各区县（自治县）环保局，经开区、高新区分局：

今年是完成“十一五”环保任务的决胜年，也是谋划“十二五”环保工作的关键年，我市将全面启动国家环境保护模范城市创建（以下简称“创模”）工作。为进一步加大环境保护宣传力度，以创模为主题，在今年“六·五”世界环境日期间掀起宣传高潮，营造人人关心、支持和参与创模的良好社会舆论氛围，现就有关事宜通知如下：

一、宣传主题

创建国模重庆　提升城市品质

二、宣传重点

（一）宣传创模对于改善环境质量、提升城市品质、提高市民生活水平的重要作用和意义；宣传市委、市政府创模的决心和信心，重庆创模的背景、目标任务、工作部署、重点难点等；宣传各级各部门创模各项工作的准备、安排部署和工作措施等。

（二）宣传全市“十一五”环境保护工作取得的显著成就和典型经验。

（三）宣传各级各部门在打好节能减排攻坚战、促进产业结构调整、优化经济增长、保障改善民生以及探索环保新道路的举措和成效。

（四）宣传各地在解决突出环境问题，维护群众合法环境权益、促进社会和谐的典型经验。

三、工作要求

（一）高度重视，加强领导。各区县（自治县）要高度重视“六·五”世界环境日宣传工作，明确专门的领导和人员负责，提前策划活动方案，细化责任分工，抓好工作落实。

（二）突出主题，加强联动。紧紧围绕“创建国模重庆，提升城市品质”宣传主题，按照全市统一部署，认真组织、精心实施、有序推进各项宣传活动，形成统一的宣传声势和效果。主城各区要结合各自创模工作任务，开展声势大、有特色的宣传活动，吸引市民关注和参与创模；其他区县（自治县）紧密结合本地环境保护工作实际，突出创模主题，开展富有特色的纪念“六·五”世界环境日宣传活动。

（三）多种形式，增强效果。充分发挥广播、电视、报纸、网络、手机报等媒体作用，积极应用户外公益广告、标语、宣传栏、招贴画、电子信息屏、显示屏等宣传载体，以及组织开展创模文艺演出、宣讲活动等形式，为全市创模工作顺利启动营造强大的宣传声势和良好的舆论氛围。

（四）总结经验，加强交流。及时总结活动开展情况和成功经验，并于活动结束后（6月8日17:00前）将活动总结及有关声像（图片）资料报市环保局。

联 系 人：陈钰立，电话：89188700，传真：89181961

电子邮箱：cq63631424@sina.com

附件：1. 2010年重庆市环境保护局纪念“六·五”环境日宣传活动安排（略）
2. “创建国模，从我做起”宣传活动安排表（略）
3. 重庆市创建国家环境保护模范城市宣传口号（略）

重庆市环境保护局

二〇一〇年五月二十一日

（资料来源：http://www.cepb.gov.cn/zfxx/hbgw/default_5.htm 重庆市环境保护局政务公众信息网“政府信息—环保公文”栏目，有改动）

这则通知由标题、主送机关、正文、落款四部分组成。

“发文机关名称 + 事由 + 文种”构成了一个完全式标题。“渝环发〔2010〕163号”是发文机关按照发文字号对通知进行的编号。

主送机关是“各区县（自治县）环保局，经开区、高新区分局”。

正文由开头、主体、结尾三部分构成。开头部分简要说明了行文的缘由、目的。主体部分针对如何在“六·五”世界环境日期间掀起创建国家环境保护模范城市的宣传高潮，从宣传主题、宣传重点、工作要求三个方面逐层阐述，对宣传重点、工作要求还分条列项地进行了指示说明。结尾部分公布了宣传工作的联系人员和联系方式。在正文最后，还罗列了附件条目，便于公众查看。

落款处注明了发文机关、成文日期。

全文结构合理，条理清晰，语言简洁明了，内容重点突出，指示性强。

案例二

关于废止《食品生产经营单位废弃食用油脂管理的规定》的通知

各省、自治区、直辖市及新疆生产建设兵团卫生厅（局），环保厅（局），住房城乡建设厅（委、局），工商局：

根据《国务院办公厅关于认真贯彻实施食品安全法的通知》（国办发〔2009〕25 号）要求，我部组织对原《食品卫生法》配套的规范性文件进行了清理。现决定废止 2002 年卫生部、工商总局、环保总局、建设部联合印发的《食品生产经营单位废弃食用油脂管理的规定》（卫法监发〔2002〕99 号）。

对于食品生产经营单位的废弃食用油脂监督管理工作，应当依据《食品安全法》《食品安全法实施条例》《城市市容和环境卫生管理条例》《固体废物污染环境防治法》《水污染防治法》等相关法律法规，以及《国务院办公厅关于加强地沟油整治和餐厨废弃物管理的意见》（国办发〔2010〕36 号）文件执行。

本通知自发布之日起施行。

卫生部
环境保护部
住房和城乡建设部
工商总局
二〇一〇年八月二十日

（资料来源：http://www.mep.gov.cn/gkml/hbb/gwy/201009/t20100906_194179.htm 中华人民共和国环境保护部政府信息公开网“通知公告”栏目，有改动）

这则通知由标题、主送机关、正文、落款四部分组成。

标题包含了事由、文种。

因为这则通知是卫生部、环境保护部、住房和城乡建设部、工商总局联合发布的，所以它的主送机关覆盖面也比较广，要发送至各省、自治区、直辖市及新疆生产建设兵团卫生厅（局），环保厅（局），住房和城乡建设厅（委、局），工商局。

正文由主体、结尾两部分构成。先是简要交代了行文的原因、依据，然后对工作的执行进行了简单说明，最后以“本通知自发布之日起施行”来结尾。

落款处注明了发文机关和成文日期。

全文简洁明了，重点突出，便于公众知晓。

案例三

重庆市人民政府批转市环保局《关于开展规划环境影响评价工作的实施意见》的通知

各区县（自治县、市）人民政府，市政府有关部门，有关单位：

现将重庆市环境保护局《关于开展规划环境影响评价工作的实施意见》批转给你们，请认真贯彻执行。

附件：关于开展规划环境影响评价工作的实施意见（略）

重庆市人民政府

二〇〇五年四月二十六日

（资料来源：http://www.cq.gov.cn/zwgk/zfgw/50175.htm 重庆市人民政府网站“政府信息—政府公文”栏目，有改动）

这是一则批转性通知，由标题、主送机关、正文、落款四部分组成。

标题构成形式为：发文机关 +“批转”+ 被批转公文的标题+文种。重庆市人民政府是重庆市环保局的上级机关，所以用“批转”一词。

主送机关是“各区县（自治县、市）人民政府，市政府有关部门，有关单位”。

正文部分只有一段，直接交代了被批转公文的标题，并交代了执行要求。正文后面的“附件”是这则批转性通知中的必备要素，旨在补充说明正文内容。

落款处注明了发文机关和成文日期。

全文采用篇段合一的结构方式，行文简洁明快，正文要素表达齐全、规范。

案例四

重庆市环境保护局转发环境保护部办公厅《关于做好家电下乡环境保护工作的通知》的通知

各有关区县环保局：

为认真贯彻落实国家环境保护和有关家电下乡的政策，加强对废弃家电的监督管理，督促家电下乡中标企业做好环境保护工作，现将环境保护部办公厅《关于做好家电下乡环境保护工作的通知》（环办〔2010〕55 号）转发给你们。请按照文件要求认真履责，加强对辖区家电下乡中标企业的环境监管，督促中标企业做好环境保护工作，对出现重大环境违法行为的企业严格查处。

附件：环境保护部办公厅《关于做好家电下乡环境保护工作的通知》（略）

二〇一〇年五月二十一日

（资料来源：http://www.cepb.gov.cn/zfxx/hbgw/default_5.htm 重庆市环境保护局政府公众信息网“环保公文”栏目，有改动）

这是一则转发性通知，由标题、主送机关、正文、落款四部分组成。

标题构成形式为：发文机关 +“转发”+ 被转发公文的标题 + 文种。重庆市环境保护局作为直辖市管辖下的环保局，与各省环保厅一样同属于国家环保部管辖，作为中转站，将上级文件转给自己的下属机关，因此选用“转发”一词。

主送机关是“各有关区县环保局”。

正文部分交代了行文目的，表明了被转发公文的标题，并提出了相应的执行要求。正文后面的“附件”用于补充说明正文内容。

落款处注明了成文日期。

全文采用篇段合一的结构方式，行文简洁明快，要素齐全，表达规范。

案例五

环境保护部关于印发《环境行政处罚听证程序规定》的通知

各省、自治区、直辖市环境保护厅（局），新疆生产建设兵团环境保护局，副省级城市环境保护局，各环境保护督查中心：

为贯彻执行《行政处罚法》，配合《环境行政处罚办法》（部令第 8 号）的实施，进一步规范环境行政处罚听证程序，我部制定了《环境行政处罚听证程序规定》。现印发给你们，请认真贯彻执行。

附件：环境行政处罚听证程序规定

二〇一〇年十二月二十七日

（资料来源：http://www.zhb.gov.cn/gkml/hbb/bgt/201012/t20101230_199319.htm 中华人民共和国环境保护部政府信息公开网“通知公告”栏目，有改动）

这是一则印发通知，由标题、主送机关、正文、落款四部分组成。

标题构成形式为：发文机关 +“印发”+ 原公文标题 + 文种。因为《环境行政处罚听证程序规定》的制发者就是“环境保护部”自身，所以这里选用了“印发”一词。

主送机关是“各省、自治区、直辖市环境保护厅（局），新疆生产建设兵团环境保护局，副省级城市环境保护局，各环境保护督查中心”。

正文部分说明了行文原因，交代了被印发公文的标题与执行要求。正文后面的“附件”用于补充说明正文内容。

落款处注明了成文日期。

全文采用篇段合一的结构方式，行文简洁明快。

案例六

关于向建东同志等职务任免的通知

局机关各处（室），各直属单位：

经局党组第25次会议研究决定：

王华俊兼任宣传处处长，王前程任宣传处副处长、办公室调研员；

向建东任人事教育处副处长、离退休人员工作处处长，免去办公室副主任职务；

邓晓钦任国际合作处副处长、科技标准监测管理处助理调研员；

雷毅任工业污染控制监督管理处副处长，免去原污染控制处副处长职务；

杨蓉任城市污染控制监督管理处副处长，免去原污染控制处副处长职务；

万平任自然生态保护监督管理处副处长，免去办公室副主任职务。

特此通知。

四川省环境保护局

二○○五年九月六日

（资料来源：http://www.lshj.gov.cn/E_ReadNews.asp? NewsID=174 凉山州环境保护局网站“文件公示”栏目，有改动）

这是一则任免通知，由标题、主送机关、正文、落款四部分组成。

标题由事由、文种构成。

主送机关是“四川省环保局机关各处（室），各直属单位”。

正文开头使用“经……研究决定”，直接引出行文的依据，体现了任免的组织程序性和有效性。然后说明了有关人员的任职与免职情况。最后以“特此通知”收束全文。

落款处注明了发文机关、成文日期。

全文结构简约，内容单一准确，用语简练，表达规范。

一、通知的概念及分类

通知是日常公文处理乃至日常生活中经常使用的一种文体。在《现代汉语词典》（2005年第5版）的诠释下，“通知”就是把事项告诉别人知道的行为，或通知事项的文书及口信。后经国务院《国家行政机关公文处理办法》规范，明确了“通知”的适用范围：通知，是用于批转下级机关的公文，转发上级机关和不相隶属机关的公文，传达要求下级机关办理和需要有关单位周知或者执行的事项，任免人员的一种公文。

通知的使用非常广泛，各级、各类国家机关、企事业单位、党团组织、社会团体等均可以使用，它是通用公文中被使用频率最高、应用范围最广的一种文体。

按照内容和性质的不同，通知可以分为四类。

（1）指示性通知。用于就某项工作对下级机关作出指示和安排，或要求下级机关办理、周知有关事项。具有强制性、指示性和决策性。如“案例一”，针对如何在“六·五”世界环境日期间掀起创建国家环境保护模范城市的宣传高潮这一问题，重庆市环境保护局向各区县（自治县）环保局，经开区、高新区分局发布了“关于做好2010年“六·五”世界环境日宣传工作”的通知，从宣传主题、宣传重点、工作要求三个方面逐层阐述，并就工作重点和要求进行了指示说明。这是一则典型的指示性通知。

（2）告知性通知。用于宣布某些需要周知的事项。“案例二”就是一则告知性通知，主要是告知公众废止《食品生产经营单位废弃食用油脂管理的规定》的决定。

（3）转发性通知。转发性通知又分为三类：一类用于批转下级机关的公文；一类用于转发上级机关、同级机关或不相隶属机关的公文；另一类用于印发某些法规、制度、办法、措施、计划等公文。转发性通知主要用于沟通情况，可以扩大公文的有效执行范围，使得被批转、被转发、被印发的公文在更大范围内产生效用。如“案例三”、“案例四”、“案例五”，分别是批转公文、转发公文、印发公文的转发性通知。

（4）任免通知。用于宣布有关人员的职务任免情况，如“案例六”。

二、通知的特点

（一）内容的告知性

通知的目的在于把事项告诉别人，它在内容上集中体现了告知事项及办理事项的要求与措施。可以是传达落实某项精神，可以是将有关事项告知相关机构或人员，也可以是要求有关机构或人员及时办理相关事项。

（二）适用范围的广泛性

首先，发文主体具有广泛性。通知不受发文机关性质、级别的限制，各级、各类国家机关、企事业单位、党团组织、社会团体等均可以使用。其次，发文内容具有广泛性。无论是安排重大工作还是告知细小事项都可以使用，如：下达指示、布置工作、传达事项、印发公文、任免人员等。

三、通知的写作格式

通知一般由标题、主送机关、正文、落款四大部分组成。

（一）标题

通知的标题有4种写法：

（1）发文机关名称 + 事由 + 文种

如：长沙市环境保护局关于举办“生态长沙·绿色家园”环境摄影比赛的通知

（2）事由 + 文种

如：关于举办“生态长沙·绿色家园”环境摄影比赛的通知

（3）单独使用“通知”做标题，多见于张贴式的告知性通知。

（4）批转、转发、印发公文的通知，其标题的事由部分不是一个词或词组，而是被批转、被转发、被印发的原公文的标题。其标题结构如下：

① 发文机关 +“批转”（下级机关）+ 原公文的标题 +“的通知”

当发文机关所转发的是下级机关的公文时，一般用“批转”一词，表示同意、批准转发。

如：番禺市人民政府关于批转市环保局《番禺市碧水蓝天绿地工程计划》的通知

② 发文机关 +“转发”（上级、平级机关或不相隶属机关）+ 原公文的标题 +“的通知”

如果发文机关所转发的是上级、平级或者不相隶属的机关的公文，一般用“转发”一词。

如：湖北省环境保护厅转发环境保护部关于加强对环境影响评价审批工作监督检查意见的通知

③ 发文机关 +“印发 / 发布”+ 原公文的标题 +“的通知”

如：国务院关于印发节能减排综合性工作方案的通知
国家环境保护总局关于发布《国家环境保护技术评价与示范管理办法》的通知

在撰写通知标题时，有以下三个问题需要注意：

（1）各机构之间工作关系有所不同，其相互之间的行文关系就会不同。所以在撰写标题时，要特别注意恰当选用“批转”、“转发”、“印发”、“发布”等词语。

（2）在以上标题结构中，如果被批转、被转发、被印发的原公文属于规范类公文，可以用书名号（《》）将原公文的标题括起来；如果不属于规范类公文，则直接写出原公文的标题。

（3）如果一份公文需要各层级的机关贯彻执行时，要避免因层层转发而出现如下标题：“××局关于转发××市人民政府关于转发××省人民政府关于转发××部关于公开选拔干部的通知的通知”。特殊情况下确要如此行文的，标题中可以删掉一些重复的“关于”、“转发”等词语，可将上述标题改写为：“××局转发××部关于公开选拔干部的通知”。

（二）主送机关

要明确地注明主送机关全称，或者使用规范化的简称、统称。

（三）正文

通知的内容、性质不同，在正文写作上也各有不同。

1. 指示性通知的正文

其正文内容包括：一是交代现实情况，简要分析形势，说明行文原因、目的、依据、意义等，通常用“现将有关事项通知如下”过渡句引出下文。二是说明具体的通知事项，如工作任务、指示意见等。三是明确指出落实事项的具体步骤、方法、时间安排，提出执行要求等。

2. 告知性通知的正文

告知性通知所涉及的事项非常广泛，包括启用或废止规章，成立或撤销机构，变更刊物名称，告知事务性工作信息，召开会议，更正公文差错等。其正文内容包括：一是交代行文的原因、根据。二是说明通知的具体内容，例如：启用或废止规章的通知需要说明相关规章的名称及其启用或废止的时间；会议通知需要交代会议的时间、地点、与会人员等信息。三是结束语，一般用“特此通知”结束全文，或者写明通知施行时间来结尾。

3. 转发性通知的正文

转发性通知包括批转、转发、印发公文的通知。其正文内容包括：一是交代批转、转发、印发的原因、依据、意义等。二是说明被批转、被转发、被印发的公文的主要内容。三是提出执行要求及施行时间。如有需要，可以对被批转、被转发、被印发的公文进行分析、评价，指出其中的重要事项，或者提出补充意见及措施。

4. 任免通知的正文

其正文内容包括：一是说明任职或免职的根据及法定程序，通常用“经××会议研究决定”、“根据××文件的精神”等语句来确保任免的合法性和严肃性。二是交代被任职或被免职的人员的姓名、职务等信息。如有需要，在免职通知中可以简单说明免除职务的原因。

（四）落款

通知的落款位于正文的右下角，包含发文机关和成文日期。如果在通知的标题中已经明确了发文机关，在落款处可以省略。成文日期一般要用汉字小写数字规范标注年、月、日，如“二〇一〇年一月一日”。

四、撰写通知的注意事项

（1）撰写指示性通知的注意事项：一是通知内容要具体、合理，在规定执行、意见指示方面要客观实际，便于下级机关操作施行。二是在交代现实情况、分析形势时不要详细叙述整个过程，只要采用说明性的记叙方式简要概括就可以了，可以适当议论。三是语言要准确简明，语气要坚定。

（2）撰写告知性通知的注意事项：一是通知事项的内容要交代清楚。二是要层次分明，重点突出。如果需要众多机关和人员知悉，可以选择报纸、网络等媒体公开发文。

（3）撰写转发性通知的注意事项：一是在转发上级、同级或者不相隶属的机关的公文时，不要提出否定性的意见。二是如果确实需要变通执行被转发的公文，应该说明原因，必要时还需征求被转发文机关的同意。三是转发性通知一般都有附件，其作用在于补充说明正文内容，要规范标注附件说明，保持通知的完整性。四是语言要准确简练，以便通知的贯彻执行。

（4）撰写任免通知的注意事项：一是要写明任免的依据或法定生效程序。二是要直接写明任免人员的姓名、职务等信息。三是除有特殊需要，对于任免的原因及考查过程不作详细交代。

下面是两则通知，格式方面存在某些错误，内容上也有一些不当或遗漏。请你指出来并加以完善。

（一）

河南省人民政府关于转发省环保局河南省突发环境事件应急预案的通知

省政府同意省环保局制定的《河南省突发环境事件应急预案》，现批转给你们，请认真贯彻执行。

河南省人民政府

二〇〇七年九月三日

（二）

关于张××等同志任职的通知

各县（市、区）环保局、开发区市政环保局、市局机关各处室、直属各单位：

张××同志任温州市环境保护局主任科员，免去其温州市环境保护局政策法规处处长职务；

王××同志任温州市环境保护局政策法规处处长，免去其温州市环境保护局污染管理处处长职务。

2010年4月12日

为了提升广大师生的环保意识和社会责任感，把低碳生活的理念贯彻到日常学习、生活中来，为保护生态环境贡献力量，长沙市环境保护局联合长沙市教育局，决定在全市各高校中开展2011年“低碳生活，绿色校园”环保征文竞赛活动。

征文主题：低碳生活，绿色校园

参赛对象：全市各高校在校学生

作品要求：1 000字以内，标题自拟，文体不限。作品需注明参赛者学校、班级、姓名、联系电话。

奖项设置：一等奖15名，二等奖30名，三等奖60名，获奖者将颁发证书及一定数额的奖学金。

时间安排：3月15日至5月15日收集征文，征文截止日期为5月15日；5月16日至5月30日征文评选；6月5日举办颁奖仪式。

报送方式：以学校为单位报送电子文档，于征文截止日前报送长沙市环境保护宣教站。

联系人：艾环保；联系电话：0731-82622116；E-mail：aihuanbao@yahoo.com.cn。

请你从长沙市环保局和长沙市教育局的角度出发，参照相关案例，面向全市各高校撰写一则关于开展“低碳生活，绿色校园”环保征文竞赛活动的通知。

第四节　通　报

案例一

关于2010年一季度全省污染防治设施运行管理情况的通报

冀环防〔2010〕145号

各设区市环保局：

按照省政府办公厅关于印发《河北省强化污染防治设施运行管理年实施方案》的通知要求，今年2月份起，我省全面启动了“强化污染防治设施运行管理年”活动，各市按照要求进行了工作部署，并取得了初步成效。但从实际执行情况看，各市仍不同程度地存在一些突出问题，严重影响了污染防治设施稳定达标运行，亟待整改完善。现将一季度全省污染防治设施运行管理有关情况通报如下：

一、“强化污染防治设施运行管理年”活动开展情况

各市按照省政府要求，启动了“强化污染防治设施运行管理年”活动，成立了组织领导机构，制定了实施方案，其中邯郸、沧州、衡水、石家庄、唐山、承德市将实施方案报送省环保厅进行了备案。

二、重点污染源污染物排放监测情况

一季度省环境监测中心站及各市监测站对726家中的680家（部分停产企业未进行监测）国控、省控重点污染源进行了监测。其中，有58家企业存在不同程度的超标排放问题：

11家重点企业废水污染物排放超标：石家庄河北维尔康制药有限公司、华北制药集团动物保健品有限公司……

25家重点企业废气排放不达标：石家庄河北华电石家庄裕华热电有限公司、石家庄东方热电股份有限公司热电三厂……

22家污水处理厂污水排放不达标：石家庄高新技术产业开发供水排水公司、石家庄市矿区恒兴热电有限公司污水处理厂、正定县污水处理厂……

三、污染防治设施运行情况

一季度省环境监察局、督查中心、省监测中心站组成联合检查组，对全省11个市的61家城镇污水处理厂进行了突击执法检查。其中，收水率达不到设计能力的60%或应收水能力75%的有遵化市、南宫市、临漳县……共15家污水处理厂；出口废水超标的有张家口市、东光县、沧州市等14家污水处理厂；未经处理直接排放废水的有昌黎县污水处理厂、沙河市污水处理厂；中控室问题突出的有怀来县、迁安市、安国市……共8家污水处理厂；自动监控装置问题突出的有秦皇岛市第一污水处理厂、秦皇岛市第二污水处理厂、安新县污水处理厂……共13家污水处理厂。

检查中还发现：容城县、霸州市、张家口市区、廊坊市凯发污水处理厂没有设置备用电源。石家庄桥东污水处理厂没有按照规范设计建设明渠排放口及明渠流量装置。

四、存在的主要问题

（一）部分市认识不高，组织不得力，效果不明显

省政府决定在全省开展污染防治设施运行年管理活动，是保障“十一五”污染减排和环保任务目标的重大举措。制定的实施方案中，工作目标、工作重点和保障措施十分明确，但仍有部分市组织开展该项工作行动迟缓，工作实施方案制定印发滞后，环境监管力度没有明显提升。从省环保厅组织的监察、监测情况来看，存在

的环境管理问题还较为普遍，达到工作目标要求还有一定差距。

（二）城镇污水处理厂运行问题突出

一是收水率不足。部分污水处理厂管网建设滞后，运营负荷偏低，收水率达不到设计能力的60%或应收水能力的75%，不能充分发挥污水处理设施的效率。二是进口废水浓度高。一些向污水处理厂排水的企业，废水处理不达标即排入管网，也有一些向污水处理厂排水的企业擅自停运污水治理设施，偷排偷放，造成城镇污水处理厂进口废水 COD 浓度增高，影响正常运行。三是出口废水超标。被检查的 61 家城镇污水处理厂中，出口废水超标的有 18 家，占 29.5%。其中 COD 超标的有 7 家，氨氮超标的有 5 家，COD 和氨氮均超标的有 6 家。四是未经处理直接排放废水。五是中控室问题突出。虽然多数与环保部门联网，但有的无数据传输、有的无历史数据曲线、有的未与进出口自动监控设施连接，还存在数据缺项、自动监控设施出现故障后未及时向环保部门报告、中控室硬件建设缺项等问题。六是自动监控装置问题突出。检查中发现，自动监控设施存在进出口未安装、不能运行、流量计不准确、无维护制度和记录等问题。七是总排放口不规范。多数污水处理厂总排放口建设不规范，没有按照规范设计建设明渠排放口及明渠流量装置。八是没有设置备用电源。一些污水处理厂没有按照规定配备双向电源，如遇停电则处于瘫痪状态。

五、下一步工作要求

（一）进一步提高认识，加强组织。切实加强对“污染防治设施管理年”活动的指导和宣传，认真落实省政府办公厅印发的《河北省强化污染防治设施运行管理年实施方案》各项要求，将确保污染防治设施稳定达标运行摆在更加突出的位置来抓。进一步明确要求、细化任务、创新载体，不断丰富活动内容，深化活动效果。省环保厅在厅网站开设专栏，对活动情况及各市进展情况进行公布。各市要建立活动信息上报制度，确定信息员，及时汇总报送各市工作方案及领导小组等信息，并于每月 5 日前以月报形式向省环保厅报送上月活动进展情况。

（二）加大环境监察监管力度。结合开展“污染防治设施管理年”活动和环保专项检查，对辖区各污水处理厂及重点污染源污染治理设施建设及运行情况进行清查，切实掌握底数。严格环境执法，对超标排放企业依法严厉查处，并及时进行媒体曝光，强化对敏感地区造纸、化工、医药、食品加工等重污染行业的实时监控。加快污水处理厂配套管网建设和污水处理在线监测装置安装进度，确保自动监控设施正常运行。加快已建成污水处理厂升级改造，进一步完善城镇污水处理厂配套管网建设，注重污水脱磷脱氮和污泥处置设施建设。

（三）认真进行整改落实。各市要对照通报内容，逐项进行对照整改，深入查找问题原因，采取有效措施，加快完善污水处理厂软、硬件设施建设，提高稳定运行效率，并于2010年5月15日前将整改情况报送省环保厅。省环保厅将不定期对各市活动进展情况及污染防治设施运行情况进行检查，并将有关情况向省政府进行汇报。

河北省环境保护厅

二〇一〇年四月二十七日

（资料来源：http://www.hb12369.net/template/dispnews.asp? lmlb=P&lmdm=40&tmxh=000750000000002060000000& tmid=WKC_20100512103113070283&linkaddr=../upfiles/xy_col40wkc_2010051210311 3070283. htm 河北省环境保护厅公众网“环境政务·重要文件”栏目，有改动）

这则通报由标题、主送机关、正文、落款四部分组成。

标题由事由和文种构成。“冀环防〔2010〕145 号”是发文机关按照发文字号对通报进行的编号。

主送机关是“各设区市环保局”。

正文由开头、主体两部分构成。开头部分交代了“强化污染防治设施运行管理年”活动的缘由和概况，通过“现将……有关情况通报如下”过渡到正文主体。主体部分对活动开展情况、重点污染源污染物排放监测情况、污染防治设施运行情况这三个方面进行了具体说明，指出了现存的主要问题，并对下一步工作提出了要求。

落款处注明了发文机关、成文日期。

全文结构合理、逻辑清晰；内容充实，情况分析透彻；所提要求针对性、可行性强。语言准确精练，行文流畅。是情况通报的典型范文。

案例二

关于表彰2006—2008年度
重庆市环境教育优秀教师和环保小卫士的通报

渝环发〔2008〕130号

各区县（自治县）环保局、教委（教育局），有关单位：

2006—2008年度，我市认真落实《全国环境宣传教育行动纲要》精神和市教委、市环保局《关于进一步加强全市中小学校环境教育工作的意见》，在全市中小学校广泛开展以“普及环境知识，增强环境意识，培养环境道德，规范环境行为”为目的的绿色教育行动，涌现出了一批优秀的环境教育骨干教师和关注环境、关爱地球、热心环保的中小学生。

为表彰先进，推动我市环境教育工作，根据重庆市环境保护局、重庆市教育委员会《关于开展第四批重庆市环境教育优秀教师和环保小卫士评选表彰工作的通知》（渝环发〔2008〕83号）安排，在学校推荐、区县评选基础上，重庆市环境教育协调委员会综合评定出李辉等38名2006—2008年度重庆市环境教育优秀教师和马千里等40名2006—2008年度重庆市环保小卫士（名单附后），现予通报表彰。

希望获奖师生戒骄戒躁，再接再厉，充分发挥“环境教育优秀教师”和“环保小卫士”的示范带动作用，为我市的环境教育事业再立新功；同时希望各地结合实际，组织开展环境教育的评先争优活动，进一步激发广大师生积极投身环境教育和环境保护事业的热情，为建设资源节约型、环境友好型重庆而不懈努力。

附件：1. 2006—2008年度重庆市环境教育优秀教师名单（略）

2. 2006—2008年度重庆市环保小卫士名单（略）

重庆市环境保护局

重庆市教育委员会

二〇〇八年十一月二十八日

（资料来源：http://www.cepb.gov.cn/gszx/lssgs/26511.htm 重庆市环境保护局政府公众信息网“公示中心”栏目，有改动）

这则通报由标题、主送机关、正文、落款四部分组成。

标题由事由和文种构成。“渝环发〔2008〕130 号”是发文机关按照发文字号对通报进行的编号。

主送机关是“各区县（自治县）环保局、教委（教育局），有关单位”。

正文由开头、主体、结尾三部分构成。第一段作为“开头”简要交代了事件的缘由和概况。第二段作为“主体”说明了表彰的目的和依据，通报了表彰情况和结果，是全文的核心。第三段“结尾”对受表彰的人员提出了要求，也对其他机构和人员寄予了希望。正文后面的附件中公布了受表彰的人员名单，便于公众周知。

落款处注明了发文机关、成文日期。本通报由重庆市环境保护局、重庆市教育委员会联合发布。

全文层次清晰，内容简明；开头、主体、结尾三部分分配均匀，各司其职；表彰了先进个人，树立了优秀典范。

案例三

湖北省环境保护局
关于咸宁市咸安区环保局违规核发危险废物经营许可证有关情况的通报

鄂环发〔2009〕13号

各市、州、直管市、神农架林区环保局：

我局在近期对咸宁市固体废物污染防治情况执法检查中发现，咸宁市咸安区环保局违反《危险废物经营许可证管理办法》（国务院令第408号）的有关规定，违规向咸宁市东方环保科技有限公司核发了医疗废物收集经营许可证。现将有关情况通报如下：

经查，咸宁市东方环保科技有限公司向咸安区环保局申请从事医疗废物收集经营项目，咸安区环保局于2009年1月违规向该公司核发了医疗废物收集经营许可证。同时，咸宁市东方环保科技有限公司在从事医疗废物收集经营过程中存在处置设施简陋、非法转移医疗废物、回收废物清洗废水不能达标排放和项目未通过环境影响评价等问题。

鉴于咸安区环保局在上述审批过程中存在的严重问题，我局决定在全省环保系统予以通报批评，并责令咸宁市及咸安区环保局根据《行政许可法》第六十九条和《危险废物经营许可证管理办法》有关规定，立即依法撤销咸宁市东方环保科技有限公司医疗废物收集许可证并通报工商部门依法吊销其营业执照；对该公司尚贮存的危险废物交由有资质的单位妥善处置；并将处理情况在4月底前向我局报告。

全省各级环保部门要以此为戒，认真从以上违规行为中吸取教训，举一反三，做到依法加强监管。

一、强化法律意识，坚持依法行政。各地环保部门要进一步强化法制意识，坚持依法行政，严格按照法律法规的规定，在法定职权范围内行使监管职能，做到既不失责，又不越权。核发行政许可证件必须以法律法规规章为依据，符合法定程序和要求，做到有法必依、执法必严、违法必究，不断提高依法办事水平。

二、加大工作力度，依法开展专项整治。各地要对辖区内的危险废物经营单位、重点危险废物产生单位及危险废物流向进行一次专项检查，对违法、违规的要立即纠正，对违法违规单位和个人按照有关法律法规的规定进行处理，情节严重的，移交司法部门处理并追究刑事责任，确保《固体废物污染环境防治法》《危险废物经营许可证管理办法》得到有效贯彻执行，确保环境安全。

三、落实工作职责，切实加强领导。各级环保部门要从保障科学发展、安全发展、和谐发展的高度，深刻认识做好危险废物环境监管工作的极端重要性，将其作为环保工作的一项重要内容纳入重要议事日程和考核内容，落实责任，加强领导。要加大督促检查力度，一级抓一级，层层落实责任制。

二〇〇九年四月四日

（资料来源: http://report.hbepb.gov.cn: 8080/pub/root8/hbtwj/201010/t20101027_36591.html 湖北省环境保护厅政府信息公开网，有改动）

这则通报由标题、主送机关、正文、落款四部分组成。

标题由发文机关名称、事由、文种构成。“鄂环发〔2009〕13 号”是发文机关按照发文字号对通报进行的编号。

主送机关是“各市、州、直管市、神农架林区环保局”。

正文由开头、主体两部分构成。开头简要交代了事件概况，用“现将有关情况通报如下”引出下文。主体部分首先补充说明了事件过程和处理结果，然后对全省各级环保部门提出号召，要求其在有关方面吸取教训。

落款处注明了成文日期。

全文层次清晰，语言简练，分析到位，态度明确。

一、通报的概念及分类

《现代汉语词典》（2005 年第 5 版）对“通报”进行过诠释，就是上级机关把工作情况或经验教训等用书面形式通告下级机关。

通报，就是用于传达重要精神或情况、表彰先进、批评错误的一种公文。各级行政组织以及企事业单位、社团组织等都可以使用通报。

通报可以分为三类：

（1）情况通报。就是在一定范围内传达重要精神、沟通重要情况和动向的通报。如“案例一”。

（2）表彰通报。用于表彰先进单位和个人，介绍先进事迹，推广典型经验，号召大家学习的通报。如“案例二”。

（3）批评通报。用于对单位或个人工作中发生的重大事故、重大失误和出现的错误倾向、不良风气等提出批评，要求大家吸取教训、引以为戒的通报。如“案例三”。

二、通报的特点

（一）内容的客观性

首先，通报的内容必须是真实的，不能有差错，更不能造假。其次，通报中对事件影响的分析、对经验教训的揭示都应该是客观科学的。在写通报时，要对正反两方面都进行认真核实，做到准确无误。

（二）对象的典型性

通报的对象具有一定的典型意义，能够反映、揭示事物的本质规律，具有广泛的代表性和鲜明的个性。通报的对象越典型，其以点带面的示范、警示、借鉴意义就越大，对实际工作就越有指导价值。

（三）行文的时效性

通报是对当前现实工作的客观反映，与当时当地的工作形势有着紧密的联系。重要情况、典型经验只有及时通报才能更好地推广，发现问题、事故教训也只有及时通报才能更好地警醒人们，因此通报必须及时制发，注重行文的时效性。如果发文过于迟缓，时过境迁，其沟通情况、宣传先进、教育后进的积极作用就难以实现。

（四）作用的双重性

通报具有交流和教育指导的双重作用。传达重要精神、沟通重要情况和动向的情况通报，加强了上下级之间、部门之间的相互交流，实现了信息共享，有利于促进工作开展。表彰性通报和批评性通报，通过树立先进榜样或者提供反面典型，使公众加以学习或借鉴，总结经验、吸取教训，思想上得到教益。

三、通报与通知的区别

（一）公文内容不同

通报的内容包括传达重要精神或情况、表彰先进、批评错误；通知的内容包括批转下级机关的公文，转发上级机关和不相隶属机关的公文，传达要求下级机关办理和需要有关单位周知或者执行的事项，任免人员。相比之下，通报的内容更狭窄，通知的内容更宽泛。

（二）事项重要程度不同

通报强调事项的典型性、代表性、重要性；通知的事项则可大可小，可以重要也可以一般。两者在事项的重要程度上有不同。

（三）行文时间不同

通报的发文目的主要是交流重要的工作情况，或者宣传正面典型、批评反面典型，使公众得到教育，提高认识，所以通报一般是在某一重大情况、典型事例发生之后或者发生过程之中予以行文。而通知的发文目的主要是告知事项、布置工作等，可以知道公众做什么、怎么做，所以通知一般在某一事项或行为发生之前予以行文。

（四）表达方式不同

通报的表达方式常兼用了记叙、说明、议论，情感色彩较为强烈。而通知主要采用记叙的表达方式，语言较为平实。

四、通报与通告的区别

（一）公文内容不同

通报的内容包括传达重要精神或情况、表彰先进、批评错误；通告的内容则是公布社会各有关方面应当遵守或者周知的事项。两者的内容不同决定了其适用范围的不同。

（二）行文目的不同

通报的行文目的在于通过具有典型性和代表性的事件、人物表达发文机关的态度，宣传教育性更加明显。通告的行文目的则在于让一定范围内的公众周知、遵守有关事项，其告知性与规范性更明显。

（三）行文时间不同

通报的发文目的主要是交流重要的工作情况，或者宣传正面典型、批评反面典型，使公众得到教育，提高认识，所以通报一般是在某一重大情况、典型事例发生之后或者发生过程之中予以行文的。通告用于发布需要周知或遵守的事项，所以一般在事前行文，以便有关机构或人员对即将开展的工作进行安排。

（四）发文方式不同

除普发性的或在本单位内部公开张贴的通报外，通报在行文中一般需要明确地标注主送机关，常常以逐级行文的方式予以发布。通告需要一定范围内的公众知晓，其主送对象比较广泛，所以行文中常省略了主送机关，而且发文方式比较多样，可以针对某些机构或人员定向发文，可以在报纸、网络等媒体上公开发文，也可以在公共场所张贴发文。

五、通报的写作格式

通报一般由标题、主送机关、正文、落款四大部分组成。

（一）标题

通报的标题有2种写法：

（1）发文机关名称 + 事由 + 文种

如：河北省环境保护厅关于廊坊市大城县部分化工企业环保违法问题的通报

（2）事由 + 文种

如：关于廊坊市大城县部分化工企业环保违法问题的通报

情况通报的标题有时会在“通报”前加上“情况”两字，凸显通报的类型。

如：环境保护部关于2009年度环境影响评价机构抽查的情况通报

（二）主送机关

除普发性的或在本单位内部公开张贴的通报外，其他通报要规范地标注主送机关名称。

（三）正文

1．情况通报的正文

其正文内容包括：一是交代事情发生的概况。二是对事情的原因、后果、性质加以分析说明。三是提出指导意见，如果是关于重大事故的通报，还需要提出防止发生类似事故的措施、应吸取教训、对事故责任人的处理决定等。

2. 表彰通报、批评通报的正文

其正文内容包括：一是交代事情的概况，如先进事实、错误事实发生的时间、地点、人物、过程、结果，常采用说明性的方式用简要的文字叙述。二是对事实进行分析评价，如分析错误事实发生的主客观因素，评价其性质、影响，得出规律性认识，吸取教训等。三是说明机构组织对事情的决定或处理，如在表彰通报的最后对有关单位或个人给予奖励，提出向他们借鉴学习的号召，又如在批评通报的最后对有关组织或人员进行处理处罚，要求有关方面吸取教训加以改正。

（四）落款

通报的落款位于正文的右下角，包含发文机关和成文日期。如果在通报的标题中已经明确了发文机关，在落款处可以省略。成文日期一般要用汉字数字规范标注年、月、日，如“二〇一〇年一月一日”。

六、通报写作的注意事项

（一）事件要事实可靠，评价要客观公正

通报中所涉及的事件或人物必须是经过认真调查、客观存在、真实可靠的，不允许虚构和捏造。对其分析评价应该客观公正，不要故意拔高或贬低；同时观点要鲜明，提倡什么反对什么，要让公众一目了然。另外，对事件或人物的评价尽量不要就事论事，最好能由点及面提炼出普遍规律性，上升到较高层次来认识。

（二）要注重行文的时效性

发文要把握有效时机，在事情发生后或事件过程中就及时予以通报，才能更好地发挥交流信息、宣传教育的作用。

（三）要选准典型，突出通报的指导作用

通报有交流和教育指导的双重作用，其指导作用更为突出。通报行文的价值不仅仅在于传达重要情况、宣布奖惩结果，而在于通过这些树立典型，激励先进，督促后进，使公众从中总结经验、吸取教训，得到有益的启示或警示。所以要选准、选好典型，使通报的指导作用得到更好的发挥。

（四）表达方式要恰当

通报应该以记叙为主，兼用说明和议论的表达方式，夹叙夹议，做到结构合理、

详略得当、主题突出。在交代事件的时候概括陈述即可，不必全面阐述事件的详细过程和细节。

下面是一则通报，格式方面存在某些错误，内容上也有一些不当或遗漏。请你指出来并加以完善。

关于2010年尚德电力杯
“低碳校园，生态无锡”征文绘画比赛获奖情况的通报

为倡导低碳节能的生活方式，践行低碳生活理念，培养学生从小养成良好的生活习惯并树立良好的社会责任意识，促使青少年健康成长，2010年3月，无锡市教育局、无锡市环保局、尚德电力控股有限公司共同举办了“2010年尚德电力杯‘低碳校园，生态无锡’征文绘画比赛”。

自活动开展以来，各级环保部门和教育部门密切配合，深入发动，广大学生积极参赛，踊跃投稿，至2010年4月底，全市累计收到征文2 300余篇，绘画作品800余幅。

2010年5月，经无锡市教育局、环保局组织专家对参赛作品进行认真评比，评选出一批优秀组织奖，优秀教师指导奖及征文、绘画一、二、三等奖、优秀奖。现将评选结果予以通报。(详见附件)

附件：尚德电力杯“低碳校园，生态无锡”环保征文及绘画作品比赛获奖名单

二○一一年五月二十五日

技能训练

请根据下列材料，以重庆市环境保护局的名义撰写一份通报。

2010年7月19日，嘉陵江、涪江流域连降暴雨，重庆市境内嘉陵江暴发洪水，致使合川区盐井镇诺齐思化工有限公司约31吨苯因涨水来不及转移，其中有11个罐体倾斜，存在泄漏可能，苯系物一旦泄漏，将对下游的嘉陵江饮用水源造成重大的环境污染。

险情发生后，重庆市环境保护局立即启动市级环境应急预案，成立应急抢险指挥小组，由市环境监察总队、环境监测中心、固体废物管理中心派出38名同志组

成的应急抢险分队紧急赶赴事发现场。在连续 7 天的抢险救援工作中，应急抢险分队的同志们与市安监、消防与合川区委政府密切配合，并肩战斗，及时对危险源的处置提供技术支持，对罐区外围敏感区域环境空气和下游水质进行严密监控。获取大气类、水质类监测重要数据 1 032 个，组织危化品专业救援队伍，转移罐内苯系物、清运固体废物 155.65 吨，有效地消除了环境安全隐患，确保了嘉陵江水环境安全，维护了周边群众的生命财产安全和社会稳定。

为此，重庆市环境保护局决定对在圆满完成合川“7·19”苯罐体倾斜险情应急处置工作中表现突出的重庆市环境监察总队、重庆市环境监测中心、重庆市固体废物管理中心 3 个先进集体，何江、龚宇、黄宇（男）、戈应伟、廖世国、周在江、石运刚、庄鹏飞、翟崇治、李新宇、高飞、蔡锋、范开礼、张旭 14 名先进个人予以通报表彰。

第三章　环保行政公文的写作（下）

第一节　报　告

案例一

关于贯彻落实××市生态环境保护和建设工作会议精神的情况报告

××市人民政府：

××市生态环境保护和建设工作会议召开之后，我县及时召开了专题会议，传达了市工作会议精神，研究部署了我县当前和今后一段时期的生态环境保护和建设工作，并结合实际采取了一系列相应措施，确保贯彻落实市生态环境保护和建设工作会议精神。现将有关情况报告如下：

一、统一思想，提高认识，出台了《关于加强生态环境保护和建设的决定》

加强生态环境保护和建设，是实施可持续发展战略的基础，是一项功在当代、利在千秋的系统工程。县委、县政府十分重视，及时召开专题会议研究了我县生态环境保护和建设工作，决定以后每年都将召开一次以上全县生态环境保护和建设工作会议，检查督促全县生态环境保护和建设工作；要求全县各级党政一定要高度重视，严格实行一把手亲自抓、负总责制度和任期目标考核制度，切实将生态环境保护和建设工作纳入重要的议事日程，作为我县西部大开发的根本任务抓好抓落实。同时，县委、县政府还出台了《关于加强生态环境保护和建设的决定》，要求全县各级各部门一定要统一思想，提高认识，进一步增强搞好全县生态环境保护和建设的紧迫感和使命感，统筹规划，综合决策，全面实施可持续发展战略；要明确目标，突出重点，加快建设一批重点工程；多渠道筹集资金，加大生态环境保护和建设力度；积极依靠科技进步，构建生态环境保护与建设的支柱；严格依法办事，强化生态环境保护与建设工作的监督管理；加大宣传教育力度，形成舆论氛围，提高全社会的生态环境保护意识，激发全民参与生态环境建设的热情。

二、结合实际，进一步修编完善了全县生态环境保护和建设规划

针对我县以前编制的生态环境保护和建设规划体系不健全、配套性差，缺乏科学性，论证不充分，全县总体规划与部门专项规划缺乏有机衔接，与市上的要求还有差距等实际问题，县委、县政府及时组织有关部门认真研究，充分论证，重新编制了具有一定科学性、前瞻性和指导性的《××县生态环境保护和建设“十五”和2010年规划》，客观总结了我县生态环境建设取得的成绩，找出了存在的问题，提出了明确的奋斗目标和保障措施。各部门也据此进一步完善了“十五”和2010年生态环境保护和建设专项规划。

三、以点带面，积极开展生态环境保护和建设工作

为顺利完成既定的生态环境保护与建设任务，我县在生态环境保护与建设过程中，注重了正确处理生态效益与经济效益的关系，始终坚持在开发中保护、在保护中开发的方针，突出重点，积极实施以点带面战略。一是与广东东区公司合作，共同开发长梁高速路在我县下线处的三合水库，创建万亩集种养殖、旅游业为一体的“××县生态农业示范区”，以进一步促进全县生态环境建设。二是在全县范围内开展新型清洁能源的推广工作，用10年时间，努力搞好农村能源和庭院生态建设；用5年时间，以渝巫路沿线为重点，大力推广户用沼气池1万座，改建节能灶1.5万座；在建好××镇秸秆气化集中供气站的基础上，再建2处秸秆气化供应站。切实解决我县农村能源建设相对滞后，农村生活燃料结构不合理、热量利用率低，土壤肥力不足等实际问题，逐步形成全县农村能源生态综合建设良性循环的局面。

目前，全县正掀起一股生态环境建设热潮，天然林保护工程、退耕还林（草）工程、水土流失治理工程、生态农业建设工程等正按原计划进行建设，并已完成2000年全年计划任务的五分之三。

特此报告。

××县人民政府

××××年×月×日

（资料来源：http://dj.cq.gov.cn/ 重庆市垫江县人民政府网，有改动）

这是一篇向上级机关反馈情况的报告。由标题、主送机关、正文和落款四部分组成。标题由发文事由和文种构成，揭示该报告的主要内容。主送机关为直属的上级机关。正文部分将该县落实会议精神的方法步骤、所做的工作条理清晰地表述出来，并以惯用语“特此报告”作结。

案例二

××市人民政府
关于2008年主要污染物减排工作情况的报告

省人民政府:

2008 年，我市以党的十七大和十七届三中全会精神为指导，全面贯彻落实科学发展观，以改善环境质量为根本出发点，认真落实环保工作目标责任制，通过扎实推进城乡环境综合整治，不断加大环境执法力度，努力削减主要污染物排放总量，城乡环境质量进一步改善。现将 2008 年主要污染物减排工作情况报告如下:

一、减排工作成效

（一）SO_2 年度减排计划及完成情况

1. 2005 年全市非电 SO_2 排放量 0.48 万吨，2006 年排放量 0.81 万吨（其中非电 0.778 万吨，大唐 0.032 4 万吨），2007 年排放量 1.12 万吨（其中非电 0.778 万吨，大唐 0.367 2 万吨）。2008 年非电新增量为 428 吨。

2. 大唐火电厂，2007 年排放量 0.368 9 万吨；2008 年发电量 69.6 亿千瓦·时，消耗标准煤 279.6 万吨，环保部统一按 80%脱硫效率计，省环保局核定大唐年排放量为 0.454 5 万吨，新增量 856 吨。

两项合计 2008 年 SO_2 新增 1 284 吨，2008 年排放量为 1.247 万吨。2008 年比 2007 年增长 11.48%，已经超过“十一五”总量指标。

（二）COD 年度减排计划及完成情况

2005 年全市 COD 排放量 3.36 万吨，2006 年排放量 3.58 万吨，2007 年排放量 3.54 万吨。2008 年 COD 排放量 3.506 万吨，比 2007 年削减 1.51%（计划为 1.5%），比 2005 年增加 3.86%。

二、减排工作措施

（一）狠抓责任减排

市委、市政府高度重视污染减排工作，切实把污染减排工作作为党委、政府的中心工作，作为建设生态文明的重要目标，作为推进环三都澳区域发展和海西东北翼中心城市建设的重要内容。一是全面部署减排工作。去年 4 月份，市政府召开了全市环保工作会议，市委××书记会前对全市环保工作作出重要指示，××市长亲自到会并作重要讲话，市政府××副市长对全市环保工作作了具体部署。会上，市政府和各县（市、区）政府主要领导签订了 2008 年度环保目标责任状，进一步明确了各级各部门的环保和减排责任。8 月，市政府再次召开了全市主要污染物减排、为民办实事和污染源普查工作会议，会议传达了市委书记××、市长××和××副市长对环保工作作出的重要批示指示，要求全市环保系统要深刻领会领导批示指示精神，认真履职，当好参谋，加强监管，严格执法，促进落实。二是落实市、县（区）环保年度考核工作。今年以来市政府多次召开12个部门负责人会议，研究部署推进环保年度考核工作，明确指出环保年度考核必须切实将减排实效作为重要标准。同时，将减排实绩列为县（市、区）绩效考核和县域经济发展考评的重要指标，切实增强了各级政府一把手的减排责任意识。三是严格落实评优创先环保一票否决制度。市委、市政府制定并下发了《关于进一步落实评优创先工作"环保一票否决"制度的通知》（×委办〔2008〕4号），明确提出未完成减排目标与任务的县（市区）政府、部门以及企业的评优创先实行"一票否决"制。四是推进部门齐抓共管。加强了部门间沟通配合和协调联动工作，各级环保部门协同工商、国土、电力、经贸、质监等部门，坚决整治取缔和依法淘汰不符合产业政策的水污染严重的企业和落后生产能力、工艺、设备与产品，密切防控"十五小"、"新五小"企业死灰复燃。总的来说，今年通过狠抓落实环保目标责任制、环保年度考核、一票否决以及部门联动制度，进一步强化了政府、部门、企业的减排责任，促进了减排任务的有效落实。

（二）强化结构减排

认真贯彻中央宏观调控政策，严格执行国家产业政策，依法淘汰不符合产业政策的水污染严重的企业和落后生产能力、工艺、设备与产品，密切防控"十五小"、"新五小"企业死灰复燃。2008年，全市关停COD结构减排项目42个，其中关停小造纸4个，小海鲜加工厂10个，小啤酒厂2个，其他26个，实现COD削减量约1 256吨。同时，市政府下发《××市打击区外污染企业转移专项行动方案》（×政文〔2008〕120号），环保、工商、国土、电力、经贸、质监等部门联合行动，整治取缔从区外转入的塑料造粒、湿皮加工、废布褪色等污染企业。

（三）推进工程减排

一是推进污水处理厂建设。截至年底，我市已建成投运3座污水处理厂，贵岐山污水处理厂、福鼎污水处理厂于9月底通水，目前已实现在线监控联网。实现污水厂本年削减COD约157吨。二是推进工业废水深度治理。计划实施工业COD治理减排项目11个，通过处理设施的改造、完善、水回用、零排放等工程，实现工业COD削减量23.9吨以上。三是推进工业开发区污水集中处理。2007年12月，市政府下发了《关于在招商引资工作中加强环境保护的通知》（×政文〔2007〕394号），明确指出要加强工业集中区的环境保护工作，要求全市8个工业开发区在2008年年底前建成污水集中处理设施。四是推进SO_2减排工程治理项目。加强大唐宁德电厂治理设施、在线监测设备运行维护和管理，全年大唐电厂在线监控稳定运行，实际脱硫效率达95%以上。

（四）落实政策减排

一是落实区域限批政策。我市坚决执行省环保局限批令，从去年4月起，市环保局已停止霞浦县城建项目审批，营造了有利于全面推进污染减排的良好政策环境。二是落实总量先行核定制度。我市环保系统率先实行新建项目总量控制指标先行核定制度，市环保局下发了《关于加强建设项目审批中对污染物总量控制的通知》(宁市环控〔2008〕15号)，把新建项目“点对点”总量调剂列为建设项目审批的重要前置条件，要求凡涉及排放主要污染物的建设项目，必须向有审批权的环保部门提交该建设项目主要污染物排放总量核定文件。同时规定对于项目所在地列入“区域限批”、减排目标任务未完成、给全市减排目标造成重大影响、未按期淘汰落后产能、项目投资主体有环境违法行为等六大情形的，各级环保部门不得出具污染物总量核定文件。三是落实绿色经济政策。加强与金融部门联系沟通，加强企业贷款环保审查，严格企业上市环保核查，强化企业守法经营意识，促其主动开展节能减排。

（五）细化监管减排

一是继续加强污染源在线监控设备安装、联网、监控工作。将国控、省控、市控26家重点企业在线监控工作列入市政府年度减排计划，明确完成时限，列入减排考核，积极予以推进，至去年底已完成在线监控并已与省、市联网的共10家。对合成革行业，规定在线监控完成情况作为环保“三同时”验收的必备条件。同时，加快市监控中心建设步伐，加紧设备添置和场所改造。二是全面开展污染治理设施核查督查。认真执行《主要污染物总量减排监察系数核算办法（试行)》(环发〔2007〕194号)、《××省主要污染物总量减排统计监测及考核实施办法》(闽政〔2008〕5号)，坚持每季度对辖区内重点污染源和列入总量减排核算期内的COD和SO_2治理工程减排项目开展检查、抽查和监测工作，紧密跟踪减排效果。三是严格排污许可证管理。进一步建立和完善企业排污总量控制台账，实行动态管理；加大排污许可证核发工作力度，重点加强许可证核发后的监督管理，督促所有排污单位严格执行排污许可证制度，依法治理、处置污染物，依法严肃查处无证排污、不按证排污的违法行为。同时，进一步加大清洁生产推进力度，组织大唐火电厂等排污企业开展清洁生产审核。

三、减排工作存在的问题

由于目前我市正处于工业化发展的初级阶段，这一时期既是工业化、城镇化的加速期，也是经济发展与资源环境生态之间、人与自然之间的矛盾激化期、凸显期。从总体上看，今年以来在市委、市政府的高度重视下，在省环保局的精心指导下，在各级各部门的密切配合下，我市减排工作进展有序，项目落实，取得一定成效。但在肯定成绩的同时，我们也清醒地认识到，要实现2010年减排目标，任务还十分艰巨。主要表现在：

一是我市处于经济薄弱待发时期，发展势头强劲，但由于总量小，减排空间十分有限，发展与减排矛盾突出。

二是污染减排重点工程项目推进力度有待进一步加大。我市已建成的城市污水处理厂，由于管网建设配套落后，不能及时有效发挥减排效益。已列入计划的污水处理项目，受征地等因素制约，项目进展缓慢。

三是基层环保局技术力量薄弱，对企业督促、检查、指导力度不够，一定程度上制约了总量削减工作具体任务的落实。

四是非电行业在线监测监控设备安装存在困难。

四、2009 年减排工作努力方向

针对上述存在的问题，下一步，我们要坚持以科学发展观统领环保工作，按照年度减排计划的要求，加大整治和督促力度，确保完成年度减排目标。

一是加强宣传，营造减排工作氛围。严格按照环境保护的责任要求，明确 2009 年主要任务、具体措施、重点削减项目及保障措施等，完善地方政府统一领导、环保部门牵头实施、相关部门积极配合的协同工作机制，进一步在全市形成领导重视、部门配合、群众参与、社会监督的工作氛围。

二是编制全市“十一五”后两年主要污染物减排规划。在省环保局的指导下，科学统筹“十一五”后期的减排目标，有效实施区域间总量计划调度，合理安排年度减排项目。

三是着力提高城市污水处理率。重点是加快污水处理厂建设，督促××、××、××县污水处理厂验收并正常运行，确保××市污水处理厂在 2009 年 9 月前完成并投入使用，××、××、××、××、××污水处理厂在 2009 年年底投入使用，发挥 COD 减排效益。

四是加大工业污染治理力度。加快工业污染治理，减少污染物排放总量。落实限期治理制度，对不能稳定达标排放的工业企业实施限期治理，在规定的时间内完不成治理任务的，实施停产治理，对经停产治理不能实现稳定达标排放、污染严重的企业予以关停，全面提高排放标准。同时，创建一批污染达标排放、资源综合利用、生态环境良好的环境友好型企业。

五是严格执法。加强日常环境监察管理、监督，落实环境监测制度，严厉打击各种环境违法行为，强制淘汰污染严重的企业和项目。

六是建立总量工作进展调度机制。指导各地制定 2009 年度计划，明确削减目标、主要措施，落实年度计划新增项目及增加量、具体削减项目及削减量、责任人、完成时限等，加大约束性指标的考核与约束作用，严格制止突破总量的行为。定期召开总量工作进展情况分析会，通报工作进展情况、分析存在问题、研究推进措施，并加强和改进环境统计工作，确保数据及时、可靠。

污染减排既是环保工作，更是政治任务。我市将在今后的主要污染物减排工作中，进一步认真落实环保优先方针，全面落实污染减排工作各项措施，统一思想，凝心聚力，迎难而上，奋力拼搏，确保完成全市减排目标任务，促进经济社会又好又快发展。

二○○九年三月二十五日

（资料来源：http://www.ningde.gov.cn/zwgk/zfgkml/hjbhggws/hjbhjdqk/1170.html 福建省宁德市人民政府网，有改动）

这是一篇向上级组织汇报污染物减排专项工作的报告，全面反映了 2008 年该市主要污染物减排工作的成效、所采取的措施、存在的问题和今后工作的努力方向。其目的是使上级机关掌握情况，有效指导工作。该报告内容具体详细，重点突出，详略得当。

一、报告的概念

报告是机关、企事业单位向上级机关、单位汇报工作、反映情况、提出意见或建议以及答复上级机关询问时使用的一种公文。报告属上行文，是公文中使用频率较高的文种之一。

二、报告的特点

（一）陈述性

报告主要采用叙述手法，直陈其事，向上级机关汇报所做的工作，开展工作的方法、存在的问题、经验体会以及下一步的打算等，一般不展开推理论证，不要求上级机关答复，不使用祈使、请求的笔法和语气。

（二）单向性

所有的报告都是下级机关向上级机关或业务主管部门汇报工作，反映情况、答复上级机关的询问的上行文。

（三）事后性

多数报告，都是在开展了一段时间的工作之后，或是在某种情况发生之后向上级作出的汇报。

三、报告的种类

（一）工作报告

工作报告是向上级机关汇报工作时所使用的报告。工作报告又可分为综合工作报告和专项工作报告两种。

1．综合工作报告

综合性工作报告涉及面宽，对某阶段的方方面面工作都涉及。如《湖南省环境保护厅 2010 年度工作报告》，就是湖南省环境保护厅对 2010 年度本单位一年来全面工作的回顾和总结。

2．专项工作报告

专项工作报告又叫专题报告，是只针对某一方面的工作或某一项具体的工作进行汇报的报告。如案例二就是某市针对 2008 年主要污染物减排工作向该省人民政府所作的专项工作汇报。

（二）情况报告

情况报告是向上级机关反映本机关有关情况时所使用的报告。如本单位工作中出现的新情况或突发性事件等。

（三）答复报告

答复报告是答复上级机关的征求意见或询问时使用的报告。这种报告内容针对性最强，是一种被动行文，谁询问就答复谁，询问什么就答复什么。

（四）建议报告

建议报告即向上级机关提出意见或建议时所使用的报告。

四、报告的写作格式

（一）标题

报告有两种标题方式。一种是“事由+文种”构成，如：《关于环境整治和奥运景观布置工作的报告》；另一种是“发文机关+事由+文种”构成，如：《××市关于环境治理工作情况的报告》。

（二）主送机关

一般为直接上级机关或业务主管部门，在标题下正文前顶格书写。

（三）正文

正文主要由开头、主体和结尾三部分组成。

1. 开头

开头部分简要交代报告的目的、意义或写作背景，即为什么报告。然后用“现将有关情况报告如下”、“现将有关工作报告如下”等作为承启下文的用语。

2. 主体

主体部分是报告的核心，写制发报告的具体内容。不同类型的报告，其侧重点不一样。具体来说：

（1）工作报告。工作报告的主体部分一般包括基本情况、取得的主要成绩、经验体会、存在的问题以及进一步开展工作的设想和打算等部分，采用分条列项方式阐述。

（2）情况报告。情况报告重在反映情况，通常按时间顺序安排内容，主要交代事项目前的状况和采取的措施、方法等。

（3）答复报告。答复报告主要针对上级机关的询问有针对性地进行答复，问什么答什么。

（4）建议报告。建议报告重在建议的内容。一般先概略交代基本情况或问题，然后对情况或问题进行分析，最后提出今后工作的意见或建议。

3. 结尾

报告的结尾一般用“特此报告”、“以上报告，如无不妥，请批转有关部门贯彻执行”、“以上报告，请审阅”等字样。但有的报告结尾可省略。

（四）落款

在正文后右下方标注发文机关名称和日期，加盖印发机关公章。如在标题中已出现发文机关名称，则落款处省略。

五、写作注意事项

（1）内容要真实可靠，有针对性。做到据实报告，不夸大、不缩小，不以偏赅全，也不"报喜不报忧"，使上级机关了解实情，对发文机关的工作进行正确的指导。报告中的分析和建议要有针对性，切实可行。

（2）报告的重点应明确，点面结合，详略得当。报告切忌面面俱到、使用套话、废话。

（3）要注意与"请示"相区别，报告具有陈述性、单向性的特点，不要求上级机关作出答复，因此报告中切忌夹带请示事项，结尾不得误用"以上报告妥否，请批示"等语。

下面是一份报告，格式和内容方面都存在某些问题，请你指出来并加以完善。

××县人民政府

关于节能工作整改意见的请示报告

××省人民政府：

全市节能工作会议召开后，我县对此项工作高度重视，立即召开会议进行专题研究，分析存在问题，制定整改措施，现将我县节能降耗工作整改意见报告如下：

一、2007年节能目标完成情况及存在的问题

2007年，我县单位GDP能耗1.066吨标煤/万元，较上年降低3.96%，完成年度目标（单位GDP能耗降低率4.5%）的88%，没有完成2007年度计划目标。主要存在以下几个问题。

（一）部分企业思想认识不到位，一些企业只重视经济效益，把节能降耗当成软指标，认为企业效益好，利税高就行了，企业集约、节约的意识还不强。

（二）节能奖惩政策不到位。企业作为节能主体，缺乏加大节能投入的内在动力和外在压力。政府对未能完成当年节能降耗目标的企业没有出台相应的惩处办法来制约；完成好的企业也没有奖励制度。节能基础工作有待加强，节能奖励制度有

待落实。

（三）部分重点企业未能完成节能目标。

（四）节能技术改造扶持力度不够。我县华戈集团节水项目总投资 5 600 万元，国家只支持 330 万元，解决不了实质问题。生产经营情况不好的企业更是没有能力把大量的资金投入到节能技术改造上去。

二、整改措施

为保障我县“十一五”节能目标的完成，县政府确定 2008 年节能目标是：万元生产总值能耗降低率 5.1%，县入统企业万元增加值综合能耗降低率 4%。为此，我县将采取如下措施。

（一）抓好重点领域的节能工作。突出抓好化工、电力、建材等重点耗能行业，全面落实节能审计、规划措施；组织开展能效对标活动，实施综合节能改造，降低单位产品能耗。严格设计、审查、监理、验收等环节管理，确保新建建筑节能标准达标率 100%，加强新建建筑执行标准全过程监管，对达不到建筑节能标准的民用建筑，不得办理开工和竣工验收备案手续，不准销售使用。落实节能标准，推广节能、节水、节材型产品和技术，降低物流成本，发展节约型服务业。鼓励超市、商场、饭店等推行节能标签制度，减少使用一次性用品。加快淘汰和更新高耗能落后机械和装备，加快农业提水排灌机电设施更新改造。

（二）实行目标考核。① 细化目标：将后三年节能目标，按照不低于省市核定目标的原则，按时间进度要求，逐级分解，层层落实。② 强化考核：把节能指标完成情况作为对相关部门综合考核评价和企业负责人业绩考核的重要内容，实施评价考核和监督核查。③ 加强监督：每季度公布各企业万元 GDP 综合能耗及入统工业万元增加值能耗；每月通报节能重点企业节能目标进度情况。

（三）加强能源统计。在统计部门建立能源统计机构，各行业管理部门、重点耗能企业设专人负责能源统计工作。辅导企业加强能源统计基础工作，建立能源核算的原始记录和统计台账，及时准确上报统计数据。对 6 家重点用能企业和 43 家入统企业（年耗标煤 500 吨以上企业）能源消费实行季报制度，科学分析能源消耗、节能指标和重点耗能产品产量变化等情况，及时制定相应的对策措施。

（四）促进经济结构优化。严把源头控制，把节能评估审查作为固定资产投资项目的强制性准入门槛，对所有新建、改建、扩建项目进行节能评估和审查，对于列入重点企业的新、扩、改与节能有关的项目，在项目审批、土地征用、水电供应、信贷资金等方面给予重点支持。加大重点耗能产业结构调整力度，化工企业努力构建规模合理、技术先进、上下游产品关联配套的产业体系，到 2010 年骨干企业清洁生产和资源综合利用效率走在全市前列。建材工业通过改造提升、淘汰落后，切实加快产业升级步伐和发展方式转变。

（五）加强领导，严格执法检查。成立了以县长为组长，常务副县长、主管工业副县长为副组长，吸收发改、统计、工促、建设、审计、农业等有关部门主要负责人为成员的全县节能降耗工作领导小组。领导小组下设办公室，具体负责节能降耗的日常工作以及对节能重点企业节能工作的指导和督导。办公地点设在县发改局，人员从相关部门抽调并划拨了经费，达到了“四有”标准。大力开展节能监察工作，发改、建设、工促、统计、质量技术监督等部门分别按照各自的工作职能加大了监督检查力度，特别是加强了高耗能企业的督导检查，重点检查节能政策的贯彻落实情况、节能目标的分解和落实情况、节能机构的设置和人员配备情况、节能制度和能源计量的完善情况。按照“十一五”规划进行节能技术改造以及节能奖惩等，督促企业建立健全节能管理的长效机制。

以上报告妥否，请批复。

某县的一家冶炼公司尾矿坝坍塌，导致该县农田受污染，被一家知名媒体曝光，引起市长高度关注，责令该县人民政府调查处理，请你以该县县政府名义，将此次事件的处理情况以书面文字向市政府报告。

第二节 请　示

案例一

关于成立环境监察大队和环境监测站的请示

××区编委：

为适应新形势下全区环境执法管理工作的需要，进一步加大我区环境保护现场监测、执法力度，根据国家文件精神（国环发〔1999〕141号文件和国环发〔2002〕100号文件）及省环保局、市环保局的要求，结合我区的环境执法管理实际，成立环境监察大队和环境监测站已势在必行，全市其他县（市）、区均有以上两个机构。

现就有关事宜请示如下:

1. 成立环境监察大队，机构规格为副科级，人员编制3人，队长1名（局长兼），监察员2名，隶属于区环保局。

2. 成立环境监测站，机构规格为股级，编制2人（现实有1人），隶属于区环保局。

3. 根据全区污染源工作量，需增加环境监测人员1名。

以上请示妥否，请批复。

××区环境保护局

××××年×月×日

（资料来源：http://www.qqhrhb.gov.cn/ 齐齐哈尔在线，有改动）

本请示开篇即提出请示的目的、依据，根据本地区实际、有国家政策文件支撑、对比分析同级其他县市情况，有理有据，理由充分，这往往是上级给予理想批复的关键。以“现就有关事宜请示如下”转承，分条列项写明具体请示事项，言简意赅，写得明白、具体、现实、可行、使人一目了然。结尾段“以上请示妥否，请批复”谦和有礼，是请示中常用的结语。

案例二

关于为我省乡镇环境监察派出机构配备环境监察执法车辆的请示

环境保护部:

近年来，在环境保护部的高度重视和支持下，我省切实加强基层环保力量建设，各级环保部门通过在市辖区或县辖乡镇设立环保分局、环保所、环境监察中队等形式，进一步延伸了环保管理触角，构筑了基层环境监管网络，夯实了环境执法监管基础。截至目前，我省共有乡镇环境监察派出机构197家，编制880人，实际在岗1 158人，主要承担环境执法、应急管理和信访查处等工作，已经成为我省环境监察的基础力量，发挥着越来越重要的作用。

我省污染企业量大、面广，经工商登记的企业有70万余家，纳入排污申报的企业有5万余家，全省每年还有各类新建项目2万余个，而这其中绝大部分的污染企业位于工业发达的中心乡镇，由乡镇环境监察派出机构负责日常环境监管。同时，目前我省仍处在各类突发环境事件和环境信访的高发期，处置和调处任务十分繁重，这些派出机构还承担着各类突发环境事件和信访纠纷的先期处置工作。但目前我省乡镇环境监察机构的机动力量还十分薄弱，我省197家乡镇环境监察派出机构仅有车辆125辆，按照《全国环境监察标准化建设标准》（东部地区一级标准），应配数为290辆，缺口达165辆。

由于“十一五”中央减排专项补助范围为省、市、县三级环境监察机构，乡镇环境监察派出机构车辆配置未纳入支持范围，我省乡镇环境监察派出机构机动能力建设面临较大困难和压力，为此，恳请环境保护部大力支持。据测算，缺口的165辆执法车，以每辆20万元计算，共需资金3 300万元，按照中央和地方 4∶6 比例，需申请中央财政补助1 320万元。

特此请示。

××省环境保护厅

二〇一〇年十二月十三日

（联系人：××× 联系电话：×××××××××××）

附：××省乡镇环境监察派出机构环境监察执法车辆需求明细表（略）

（资料来源：http://www.zjepb.gov.cn/ 浙江省环境保护厅政务公开网，有改动）

案例二为请求上级解决问题的请示。请示首先介绍了该省基层环保建设的基本情况和重要意义，然后分析了在基层环境执法面临的困难和问题——“污染企业量大、面广”、“处在各类突发环境事件和环境信访高发期”、“乡镇环境监测机构的机动力量十分薄弱”，因此提出需申请中央财政补助的请示。并附上该省乡镇环境监察派出机构环境监察执法车辆需求明细表，使上级充分了解、掌握情况。主送机关明了、请示事项单一明确，并在文末留下发文机关联系人姓名和电话，便于上级联系沟通。

一、请示的概念

请示是下级机关请求上级机关或上级主管部门对某项工作或问题作出指示、答复或批准时使用的一种公文，是机关单位经常使用的一种上行文。

请示的适用范围比较广，凡有不太明确的问题或情况，需要上级机关表态或指示的事项，都可以向领导机关递交“请示”。具体如下：

（1）对现行方针政策、法规制度不甚了解，需要上级机关明确答复的事项；

（2）下级机关遇到重大或疑难问题，需要上级给予指示的事项；

（3）对某个重要问题的解决办法，下级机关或与相关机关单位之间存在意见分歧，需要上级机关裁决的事项；

（4）下级机关要办某一件事或上级机关指示办一件事，需要一定的财力、物力、人力，自己无力解决，需要请示上级机关审核批复的事项；

（5）因权限关系需要由上级机关批准方能办理的事项。

二、请示的分类

（一）请求指示性请示

即请求上级机关对有关工作作出明确指示的请示。如上文适用范围中提到的前三种情况都应使用这种请示。

（二）请求批准性请示

本单位职权范围内不能解决问题，或要做某项工作而需要或缺少一定的财力、物力、人力，要请上级予以帮助时所使用的请示。如案例二就属于此种请示。

三、请示的特点

（一）单一性

请示应严格遵循“一文一事”原则，即一份请示只能请示一项工作、一种情况或一个问题，便于上级机关有针对性地快速作出答复。

（二）求复性

请示是有针对性的上行文，上级机关对呈报的请示，无论同意与否，都必须给予明确的批复。

（三）超前性

请示必须在事前行文，上级机关或上级主管部门批复后才能按指示行动，切忌“先斩后奏”。

四、请示的写作格式

（一）标题

请示的标题一般由发文机关、事由、文种三项构成，如《马桥镇人民政府关于“环境噪声达标镇”验收的请示》；也有的标题省略发文机关只写事由、文种，如两个案例中均使用的省略式标题。

标题应注意不要写成“报告请示”或“请示报告”，也尽可能不要出现“申请”、“请求”之类的重复词语。

（二）主送机关

主送机关为负责受理和答复请示事项的直属上级机关，在标题与正文之间，单独一行，顶格书写。

注意主送机关的名称要写全称或规范性的简称。

（三）正文

请示的正文由开头、主体、结语三部分构成。

1．开头

开头要写明请示的原因、背景或缘由。这部分是上级机关批准的依据，是请示事项的基础和关键，一定要写得实事求是，有理有据，否则就很难达到请示的目的。

2．主体

主体部分是请示的核心，要写明请求上级机关批准、帮助、解答的具体事项。阐述要实事求是，引用的数字要准确无误，提出的看法或处理的意见要具体明确切实可行，符合国家的法律，法规和方针政策，让上级机关看后一目了然，能迅速决断。如涉及其他单位的问题，应当预先征询意见，并将商洽的有关情况在文中予以说明，以供上级机关作出正确判断和指示。

3．结语

请示结语部分应凝练概括，明确提出要求，请求上级批准、指示。但应注意语气谦和，用语得体。常用的结语有“特此请示，请批复”、“以上意见当否，请批示”、“妥否，请指示”、“以上意见如无不妥，请批准”等。

（四）落款和成文日期

在正文右下方标明发文机关名称、印发日期，并加盖公章。

五、写作注意事项

（一）主送明确

请示的主送机关为其直属上级机关，而不是领导者个人。

（二）一个主送机关

在行文关系方面，请示应明确一个主送单位，不能搞多头请示，多头请示有时难免造成上级机关之间不好答复或互相推诿，贻误工作。受双重领导的机关向上级机关请示，必须根据公文内容明确标注一个主送机关，如果必要可将另一上级机关列为抄送机关，不可两者一并主送。

（三）尽量避免越级请示

请示一般不得越级，因特殊情况，必须越级行文时，应抄报越过的机关或经越过的机关认可签章，也可请上级机关转报。

（四）一文一事

请示必须严格遵循一文一事的原则，不能把几件事写到一份请示中去，以免在公文的处理中产生麻烦。

（五）语气要谦恭

应尊重上级，语气谦恭，不能用决定、命令或威胁、恐吓的口吻。

六、请示与报告的区别

请示和报告都是上行文，都具有反映情况、提出建议的功能，在日常工作中，人们容易混淆这两种公文的用法，最常见的情况是：把请示写成“请示报告”或“报告请示”，在报告中夹带请示事项等。因此，明确请示与报告的区别，把二者严格区分开来是十分必要的，请示与报告的主要区别是：

（1）行文目的不同。请示的目的是请求上级机关批准某项工作或者解决某个问题，要求上级指示和批准，需要上级机关表明态度，作出明确答复；而报告的目的是为了让上级机关了解下情，掌握情况，沟通和加强上下级之间的联系，不要求批复。

（2）行文内容不同。请示主要写带有迫切性的，并需要上级机关指示、批准的事项，只能“一文一事”；报告只着眼于汇报工作，反映情况，既可“一文一事”，也可“一文数事”。

（3）行文时间不同。请示必须在事前行文，在得到上级机关的批准、指示、批复以后方能行事，不允许“先斩后奏”；而报告则可根据实际情况，事前、事中、事后行文皆可。

指出下列公文的不妥之处，并说明正确的写法。

关于要求解决整治环境经费和召开环保目标责任考核大会的请示

市政府、市长：

为迎接“山洽会”召开，我区从9月23日起举全区之力，围绕“洁、绿、序、美、亮”的要求，对××会展中心周边以及海滨大道、海田路、康宁路、椹川大道等路段的环境进行整治，粉饰沿路两旁围墙、旧建筑物外墙，规范广告牌，绿化空地，清理杂草堆物，为“山洽会”创造一个亮丽、整洁的环境。由于这次环境整治工程量大、涉及面广、要求高，我区已投入经费130多万元。目前，此项工作力度继续加大，由于我区财政紧张，特请求市政府支持解决经费60万元，否则将影响“山洽会”的召开及我市形象。

根据市政府办公厅《关于在××等10个区县实行环境目标责任制的通知》要求以及市政府统一安排，我区拟在9月30日召开环保目标责任考核大会。

特此请示报告。

××××年×月×日

技能训练

请根据下述材料拟写一份公文。

为了落实国家、湖南省环境保护“十一五”规划，确保实现 “十一五”减排目标，保障湘江流域人民群众的饮水安全，改善人居环境，湖南省环境保护厅起草制定了《湘江流域水污染综合整治实施方案》，此方案需经省人民政府审批方可实施。

第三节　批　复

案例一

福建省人民政府
关于福州市地表水环境功能区划定方案的批复

福州市人民政府:

你市《关于请求批准〈福州市地表水环境功能区划定方案〉的请示》（榕政综〔2006〕40 号）收悉。根据《中华人民共和国水污染防治法》《福建省环境保护条例》的有关规定，经研究，现批复如下:

一、国家级自然保护区范围内的地表水水域，按一类环境功能类别及相应的环境质量标准执行; 经依法批准的生活饮用水地表水源一、二级保护区水域，按国家规定的相应环境功能类别及相应的环境质量标准执行; 其余地表水水域环境功能类别的划定及执行标准，按你市呈报的方案执行。

二、请你市在媒体上公布划定方案，并严格按照有关法律、法规和标准，切实加强日常管理，保障环境安全，促进经济和社会的可持续发展。

福建省人民政府
二〇〇六年三月二十三日

（资料来源：http://www.chinalawedu.com 法律教育网）

这是一篇批准性批复。福建省人民政府针对福州市人民政府制定的《福州市地表水环境功能区划定方案》表明态度，同意执行该方案，并指示方案需通过媒体公布，要严格按照有关法律、法规和标准加强管理，保障环境安全。该批复言简意赅，明白实用。

案例二

云南省发展和改革委员会
关于昆明市在用汽车排放污染检测收费标准有关事宜的批复

云发改收费〔2009〕1483号

昆明市发展和改革委员会:

报来《关于调整机动车安全技术检验收费标准的请示》(昆发改收费〔2009〕34号)收悉。根据《昆明市机动车排气污染防治条例》有关规定,为加强对昆明市在用汽车排放污染的监管,控制城市空气污染,发送城市环境质量,保障人民群众身体健康,经审核,并按相关规定向社会公示征求意见,报经省人民政府批准,现将昆明市在用汽车排放污染检测收费标准有关事宜批复如下:

一、昆明市在用汽车排放污染检测收费标准

具有汽车排放污染检测资质的机构根据《昆明市机动车排气污染防治条例》,按照《点燃式发动机汽车排气污染物排放限值及测量方法》(GB 18285—2005)和《车用压燃式发动机和压燃式发动机汽车排气烟度排放限值及测量方法》(GB 3847—2005)规定的简易工况法对汽车排放污染检测的收费标准为:

(一)轻型汽车(总质量小于3.5吨)按每次70元收取;

(二)中型汽车(总质量大于或等于3.5吨小于10吨)按每次80元收取;

(三)大型汽车(总质量大于或等于10吨)按每次90元收取。

对出租车和城市公交车按以上标准减半收取。

二、对排放污染检测不合格的汽车,经有关企业维护修理后复检的,不得收取汽车排放污染检测费。按规定在同一年度内须两次进行机动车安全技术检验的汽车,第二次进行机动车安全技术检验时,不再进行专项的汽车排放污染检测,不得收取汽车排放污染检测费用。三轮汽车、低速汽车、摩托车、拖拉机和联合收割机等机动车不纳入使用简易工况法进行汽车排放污染检测范围,不收取以上机动车排放污染检测费。

三、为避免重复收费,对上检测线实施安全技术检验的汽车,其检验费收费标准由每次100元调整为90元,同一年度内须两次进行安全技术检验的,检验费也按90元收取,出租车按70元收取。对不能上线实施安全技术检验的汽车,安全技术检验费收费标准仍按每次50元收取,不得再另外收取排放污染检测费。

四、车主可自愿选择有资质的检测机构进行检测,任何部门和单位不得对检测车辆强行划片、指定检测机构。环境保护行政主管部门对机动车排气污染进行抽检、复检,不得收取任何费用。

五、汽车排放污染检测费为经营服务性收费，检测机构收费要使用税务发票。要严格执行国家和省有关收费管理的政策规定，不得擅自设立收费项目、扩大收费范围和提高收费标准。必须严格执行《云南省人民政府关于实行价格和收费公示制度的通知》（云政发〔2001〕172号）的规定，在服务或收费场所的显著位置公示服务项目、收费标准、服务准则、监督电话等，自觉接受价格主管部门的监督检查和社会监督。

六、上述规定适用范围为昆明市，自2010年2月1日起执行。以上收费标准为试行标准，试行两年；届时由昆明市按规定程序重新申报。

七、昆明市发展和改革委员会要切实做好执行此项政策的相关组织实施工作，并加强对该项检测收费公示及执行情况的监督检查，及时纠正违规收费行为。昆明市环境保护局等有关部门要采取切实有效措施，提前做好对在用汽车实施排放污染检测及收费等政策的宣传解释工作，确保社会稳定和谐及此项政策的顺利实施。

此复。

二〇〇九年八月五日

（资料来源：http://www.yn.cei.gov.cn/ 云南经济信息网，有改动）

这篇批复开头引述来文标题及字号以说明批复的缘由，交代批复的依据，使用了“收悉”、“批复如下”等批复惯用语。主体部分逐条对具体收费标准、收费范围及要求作出明确指示，并规定该收费标准的限度和范围——“上述规定适用范围为昆明市”、“自2010年2月1日起执行”、“以上收费标准为试行标准，试行两年”。以“此复”这种批复的惯用语作为结尾。该批复层次清晰、态度鲜明、意见具体可行。

一、批复的概念

批复是上级机关答复下级机关请示事项时使用的公文，是一种常用的下行公文。一般来说，请示与批复相互对应，有请示必有批复（某些不太重要的回文也用“函”回复），批复应下级机关的请示而发。因此，批复的行文受请示机关和请示内容的制约，行文关系和行文内容都是特定的。

二、批复的特征

（一）被动性

批复是用来答复下级机关请示事项的公文，因此必须先有下级的请示，才有上级的批复，使用批复的先决条件是下级机关上报请示。

（二）针对性

批复内容有很强的针对性，由请示的内容决定。哪个下级机关请示，就批复哪个下级机关，请示什么事项就批复什么事项。一般是一个请示对一个批复，不涉及请示以外的其他事项。

（三）指示性

批复是上级机关针对来文单位请示的具体问题作出的答复，态度鲜明，意见具体可行，篇幅一般不宜过长。

（四）权威性

批复是上级对下级的指示，下级机关必须严格按批复精神贯彻执行，而不能自行其是。

（五）时效性

请示一般是下级机关在碰到急需解决的问题或紧急情况不知如何处理或无权擅自处理时请求上级指示或批准开展工作，因此，上级机关应该尽快给予批复，确保下级机关能够及时顺利完成工作。

三、批复的种类

与请示相对应，批复也可分为两种类型：

（一）指示性批复

针对下级机关请求指示性请示而发的，对下级机关的某项工作提出带有指导性、指挥性的意见或为下级机关在方针、政策等方面释疑解难的批复。如《国务院关于酸雨控制区和二氧化硫污染控制区有关问题的批复》（国函〔1998〕5号）、《关于建设项目违反环境保护“三同时”制度处罚问题的批复》（环发〔1997〕302号）。

（二）批准性批复

这是针对下级机关请求批准性请示而发的，就下级机关的请求批准事项作出表态的批复，清楚表明同意或者不同意的态度。可分为肯定性批复和否定性批复。如《厦门市人民政府关于同意调整厦门环境功能区划的批复》（厦府〔2004〕186 号）、《关于同意创办〈三峡环境与生态〉的批复》（渝新出报〔2008〕40 号）。

四、批复的写作格式

批复一般由标题、主送机关、正文、落款四个部分构成。

（一）标题

批复常用的标题方式有以下几种：

（1）完整式标题：发文机关 + 事由 + 文种

如：国务院关于国家环境保护“十一五”规划的批复

（2）省略式标题：事由 + 文种

如：关于违反环境影响评价制度法律责任问题的批复

（3）关于同意 + 事由 + 文种，有的对下级机关请示表示同意的批准性批复，往往在标题中明确加入“同意”二字。

如：商务部关于同意重庆三峰环境产业有限公司开展对外承包工程业务的批复；关于同意区环境监察大队机构升格的批复

但是如果不批准请求事项，标题中可以不出现态度和意见，正文中再表态。

（二）主送机关

批复的主送机关即为请示的发文机关，注意用单位的全称或规范化的简称。

（三）正文

正文一般包括引语、批复事项和结语三部分。

1. 引语

交代批复的原因，点出批复对象，常用写法是开头引述请示的标题、发文字号，如：“××厅《关于××××的请示》（×字〔200×〕×号）收悉，经研究，现批复如下。”

2．批复事项

这是批复的主体内容，应针对请示中提出的事项，逐条批复，给予明确的答复。批复事项的内容包括批复的态度和批复意见。如果完全同意，就写上肯定性意见；如果部分同意，则要明确指出哪些事项是同意的，哪些事项不同意及阐明不同意的原因；如果完全不同意，一定要写明不同意的理由。有的批复还要对下级贯彻批复精神提出希望和要求。

3．结语

批复的结语比较简单，通常用惯用语“特此批复”、“此复”等结束全文，有的采用要求式、说明式结语，简略地对批复内容提一些要求或说明，如案例二。也有的批复省略结语。

（四）落款和成文日期

在正文右下方标明发文机关名称、印发日期，并加盖公章。如果标题中已有发文单位名称，落款处则可省略不写，直接在成文日期上盖公章即可。

五、写作注意事项

（1）针对性要强。批复要针对请示事项作出答复，一文一事，一份批复针对一份请示，而不能一份批复同时答复几份请示的内容。

（2）态度要明确。是否同意，同意哪些内容，不同意哪些内容，都要明确表态，不能含糊其辞，也不能避而不答。有什么具体要求，分条列项，在回复事项中写清楚。

（3）文字要精练。批复的篇幅应尽量简短，表达清楚上级机关态度和意见即可，不需要长篇叙述和议论。

（4）回复要及时。对下级机关的请示回复要及时，以免误事。

指出下列公文的不妥之处，并加以改正。

关于省辐射环境管理监测中心站成立质量保证管理室的批复

省辐射环境管理监测中心站：

你站的请示收悉。

经研究，大致同意你站成立质量保证管理室，主要承担辐射环境监测质量控制、监测网络成员单位质量保证管理和授权开展辐射环境监测机构资质审查等工作。

此复。

二〇〇七年六月二十二日制发

请针对本章第六节“请示”案例赏析中的案例一写批复，要求分别设计上级全部同意请示事项、部分同意请示事项、全部否定请示事项三种情况写三篇不同的批复。

第四节　函

案例一

湖南省人民政府
关于商请共同举办国际性节能减排活动的函

国家环保总局：

为了认真贯彻国家节能减排工作有关精神，促进长株潭城市群资源节约型和环境友好型社会建设综合配套改革试验区试点工作，特商请贵局与我省在2009年共同举办“首届中国国际节能环保大会暨首届国际节能环保产品博览会”，开展节能减排国际交流合作，推广世界领先节能减排技术和污染防治成果。主要活动包括：国际节能环保高峰论坛，建设资源节约型和环境友好型社会研讨会，节能环保新产品、新技术、新工艺展览和节能环保专利技术转让洽谈等。

请予复函。

二〇〇八年一月三十日

（资料来源：http://www.hunan.gov.cn/zwgk/ 湖南省人民政府门户网）

这是一份商洽函，湖南省人民政府和国家环保总局是不相隶属的平行机关，所以选择函这种公文形式商洽有关事宜。标题为完整式标题，由发文机关、发文事项和文种三个部分组成。正文部分开头采用“为了……特商请……”这种惯用句式，点明发函的原因，接着说明所联系商洽的事项和具体内容，结尾部分提出让对方答复的要求，以“请予复函”结束。由于文件标题中已经有发文机关的名称，故落款处省略署名，只需在成文日期上加盖公章。

案例二

关于同意开征城市污水处理费的复函

市建设局:

你局报来《关于开征城市污水处理费的函》收悉，根据《国务院关于印发节能减排综合性工作方案的通知》(国发〔2007〕15号)和《省人民政府关于做好环境保护四个专项治理工作的意见》(鄂政发〔2007〕21号)以及《湖北省物价局关于污水处理费有关问题的通知》(鄂价能交〔2007〕146号)文件精神，经请示市政府批准，并报请孝感市物价局同意，现就开征城市污水处理费的有关问题批复如下:

一、征收对象

向城市污水集中处理设施和排水管网排放污水的所有单位和个人(以下简称用户，含公共管网供水和自备水源包括从自备井和从河流取水用户)。

二、征收标准

安陆市城区城市污水处理费征收标准为0.80元/吨(不分用水类型)。城区开征污水处理费后，依据《中华人民共和国水污染防治法》的有关规定同时取消城建部门征收的城市排水设施有偿使用费，环保部门不再向排入城市排污管网和污水集中处理设施的单位征收污水排污费。

三、征收方式

使用公共管网供水的用户，由市建设行政主管部门委托供水企业收取水费时一并代征，用水量按水表显示的量值计算。使用自备水源的用户，由市建设行政主管部门委托市政维护管理所代收，自备水源用户必须在取水设施上安装符合标准的计量设施，在未安装计量设施之前，可按取水设施的最大实际取水能力(水泵额定流量乘以24小时乘计收天数)计征。

四、污水处理费的管理

城市污水处理费专项用于城市污水处理厂、污水管网、排污泵站等设施的建设、运行和维护，支付代征手续费。

污水处理企业应按照规定用途使用城镇污水处理费。我局将对污水处理企业的污水处理成本进行定期监审。

五、优惠措施

享受困难群众最低生活保障的用户，凭市民政部门颁发的《城市居民最低生活保障金领取证》或《社会求助证》，按每吨 0.4 元标准征收城市污水处理费；对福利院、敬老院、残疾人学校、环卫等特殊社会公共福利事业单位及有关法律法规和政策规定的对象免征城市污水处理费。

六、开征时间

安陆城区污水处理费自 2008 年 5 月 1 日起执行。

安陆市物价局

2008 年 4 月 30 日

（资料来源：http://www.alzls.com 安陆市自来水公司主页）

这是一篇复函，正文由引文和回复事项两部分组成。引文部分引述来文的标题，交代复函依据的国家和地方相关法律、政策，以一句“现就开征城市污水处理费的有关问题批复如下”过渡到下文。复函内容针对来函询问的问题作出针对性的答复，分六个部分对污水处理费的征收对象、征收标准、征收方式、污水处理费的管理、优惠措施、开征时间等作出明确的答复。条理清晰，简单明了。

一、函的概念

函，从广义上讲，可以分为私函和公函。私函，即私人往来的信件。本节我们所讲的专指公函。

函是不相隶属机关之间相互商洽工作，询问和答复问题，请求批准和答复审批事项的公文。“不相隶属机关”指的是无直接上下级关系的机关，既指同一系统内各平级机关之间，也指非同一系统的各种级别机关之间。

二、函的特点

（一）使用范围广泛

函没有机关单位的使用权限限制，广泛用于公务活动的各个领域与各个不同级别的机关、社会团体、企事业单位。涉及的内容也比较广泛，既可用于相互商洽工作、询问答复问题，又可用于向主管部门请求批准事项及主管部门审批或答复事项。

（二）行文灵活

函一般不受行文关系的约束，既可以向平行机关和不相隶属机关发出，也可以向上级机关或下级机关发出。此外，函的内容和格式也灵活。

（三）内容具体单一

函的篇幅较短小，内容具体、单一，一份函只写一件事，语言简洁明了。

三、函的分类

函按其内容性质可分为四种。

（一）便函

便函用于日常事务性工作的处理。不属于正式公文的范畴，没有公文格式要求，可以不拟标题，不用发文字号，一般采用书信格式。

（二）商洽函

商洽函是平行机关、不相隶属机关之间商洽工作、联系有关事宜时所使用的。

（三）问答函

问答函是机关单位之间用来相互询问和答复问题的函。包括询问函和复函两种类型。要注意复函与批复的区别，一般来说，复函的对象是不相隶属机关，属于平行文；而批复的对象是下级机关，属于下行文。

（四）请批函

请批函是向有关主管部门请求批准的函。这种函多是向业务主管部门或归口管理部门请求批准事项。应注意其与请示的区别，请示的对象是隶属关系的直接上级，属上行文；请批函的对象为无隶属关系的主管部门，属平行文。

四、函的写作格式

（一）标题

函的标题有三种方式：

（1）发文机关 + 事由 + 文种

如：环境保护部关于生活垃圾焚烧飞灰运输适用政策的复函

（2）事由 + 文种

如：关于开征城市污水处理费的函

（3）发文机关名称和文种组成

如：××省环境保护厅函

这种标题方式使用较少。

（二）主送机关

即接受该函的机关、单位，应写全称或规范化的简称。

（三）正文

函的正文一般由开头、主体、结尾三部分构成。

1．开头

开头简单明了交代发函的原因、目的或依据。即：为什么提出商洽、询问或请求批准。

如果是答复函则在开头引述来函的标题和发文字号，如“贵单位《关于××××的函》收悉”，然后用“经研究，现将有关事项函复如下”等惯用语过渡，引入下文。

2．主体

主体应写明商洽、询问、请求批准或答复事项的主要内容或答复的事项。如内容较多，可分条列项写明。

3．结语

结语有以下几种不同的方式：

（1）如要求对方回复，一般用“请函复为盼”、“盼复”、“敬请大力支持为盼”、

“敬请函复”等惯用结语，表明等待对方回复的意思。

（2）如不需要对方的回复，则一般用“特此函告”、“特此函达”等结语。

（3）有的函省略结语部分。

（四）落款和成文日期

在文末的右下方标明发文机关和成文日期，并加盖公章。

五、注意事项

（1）内容要简明扼要，直截了当、语言通俗易懂。

（2）询问、商洽性的函，语气要谦和，态度要诚恳，常用“承蒙”、“烦请”、“敬请”等敬语，切忌使用命令性语气。复函要针对对方提出的问题，及时具体明确地答复，便于对方处理。

（3）函要做到一文一事，避免一函中夹杂多个事项。

下面的公文中，格式和内容方面均有些不足，请一一指出并更正。

关于商请青藏铁路公司机务段转移废机油的报告

宁夏回族自治区环境保护厅负责人：

我们青藏铁路公司机务段拟将200吨废机油（HW08）转移至你区银川精华科技研究所（该所持贵厅颁发的编号为NWF〔2010〕002号危险废物经营许可证）进行利用，现向我厅申请办理危险废物转移相关手续。按照国家危险废物环境管理的有关规定，特致函你们协助审查，请快速给予回答。

此致

敬礼

××省环境保护厅

二○一○年九月十五日

技能训练

6 月 5 日是世界环境日，某电视台策划与当地某知名环保类大学合作，播出一期以“关爱地球 保护环境”为主题的大型环境保护宣教节目。请你代电视台写一篇公文给这所学校商洽此事。

第四章　环保事务文书的写作

第一节　计　划

案例一

莲花镇2010年环保工作计划

2010年，我镇环保工作以党的“十七大”精神为指针，深入实践科学发展观，以环境保护优化经济发展，按照“党委政府领导、人大监督、各部门分工协作、社会公众参与”的环保运作机制，立足我镇实际情况，紧紧围绕区委、区政府的工作部署，坚持落实党政一把手环保目标责任制，以改善环境质量为目标，以创建绿色家园为重点，以推进“五大工程”建设为载体，以环境保护“四大行动”改善环境质量，努力为莲花镇经济、社会与环境科学发展服务，为助推“500亿万州”，建设“4亿莲花”提供强有力的环境支撑。

一、工作目标

（一）环保技术指标控制：饮用水源达标率>96%；空气污染指数API<100，达二级水平；烟尘控制区100%；规划区达汽化率>90%。环境噪声平均值<55.5分贝；噪场达标区覆盖率>95%。工业固废物综合利用率>70%，无危险废水排放；污染物排放总量控制在区政府下达的指标内；建设项目“三同时”执行率100%；工业废水达标率100%。中小学环境教育普及率>80%；销售中使用可降解塑制品>90%；环境综合整治考核在区前十名之内。

（二）完成环保重点工作：做好污水处理厂、扩建垃圾填埋场项目前期准备工作。修建集镇公厕一所，完成莲花集镇街道路面整治500米。强化集镇环境秩序和卫生整治，彻底改变集镇环境卫生现状。大力开发农村新能源，实施农村沼气工程，推广“一池三改”农户500户；大力宣传引导农民使用生物有机肥，推广配方施肥3.1万亩，严格禁止高毒农药的使用。加大森林工程建设，完成绿化植树任务，管理好 1.2 万亩退耕还林林地。

二、工作思路与措施

（一）加强组织领导，建立完善环保工作机制

对 2010 年环保目标责任书完成情况进行考核督查，及早制定 2010 年一把手环保目标责任制工作计划并将计划任务分解到各村（社区）和有关部门；延伸环保工作深度，建立镇环保领导小组、明确分管领导、镇兼职环保员和各村（居）支书为责任人的环保工作网络；参照创卫工作体系，健全完善环保长效管理监督体系，实行业务管理和监督管理相分离，部门和村（社区）依各自职责开展工作，相互配合，切实完成环保目标责任书各项工作任务。

（二）大力开展环境宣传教育，提高公民环保意识

加强环境宣传能力建设，按照面向各级干部、面向企业法人及管理人员、面向青少年、面向社会的要求，与区环保局配合，搞好环保法律法规、环保知识宣传教育和环保警示教育活动；与村（社区）配合，开展“4 · 22”地球日、“6 · 5”环境日宣传活动，联合区教委，高质量地创建“绿色校园”。

（三）严格环境执法，努力改善我镇环境质量，促进经济社会可持续发展

对新建、扩建、改建的项目，按照《环境影响评价法》和《建设项目环境保护管理条例》的规定，根据区环评分类标准搞好环评审批，做好“三同时”验收；调查摸底我镇环境质量家底；落实污染物排放总量控制计划；继续开展“清理整顿违法排污企业，保障群众健康环保行动”，按照行动的重点开展工作，做到每个季度一次对辖区规划区内检查建筑工地。督促排污单位加快污染治理；加强环境监测能力建设，充分发挥环境监测对环境管理的技术支持作用；积极妥善地解决环境投诉的建筑施工噪声、餐饮业油烟污染等热难点问题，确保群众环境投诉办结率达 95%以上。

（四）发挥职能部门作用，积极参与环境建设

在学校继续以创建“绿色学校”为载体，在中小学生中，开展环保法律法规、环保常识及环境警示教育活动，提高青少年的环保意识，丰富中小学生素质教育的内涵。在医院的建设、管理中，确保医疗达标排放，并监督医院执行万州区医疗废弃物统一处置的规定，将医疗废弃物统一集中焚烧，杜绝医源污染。在各企业建设方面，积极应对世界“绿色潮流”，引导企业开展 ISO 14000 环境管理体系认证，取得国际绿色通行证；加强对松香厂、层板厂、农炙建材有限公司的环保工作引导，促使企业对生产废水、有机废气、粉尘等污染进行有效治理，树立我镇树脂工艺行业绿色环保新形象；探索“循环经济”方式，促进企业开展废物综合利用，做到增产不增污、增产减污。在市场建设方面，与商委、工商等部门联合，抓好“禁白”、“禁磷”、餐桌污染治理工作。

（五）加大投入，切实解决一至两个民生问题

今年镇党委、政府下大力气，挤出财政资金 30 万元，实施集镇街道整治工程，修复两座公共厕所。

莲花镇

二〇一〇年一月六日

（资料来源：http://www.wz.gov.cn/zwgk/zcwj/zjwj/44257.htm）

本计划包括三个部分：标题、正文、落款。标题由单位名称、适用时限、内容和文种四个要素构成，正文含前言和主体两部分。前言简明扼要地交代了制订此计划的指导思想和目的，主体部分指标量化，目标明确具体，措施紧扣目标行文，切实可行。落款标明了制订计划的单位名称和日期。全文结构严谨，条理清楚，语言表达准确、简明。

案例二

2008 年全国环境监测工作计划

2008 年全国环境监测工作围绕环境管理中心工作需要，认真贯彻落实《国务院批转节能减排统计监测及考核实施方案和办法的通知》（国发〔2007〕36 号）、《国务院关于印发国家环境保护"十一五"规划的通知》（国发〔2007〕37 号）和《国家环境保护总局、国家发展和改革委员会关于印发〈核安全与放射性污染防治规划（2006—2020 年）〉的通知》（环发〔2007〕186 号）文件精神，全面加强污染源监测工作，基本说清重点污染源主要污染物排放状况，客观反映本辖区环境质量状况及其变化，严格环境监测报告制度，及时报送监测数据，充分发挥监测能力建设成果的效益，努力按国家环境质量标准项目开展例行监测，做好土壤调查、污染源普查、总量减排等专项监测工作，完成应急监测任务，积极开展环境监测公益性科研工作，不断完善环境监测网和监测技术体系，加强质量管理工作，大力开展环境监测技术培训工作，进一步规范监测行为，提高监测能力，努力建设先进的环境监测预警体系。

一、全面加强污染源监督性监测工作，基本说清重点污染源污染物排放状况

（一）贯彻落实《国务院批转节能减排统计监测及考核实施方案和办法的通知》（国发〔2007〕36 号）精神，各级环保部门按照《主要污染物总量减排监测办法》的要求，认真组织开展重点企业的污染源监督性监测工作。

（二）承担国控重点污染源监督性监测的各级环境监测部门，每季度末，将污染源监督性监测数据报省、自治区、直辖市环境监测部门（以下简称省站）汇总，

省站审核后报中国环境监测总站（以下简称总站）。各级环境监测部门要建立完整的污染源基础信息档案，建立污染源监督性监测数据库。总站每半年编写国控重点污染源减排监测专项报告。

（三）各级环保部门要定期组织对污染源监督性监测的统一质量控制考核，并组织不定期抽查。按《主要污染物总量减排监测办法》的规定做好对自动监测仪器的比对监测工作和自动监测数据的有效性审核工作。

（四）地市级城市开展排入城镇排水系统的工业废水水质监测，编写专题监测报告，并经省站汇总后报送总站。

（五）以沿江沿河的化工企业为重点，对排放有毒有害物质的工业污染源按季度开展水质监测，以省为单位编写专题监测报告，并报送总站。

（六）坚持分级管理的原则，进一步加强建设项目竣工环保验收监测工作，继续开展验收监测管理检查和技术培训工作，为建设项目环境管理提供技术支撑。

二、提高环境质量综合分析水平，客观反映环境质量状况

（一）各级环保部门编制并发布本辖区 2007 年环境状况公报和环境质量报告书。各省、自治区、直辖市和计划单列市编制的环境状况公报和环境质量报告书同时送总站。

（二）各级环保部门按季度开展环境质量分析和会商工作，按照构建和谐社会的要求，定期向社会公布环境质量状况信息。

（三）各级环境监测部门要建立健全环境监测历史数据库，组织开展环境监测数据的综合分析和评价工作，分析本辖区十年来环境形势和未来发展趋势，编写各类环境质量综合分析报告，为环境管理决策提供技术支撑。

三、深化环境质量例行监测，省会城市和计划单列市努力按国家环境质量标准全部规定项目开展监测工作

（一）全国所有城市开展环境空气质量监测工作。地级以上城市开展空气质量日报，向总站报送年度监测数据。113 个环保重点城市每日向总站报送监测数据。地级以上城市开展酸雨监测，并按月由省站向总站报送监测数据。

（二）全国所有城市开展集中式饮用水水源地水质监测工作。地级以上城市每年对集中式饮用水水源地至少进行一次水质分析，编写分析监测报告报省站，省站编写全省集中式饮用水水源地水质分析报告，并报总站。113 个环保重点城市每月对饮用水水源地水质进行监测，按月由省站向总站报送监测数据，总站编写《环保重点城市饮用水源地水质月报》，饮用水水源地地表水监测项目为《地表水环境质量标准》中的基本项目、补充项目和特定项目中 1～35 项（从 2008 年 7 月份开始报送监测数据）。

（三）全国开展地表水水质监测工作

1. 地表水国控断面每月开展水质监测工作，监测项目为《地表水环境质量标准》

中的基本项目，并由省站每月向总站报送监测数据，总站编制《地表水水质月报》。

2. 各省开展河流区域交界断面水质监测工作，有条件的地方开展流量监测。主要河流和一级支流的省界断面的监测数据，每月由省站向总站报送。

3. 省级环保部门要加强对国家地表水水质自动监测站的运行与维护工作，自动监测站所在的地市级环保部门要承担起托管职责，发挥自动站对地表水水质的监视和预警作用。

4. 加强“三河三湖”（淮河、辽河、海河；太湖、巢湖、滇池）、松花江、三峡水库库区及上游、黄河小浪底水库库区及上游、南水北调水源地及沿线和目标责任书考核等重点流域或区域的水质监测工作，并按要求及时向总站报送监测数据，编制专题分析报告。

5. 继续开展三峡库区水华敏感期的监测和监视工作，并及时向总站报送监测数据。

（四）开展近岸海域国控监测点海水水质监测，每半年向总站报送监测数据。继续开展沿海地区直排入海污染源和入海河流污染物入海量监测工作。总站编制《全国近岸海域环境质量公报》。

（五）全国所有城市开展声环境质量监测工作。地级以上城市开展城市区域环境噪声和道路交通噪声监测，并由省站向总站报送监测数据；113 个环保重点城市按季度由省站向总站报送功能区噪声监测数据。

（六）国家环境监测网承担沙尘暴监测任务的环境监测部门，沙尘暴监测结果须于 48 小时内向总站报送有关数据，提高监测的时效性，编制沙尘暴对城市环境质量影响的报告。

（七）省级环保部门开展生态环境状况监测与评价。对 2007 年的卫星遥感数据进行解译，解译数据和评价报告报总站。

（八）加强“城考”和“创模”在环境质量指标监测有关方面的监督检查工作，省级环保部门开展定期抽查，对虚假、瞒报监测数据的城市进行严格核查。

四、做好各类专项环境调查监测工作，为环境管理提供技术支持（略）

五、全面开展辐射环境监测工作，提高辐射环境监测水平（略）

六、认真完成环境突发事件应急监测任务，为政府处理事件提供监测数据（略）

七、建设先进的环境监测预警体系，推进环境保护历史性转变（略）

国家环境保护总局

二〇〇八年一月二十三日

（资料来源：http://www.chinacourt.org/flwk/show.php?file_id）

此计划与案例一有所不同，前言和主体部分始终突出未来一年里所要开展的工作，前言部分用概括的语言表述，主体部分紧紧围绕前言的主要工作目标从七个方面逐一展示具体措施，措施与目标一一对应，一目了然。这种写法比较适合目标较多的计划。此外，此计划还很注重语言表达，如前言部分和主体部分的标题，动词和宾语搭配非常恰当，一些限制性词语的使用使语意更加严密，如“全面加强”里的“全面”一词，就明确了污染源工作涉及范围之广及其重要性；“基本说清”里的“基本”一词，如果去掉，内容的客观性方面就会受到一定程度的影响。总之，无论从哪方面衡量，这篇计划都是很值得学习的典范之作。

一、计划的概念和作用

计划是单位或个人对未来一定时间内要做的工作从目标、任务、要求到措施预先作出设计安排的事务性文书。

计划是个统称。常见的规划、设想、安排、打算、方案、意见、要点，都属于计划，但它们各有特点。“规划”是一种长远、宏大的计划，它时间长、范围广、内容概括、富有鼓动性；“设想”，在时间上是远期的，也可以是近期的，对工作任务做粗线条、非正式的安排，还有待进一步地完善；“安排”，是短期的计划，它任务明确，内容单一，措施明确具体，适用于单项的具体工作；“打算”，一般是近期的，内容较粗略；“方案”是对工作进行较全面、具体的安排，包括目的要求，方式方法，时间安排；“意见”，是一个阶段内的，一般是上级对下级，内容是粗线条的；“要点”，是一定时期内的，可以是上级对下级，也可以是本部门或本单位的，内容比较简明、概括，只是原则性的安排。

计划可以提高工作预见性和自觉性，使工作围绕目标，更好地分工合作，充分利用人力、物力和财力，提高工作效率，同时，可以为日后检查工作进度，总结、评价和考核工作的完成情况提高必要的依据。

二、计划特点和种类

（一）特点

1．预见性

这是计划最明显的特点之一。计划不是对已经形成的事实和状况的描述，而是在行动之前对行动的任务、目标、方法、措施所作出的预见性确认。但这种预想不是盲目的、空想的，而是以上级部门的规定和指示为指导，以本单位的实际条件为基础，以过去的成绩和问题为依据，对今后的发展趋势作出科学预测之后作出的。可以说，预见是否准确，决定了计划写作的成败。

2. 针对性

计划一是根据党和国家的方针政策、上级部门的工作安排和指示精神而定，二是针对本单位的工作任务、主客观条件和相应能力而定。总之，从实际出发制定出来的计划，才是有意义、有价值的计划。

3. 可行性

可行性是和预见性、针对性紧密联系在一起的，预见准确、针对性强的计划，在现实中才真正可行。如果目标定得过高、措施无力实施，这个计划就是空中楼阁；反过来说，目标定得过低，措施方法都没有创见性，实现虽然很容易，并不能因而取得有价值的成就，那也算不上有可行性。

4. 约束性

计划一经通过、批准或认定，在其所指向的范围内就具有了约束作用，在这一范围内无论是集体还是个人都必须按计划的内容开展工作和活动，不得违背和拖延。

（二）种类

按照不同的分类标准，计划可分为多种类型：

（1）按其所指向的工作、活动的领域来分，可分为工作计划、学习计划、生产计划、教学计划、销售计划、采购计划、分配计划、财务计划等。

（2）按适用范围的大小不同，可分为国家计划、地区计划、单位计划、班组计划等。

（3）按适用时间的长短不同，可分为长期计划、中期计划、短期计划三类，具体还可以称为十年计划、五年计划、年度计划、季度计划、月份计划等。

（4）按指挥性的强弱不同，可分为指令性计划、指导性计划。

（5）按涉及面大小的不同，可分为综合性计划、专题性计划。

（6）按写作形式，还可以分为条文式计划、图表式计划和条文图表结合式计划。

三、计划的结构和写法

计划由三个部分组成：标题、正文、落款。

（一）标题

（1）完全式标题。由四个要素组成：单位名称、适用时限、计划内容和计划种类，如《××市环保局2011年年度工作计划》。

（2）省略式标题。视实际情况省略某些标题要素，有的省略单位名称，如《2011年环境监测工作计划》；有的省略时限，如《××环保建筑有限公司工作实施方案》。凡省略单位名称的标题必须在正文后署名。

（二）正文

正文是计划的主体部分，是具体内容，一般由前言、主体和结语组成。

1．前言

又叫引言。主要写制定计划的指导思想与依据，包括党和国家的路线、方针、政策、任务，以及上级的文件、指示，结合本单位的实际情况，主客观条件，对当前形势的分析等。这部分是制定计划的基础，必须把在总时限内的工作是在什么样的情况下进行的说清，与下文相照应。如果是专题计划，前言只需说明情况、问题和总的要求即可，不必对形势再进行分析。

2．主体

包括指导思想、计划工作的重点，以及计划要达到的目标、指标与要求、措施等。

要清楚地写明在什么时间做什么工作，完成什么任务，在数量、质量上达到什么要求，以及方法、步骤、主要措施，应注意的问题、组织领导、人员安排等逐项写清。

3．结语

即主体的结束语。一般是提出希望和要求，号召做好工作，为完成计划而努力奋斗。行文应简洁明快。

（三）落款

在正文右下方写明单位名称（个人计划写明个人姓名），在署名的下行写上具体日期。

四、计划的写作要求

（一）深入调查，集思广益

计划制订者在制订计划时必须做深入的调查研究，一方面了解党和国家的路线、方针、政策，“吃透”上级精神；另一方面要了解本部门的实际情况。计划要从群众中来，计划制订者要走出办公室，深入到群众中去，广泛听取群众的意见，不能闭门造车。

（二）内容要明确、具体、可行性强

计划是行动的指南，因此计划中所提出的任务、要求、方法、措施、步骤，一定要明确、具体，使计划的执行者在工作中能有章可循，并便于督促检查。计划所确定的目标任务，要做到既积极又稳妥，既可激发人们的积极性，又要切实可行。

（三）要突出重点

计划中的任务、措施要有主次轻重之分，尤其是措施一项，得力的措施要重点阐明。

（四）语言准确、简明、平实

计划以叙述为主，语言应简洁明了、通俗易懂，注意条理化。

知识小卡片

大学生职业生涯规划设计的几个步骤

1. 自我评价：要弄清我想干什么、我能干什么、我应该干什么、在众多的职业面前我会选择什么等问题。
2. 确立目标：这是制定职业生涯规划的关键，通常有短期目标、中期目标、长期目标和人生目标之分。无论目标长短，都要立足现实，慎重选择。
3. 环境评价：要充分认识与了解相关的环境，评估环境因素对自己职业生涯发展的影响，了解本专业、本行业的地位、形势以及发展趋势。
4. 职业定位：要为职业目标与自己的潜能以及主客观条件谋求最佳匹配。良好的职业定位是以自己的最佳才能、最优性格、最大兴趣、最有利的环境等信息为依据的。职业定位过程中要考虑性格与职业的匹配、兴趣与职业的匹配、特长与职业的匹配、专业与职业的匹配等。

请认真阅读以下计划，指出其格式错误和内容上不完善的地方。

2008年××公司环保工作计划

长期以来，我公司始终把环保工作作为企业的头等大事来抓，不断完善环保运行规章制度，总结环保设施运行经验。在生产运行过程中，坚持可持续发展理念。节能消耗，最大限度减少污染物的排放。通过一系列卓有成效的工作，我公司的环境得到了很大改善，废水污染物排放量小于《国家污水综合排放标准》，为了更好地把我公司环保工作做好，特制定2009年工作计划如下：

①严格按照国家环保要求，坚持“预防为主，防治结合”的环保方针，进一步加大力度，做好环境保护工作。

②推行清洁生产、开展节能降耗，提高资源利用效率。

③绿化美化环境，营造美好的工作生活环境。

④落实节水、节电、节焦、资源综合利用项目。

⑤增强全公司职工热爱环境、保护环境的自觉性。

技能训练

××环保科技有限公司将推行经营承包责任制，以打破吃“大锅饭”的局面，达到充分调动职业的积极性，增加盈利的目的。该公司拟先成立领导小组，再进行全面动员、讨论，试点先行，有步骤地签订承包合同（包括公司与基层厂、店，门市部与厂、店），最后验收，总结经验。请就此拟一份专项计划的提纲，有关内容可以虚拟。

第二节 总 结

案例一

2008年环保工作总结

一年来，在党的“十七大”精神指引下，我局以深入贯彻落实科学发展观统领环保工作，紧紧围绕“创建国家级生态示范县”建设的目标，在上级环保部门的指导下，在县委县政府的正确领导、人大监督和关心支持下，坚持以人为本，认真贯彻国家有关环保法律、法规和政策。落实以县长环保目标责任制为龙头的各项环境管理制度，努力实现生态环境和经济发展“双赢”，与时俱进，大胆创新，取得一定成效。

一、加大环保宣传工作的力度，提高全民环保意识

一年来，县环保部门始终把环保宣传作为第一要务列入重要议事日程，摆正位置，采取多种方式宣传环境保护。

一是环保宣传进校园。9 月 16 日县环保局，林业局、广电局、光华小学联合举办了“创建国家级生态示范县，建设和谐文明绿色校园”为主题的文艺活动，把绿色奥运的理念和生态环境保护的主要意义传播给学生、家长。

二是污染源普查进乡村，组织污染源普查队伍，深入各乡镇，农村宣传今年环境日的主题“绿色奥运与环境友好型社会”倡导人人参与环境保护，促进生态文明观念在全社会牢固树立，为成功举办绿色奥运，共建环境友好型社会贡献力量。

三是5月 27 日，屏南县环保局、妇联、中国人寿保险联合举办了一场题为“节能减排，保护环境建设生态旅游强县”的宣传活动。借助纪念第 37 个“六·五”世界环境日，请县政府领导发表电视讲话；在城区中心悬挂纪念日大幅标语，大力宣传节能减排迎奥运，建设环境友好型社会以号召全县群众积极参与保护生态环境。发放宣传单 3 000 多份，环保布袋近千个，并针对节能减排对居民们做了题为“节能减排，绿色规划”的问卷调查，得到群众们的好评。

四是组织党员干部积极参加庆“三八”迎奥运拔河比赛，庆“五四”迎奥运强身健体登山挑战赛，庆“五一”庆“七一”迎奥运“交通杯”环城跑活动，荣获组织奖。

五是为弘扬生态文化，引导和培养全县中小学生树立从小爱护环境，保护环境的良好风尚，提高学生的环保意识和综合素质。6 月中旬，县环保局、教育局、团

县委联合举办在全县中小学生中开展题为“生态建设环境保护”征文比赛96篇，通过此次活动唤醒少年儿童从小学生做起对周围环境的关心及思考，更加深刻地认识到环境保护的重要性和必要性。

六是选派局领导到熙岭中学、光华小学讲座题为“警惕环境问题，构建绿色校园”的环境保护知识，受到该校师生的赞赏。

七是征订“中国环境报”，“福建环境与发展报”106份及编发环保简报12期。

八是与开展绩效管理，民主行风评议，与创第十届市级文明单位，“五五”普法综治工作，服务挂点村建设以及严肃整治违法排污专项行动，下乡下厂环境监督监察监测执法有机地结合起来。

九是开展饮用水水源保护立法，组织编制完成了全县十一个乡镇的一级、二级水源保护区的划定范围工作，已经省政府批准实施。5月9日与水利部门联合对11个水源保护地现场检查监测确保饮用水安全。

十是在一年一度的中高考期间，6月至7月之间加强检查环境噪声管理，县政府发出禁噪《公告》并组织公安、文化、环保、城管、监察等部门考前考场检查，县环保部门下发了中高考期间禁噪文件，确保考生顺利完成升学考试。通过上述多形式多渠道措施，拓展环保宣传的力度和深度，不断提高公众的环境意识，环保宣传取得一定效果。

二、环境管理工作（具体阐述内容略）

1. 严格执行环境影响评价制度。

2. 严格环境执法，认真受理群众来信来电信访。

3. 开展创建国家级生态示范县工作。切实保护生态环境。

4. 加大力度保护饮用水源，保障人民身体健康。

5. 对重点企业榕屏化工有限公司强化监督监测管理。

6. 排污费征收工作，认真贯彻执行《排污费征收使用管理条例》。

7. 认真做好主要污染物总量减排工作。

8. 污染源普查工作有序开展。

三、认真落实县长环保目标责任制（略）

四、其他工作（略）

五、存在的问题与困难

全县环保工作形势十分严峻，经济要发展，城市要建设，环境要改善，污染物要削减，群众要求越来越高，环保工作面临的压力也越来越大。

（一）空气中TSP有所增加。主要原因：一是屏南县城处于大建设、大发展阶段，建设项目多、建筑工地多，扬尘大，影响空气质量；二是机动车数量增加，没有停车场，造成道路拥挤，尾气排放量增大严重影响城区空气质量。

（二）部分流域水质达不到功能区要求。主要原因：一是城镇污水处理厂未建成，居民生活废水未经处理直接排入内河造成内河水质为劣 V 类；二是个别企业还存在着违法成本低，守法成本高，小型、分散偷排、漏排时有发生，使水质受到影响；三是养殖废水排放不规范，达不到环保治理要求。

（三）饮用水安全问题仍然存在。主要是天坪山水源地市民登山、游玩人数日渐增多，加上水源上游 3 个村庄污染物直接进入河道，使水质受到影响。

（四）环保能力建设不能适应环保工作要求。环保工作范围大、分布广、任务重、要求高、技术性强。环保部门人少、交通工具少、经费少；法律赋予的强制措施少；乡镇未设有环保机构，已不能适应当前经济发展形势下环保工作的要求，造成工作落实难、推动难、协调难的问题。

总之，回顾一年来的工作，取得一定成效。新的一年我局将认真学习党的十七大报告和党章，进上步增强做好环保工作的责任感和使命感，扎实推进环境保护历史性转变，正确处理好经济发展与环境保护关系，为构建生态县的新局面而努力奋斗。

××县环境保护局

二〇〇八年十二月五日

（资料来源：http://pn.fj.cn/pngh/Article/ShowArticle.asp）

此总结由标题、正文和落款三部分构成。标题包括适用时限、内容和文种，正文包括前言、主体和结尾。前言点明了总结的指导思想和过去一年里所做的主要工作，主体从五个方面具体总结了过去一年里所取得的成绩和存在的问题，结尾是对未来一年工作的展望。正文部分采用总分总的结构形式，条理清楚。另外，该总结主体各部分的材料围绕小标题展开，事实和数据材料准确、真实、典型，达到了观点和材料的完美统一。

案例二

2010 年年度工作总结

一年来，在局党组的统一领导和全局职工的关心、支持和帮助下，按照市环境监察支队内设机构职能分工的要求，结合自身实际，围绕年度环保中心工作和环境监察支队的各项任务，认真履行职责，抓好落实，较好地完成了各项工作任务。

一、不断加强思想作风建设，思想政治觉悟得到提高

（一）在政治上头脑清醒，始终坚持与党的组织保持高度一致，理想信念坚定，政治纪律严明。

（二）在思想上不断加强世界观和人生观的改造，思想觉悟和党性修养得到了锻炼，思想稳定，作风扎实。

（三）在纪律上不断加强自身约束，始终把作风建设放在首位，坚持做到有损于环保形象的事不做，有损于环保形象的话不说，自觉维护环保部门在人民群众中的整体形象。

二、不断加强业务学习，业务能力得到提高

（一）结合自身实际，按计划抓好理论学习。一是把邓小平理论作为学习的重点，始终坚持把学习邓小平理论与当前环境保护工作的目标和任务结合起来，在学习和领会解放思想、实事求是，开拓创新、力求实效上下工夫，在运用科学理论指导实际工作，解决实际问题上找差距。二是把党的十六届五中全会精神和“三个代表”重要思想作为学习的核心，按照全面落实科学发展观、构建社会主义和谐社会的要求，正确运用新思想、新观点、新论断加强自身理论水平的提高，增强运用理论解决实际问题的能力。三是把环境监察业务书籍和环境保护法律、法规作为学习的主要教材，重点学习了《中华人民共和国环境影响评价法》《中华人民共和国行政许可法》《排污费征收使用管理条例》等业务书籍和法规性文件，从理论上武装了自己，为开展好各项工作夯实了基础。四是把参加业务培训作为提高业务能力的主要渠道，参加了行政执法、辐射管理及电子政务培训，为熟练掌握业务创造了有利条件。

（二）学用结合，成效明显。一是依法办事能力得到了提高，法律意识得到了增强，环境执法文书的拟定得到进一步规范，办理群众环境信访案件的能力得到了加强。二是日常事务处理能力得到了提高，公文拟定、情况收集、报表统计更进一步规范。三是环保宣传意识明显增强，宣传效果明显提高。年初以来，被国家环保网采用信息××篇，省局采用信息××篇，《××日报》采用新闻稿件×篇，市局采用信息×篇。通过媒体，较好地向全社会反映了我市的环保工作。

三、认真履行职责，抓好工作落实

（一）按照市局领导的安排，负责起草市政府领导在全市环保工作会议上的讲话稿，协助办公室认真抓好2010年度全市环保工作会议在××召开期间的各项保障工作。

（二）积极主动配合其他人员认真抓好2010年度排污申报登记与核定和全市排污费征收工作，督促指导××县区按时上报各季度报表，以《我市排污费征收刷新

历史纪录》为新闻题材，通过国家局、省局环保网和《××日报》等新闻媒体，向社会反映了全市排污费征收工作情况。

（三）积极主动参加整治环境违法行为，协助抓好违法排污企业的现场环境监察。在市局分管领导的带领下，先后对××、××高速公路环保“三同时”执行情况进行了现场监察；对××铸造有限公司、××酒厂、××淀粉厂等环境违法企业进行现场环境监察，并负责草拟监察报告。配合省局工作组完成了对××水库、××水源地现场环境执法检查和对××水泥厂环保“三同时”执行情况的现场监察。按照市局领导的安排，参与完成了金沙江向家坝水电站建设期间环保“三同时”的执行情况的首次执法检查。

回顾一年来的工作，虽然取得了一定的成绩，但也明显地存在不足，比如工作落到实处方面还做得不够。在今后的工作中，需进一步加强学习，进一步改进工作作风，力争把工作做得尽善尽美。

××市环保局　×××

二〇一〇年十二月二十日

（资料来源：http://fanwen.zxxk.com/gongzuozongjie，有改动）

与案例一的单位总结相比，这篇个人总结虽然篇幅不长，但行文规范，内容到位，结构严谨，层次分明。既突出了业务能力和工作实绩，又不给人夸夸其谈的印象。语言表达平实、自然。

一、总结的概念和作用

总结是单位、部门或个人对前一阶段工作或学习进行回顾、检查和分析研究，从中找出经验和教训，获得规律性的认识，以便指导今后实践的一种事务文书，是应用文写作实践中的一种常用文体。

总结的作用是多方面的。可以是制订计划的重要依据，是开展工作的有效手段，通过总结，检查上阶段实践活动的成败好坏，在分析研究事实材料的基础上，找出经验教训，以便更好地指导下阶段的工作，同时，通过总结，有利于养成理论联系实际的作风，更好地学会观察事物和分析问题，提高思想认识水平和工作能力。

二、总结的特点和种类

（一）特点

1. 理论性

总结不能仅仅局限在对过去工作情况的陈述上，而应该用辩证唯物主义和历史唯物主义观点，评价在工作中的得失，找出经验、教训，找出规律性的东西，由对事物的感性认识上升到理性认识。

2. 指导性

总结具有推广经验、提供借鉴的作用，不仅对本部门下阶段的工作具有指导作用，对其他单位或部门的工作也有一定的指导作用。

3. 说明性

总结的语言要求准确、简明、通俗。用准确、简明、通俗的语言叙述过去的工作情况，分析工作中取得的经验和教训。总结主要使用叙述和议论的表达方式，叙述要概括，不必做具体描写；议论要直接，不必做多方论证。总结一般使用第一人称。

（二）种类

根据不同的标准，可分为如下几种类型：

（1）按内容分，有工作总结、学习总结、生产总结、思想总结。

（2）按性质分，有综合性总结和专题性总结。综合性总结要求内容全面，主要对一定时期的工作情况做比较全面的回顾；专题性总结要求内容单一，主要对一定时期工作的某方面进行回顾。

（3）按范围分，有单位总结、部门总结、个人总结等。

（4）按时间分，有年度总结、季度总结、月总结等。

以上是根据不同的标准把总结分成若干类，事实上，同一篇总结往往同时具有上述几类总结的特点。

三、总结的结构和写法

总结一般由标题、正文、落款组成。

（一）标题

1. 公文式标题

一般由单位名称、期限、内容和文种构成。如《××市环保局2010年度工作总结》。标题中，可根据情况省略单位名称，也可同时省略单位名称和期限。但文种绝不能省略。

2. 新闻式标题

新闻式标题有两种形式，一种是单标题，用来揭示总结的中心，如《抓住契机 全力合作 开拓我市环境保护工作新局面》；一种是正副标题，正题揭示总结中心，副题标明单位名称、时间、内容、文种，如《增强环境意识 倡导环保行为——××绿色学校二〇一〇年工作总结》。

（二）正文

大体上包括以下几个部分。

1. 前言

一般简明扼要地概述基本情况，交代背景，点明主旨或说明成绩，为主体内容的展开做必要的铺垫。

2. 主体

这是总结的重点部分，一般包括：

（1）取得的成绩

这部分要实事求是地介绍在过去的一段时间里开展了哪些工作，完成了哪些任务，取得了哪些成绩。开头可用一句话概括本部分内容，如"一年来，我们主要开展了以下几方面的工作"。

（2）经验与体会

主要阐明取得成绩的主客观原因，从中可以看出在过去的工作中哪些做法是正确的，是行之有效的。开头可用一句话概括本部分内容，如"一年来，我们在工作中深切体会到"。

（3）问题与教训

主要阐明工作中存在的问题并分析原因，找出工作差距。开头可用一句话概括本部分内容，如"一年来，我们虽然取得了一些成绩，积累了一些经验，但还存在着一些不容忽视的问题"。

3. 结尾

可以概述全文，可以说明好经验带来的效果，可以提出今后努力方向或改进意见。

（三）落款

在正文右下方写明单位名称（个人总结写明个人姓名），在署名的下行写上具体日期。

四、总结的写作要求

（1）提高认识，端正态度。要认识总结的重要性，要坚持以党的路线、方针、政策为指导，认真做好总结工作。

（2）找出规律，揭示本质。总结的目的，是面向未来，避免今后工作的盲目性。为此就必须总结出规律性的东西，这样的总结才具有指导今后工作的实际意义。

（3）主次分明，重点突出。进行总结时，对主要工作或有所体会的工作要有所侧重，不能平铺直叙、面面俱到、不分主次、罗列现象、堆砌材料、玩文字游戏。

（4）有理有据，实事求是。总结要求内容真实。事实准，不走样；数字准，不笼统；论断准，无漏洞；文风正，不浮夸。不能凭想当然进行总结；不能以偏赅全，夸大其词；不能先入为主，主观臆断；不能张冠李戴，拼凑编造；也不能随意拔高，借题发挥。

（5）写出特色，写出新意。要总结新经验，突出特色。不能搞通用化、老一套、观点材料缺乏新意的总结。

（6）条理分明，结构严谨。综合性总结，内容多，篇幅长，因此，安排结构一定要严谨，层次一定要分明，通篇一定要连贯。另外还要注意语言准确，简明，修辞方法恰当。

五、总结和计划的联系与区别

计划是总结的基础，总结是制订计划的依据，总结与计划有如下几点不同：

（1）时间上，计划是事前的打算与安排；总结是事后的回顾与评价。

（2）内容上，计划是回答在未来一段时间内“要做什么”和“怎么做”；总结是回答在过去一段时间内“做了什么”、“做得怎样”。

（3）表达方式上，计划主要使用叙述、说明两种表达方式；总结主要使用叙述和议论两种表达方式。

知识小卡片

改写先进典型材料要把握六个诀窍

一、准确把握上级机关的评先要求：上级表彰机关最需要什么样的典型材料？材料审定人员最喜欢什么样的材料？哪些典型材料才能被上级录用？

二、仔细分析原稿退回的各种原因：中心不突出？ 层次不清？平淡无奇？偏题？语句不过关？

三、认真通读先进典型的有关材料：对用得着的原始素材部分用笔打上杠杠，然后进行初步分类，然后抄在单页纸上。

四、深入挖掘先进典型的主要特点：即将写出的先进典型材料有没有新意？能否在同行业中立于不败之地？其他兄弟单位是否写了与本材料相同的材料？要站在更高、更远的地方从理论上把先进典型特点进行升华，找出闪光点。

五、反复琢磨别具一格的特色标题：一般地说，在主标题下面还要加一个醒目的副标题，以引起读者的注意。主标题和副标题定下来之后，还要仔细酝酿小标题。小标题是文章某部分思想内容最集中、最简练、最高度的概括，最好是用对称性结构，尽可能注重文采。

六、熟练把握典型材料的写作技巧：一是把材料中的相同章节、段落、句子按照时间顺序、逻辑顺序、主次顺序合并起来。二是抓主干，去枝叶。三是把具体的叙述改概括性叙述，把详尽的论证改为扼要的说明，把长句改为短句。四是润色。适当增加一点与主题有关的、能感动读者和听众的议论、抒情，用成语和格言代替平淡冗长的句子等。

下面这篇总结存在格式、内容及语言表达方面的毛病，试作简单分析。

××市环保设备厂二〇一〇年青工文化补课工作总结

我厂应该参加文化补课的青壮年职工有 130 人，去年年底普测合格有 39 人，还有 91 人需要继续补课。为了切实抓好青工文化补课这项工作，我厂于今年一月办起文化补习班。下面谈谈我们的初步做法和今后打算。

中央五单位《关于切实搞好青壮年职工文化技术补课工作的联合通知》下达以

后，厂党支部十分重视。支部书记及时召开支部会，研究这项工作。大家认为，我厂接近婚龄的女青年较多，如果不在近期内抓紧完成补课任务，将来困难会更大。因此，党支部决定在厂里开办初中文化补习班，并把这项工作交给工会和团支部具体抓。

会后，厂里成立了由工作主席、团支部书记和一名工人代表组成的“补课领导小组”，着手筹备办理。我们遇到的最大困难是一无教室，二无教师。面对重重困难，我们决定向邻近的一所中学求援。在该所中学领导的帮助下，我们从他们那里聘请了三位教师，并租借了教室。这样，我们根据学员文化程度的具体情况，编成了两个快班，一个慢班。利用每星期一、三两个晚上和星期六一个下午来上课。开学以后，语文课本还缺一两册买不到，我们又自己动手刻印教材，保证了教学工作的顺利进行。

为了保证教学质量，必须加强教学管理。我们制定了“学员守则”、“考勤制度”等必要的规章制度，并且各班配备了正副班长，负责考勤和收发作业。订了制度就要严格执行。有一段时间各班出勤率、作业完成率普遍不高。我们根据群众意见，规定无故旷工一次，扣发月奖金 10 分（我厂月奖金采用百分制评分法）；两次不完成作业扣 5 分。这件事对学员震动很大，出勤率、作业完成率都有所提高。

但是，光有这些还不够，还应该积极采取措施，帮助职工解决学习和生活中的具体困难，为他们解除后顾之忧。例如，我厂有不少孩子妈妈，因小孩拖累不能按时上课，工会就腾出一间房子，领导亲自动手，粉刷墙壁，购置了炊具、小床，办起了临时托儿所，解除了她们的后顾之忧。又有制度，又有措施，职工学习积极性大大提高，学员出勤率、作业完成率一直保持在 90%以上。

在青工文化补课方面，我们取得了一些成绩，但也存在不少问题。目前，两个快班已经结业，对于考试及格的，我们将举办高中补习班，让他们继续学习提高。对于考试不及格的，我们打算把他们插入慢班继续补课，待明年六月份再参加统考，争取明年全部完成补课任务。

二○一○年十二月

以下是某大学暑期社会实践活动的基本内容，请据此代该大学团委写一篇活动总结（可以根据活动基本内容虚拟写作）。

1．7月16日该校“拯救我们共同的家园”实践团在湘江边展出了实践团成员们用丢弃的废品做成的精美工艺品，并举办了废旧艺术品设计大赛。

2．7月18日起，“科技服务厂矿”社会实践团前往××、××等地的污水处理厂、环保局、相关环保企业等单位进行参观调研，对企业存在的技术难题进行协助攻关，帮助企业解决实际问题。

3．7月中下旬，××大学“关爱湘江环保调研”实践团来到岳麓区，开展了形式多样的调研和宣传活动。

4．7月19日，××大学维护市容市貌志愿者分队走进社区，走近居民，走到大街小巷，口头讲解或以搭横幅、贴标语、做展板等各种有效形式，向人们宣传国家的环保政策和相关环保知识。

5．7月26日，由该校实践小分队对湘江进行排污口调查分析活动，在市区、镇区广泛开展环保宣传活动，并走访一些向湘江排废的工厂、企业。

第三节　调查报告

案例一

不要让子孙后代埋怨我们
——关于北京河流污染情况的调查

近些年来，首都的面貌发生了深刻的变化，但环境污染也随之加重。北京的群众不断反映，在这个理应成为第一流优美、清洁的城市里，“当年的龙须沟又回来了！”

龙须沟，是旧北京一条以臭著称的污水沟，也是党中央迁到北京后首先动手根治而出了名的一个历史陈迹。三十年以前生活在北京或看过老舍名剧《龙须沟》的人，都不难回想起那条“臭沟沿”凄惨破败的景象。现在人们拿它比喻受污染的河流，当然不是指其凄惨破败、恶霸横行的情景，而是就河水肮脏而言的。

如今首都的河水污染，真有那么严重吗？带着这个问题，最近记者对全市的水源环境进行了调查。

和世界主要大城市大多毗江临海的情况相比，北京是一个缺少地面水流的城市。构成北京市地面水网的，只是总长约 900 公里的 46 条河流沟渠。据城市规划、环境保护、水利、卫生等部门的检验监测，现在全市除远郊水源上游地区少数几条尚属清洁以外，其余都受到了不同程度的污染，受污河道长度竟达 400 多公里。这些受污河流大多集中在市区附近，已经占了城区和近郊区河道总长度的 90%。其中被比喻为“龙须沟”的，至少有 34 条！

这样说，并不过分，有事实为证：

西北郊流经风景、文化区的万泉河，过去清澈见底，绕北京大学围墙，点缀清华园的风光。近年来沿河兴建起的造纸厂、养鸡场等很多单位任意排放污物，水质变得黑臭混浊，水面漂浮着垃圾粪便，成了蚊蝇和孑孓横行的世界。

西郊莲花河，原以荷花满池、盛产莲藕得名。近年，随着上游钢铁、炼焦、机械等行业生产规模的不断扩大，含有大量酚、氰等毒物的污水顺流而下，虽经多年治理，河水氨氮含量仍超过国家规定标准几十倍。现在水质发黑，莲花绝迹，鱼虾罕见。

南郊凉水河，解放初水清鱼肥，还发现过名贵的鲑鱼。受沿河 40 多个重点工厂和百余个社队企业的工厂废水的严重污染，河水黑黄黏稠，臭气熏人，形成了 28 公里长的无大型生物带。

始自北京内城东南角箭楼下的通惠河，向东流往通县入北运河。如今化工、印染、造纸行业的废水，每年把约 4 万吨有害物质带进河道，河水黑中透红，表层漂浮着发了酵的污泥和有毒的气泡。5 种主要毒物（酚、氰、汞、铬、砷）均有，其中含酚量超标 90 倍。再加上近两年前三门大街新建 30 多栋高层大楼的粪便、污水全部通过暗沟流入这条河里，坐在进出北京站的火车上都能闻到刺鼻的臭气。

东北郊的亮马桥河，穿过使馆区和正在兴建的旅游饭店，向东流进坝河。北京造纸厂含有大量碱液的造纸黑液，带着半尺厚的黄、白泡沫漾漾而下，轧钢厂的红色铁锈汤再注入其中，使这道河水宛如一条长满癞痢的乌龙。

……

30 多条“龙须沟”的重新出现，给首都的经济生活、环境卫生和人民健康带来了严重的危害。

一、污染了地下水。在全市 400 多眼地下水观测井里，目前受 5 种有害物质污染超过国家规定标准的达 1/4，水的硬度和硝酸盐含量逐年升高。地下水的恶化，既给首都人民带来危害，又使工业生产受到相当影响。据估算，全市仅纺织、制药、酿酒等行业用于水质软化处理锅炉结垢处理所耗燃料，每年就多花几千万元。

二、危害了水生物、土壤和农作物。

三、破坏了市容环境。

四、影响了首都人民的健康。

30多条“龙须沟”的出现，到底是因为什么？

新中国成立以来，我们在发展北京的工农业生产和城市建设方面为人民多做了许多好事，但也曾发生某些失误，带来了一系列问题。首都有关方面的人士指出，这些河流环境恶化的原因可能很多，但从主观上看，起码有这样几条经验教训值得汲取。

第一，近十几年来，首都建设的指导方针被搞乱了。“文化大革命”前，北京市委提出“把首都建设成为一个庄严美丽的、具有现代工业、农业、科学技术和文化的社会主义城市”的方针，在十年浩劫当中被全部否定掉，因而造成了极大的破坏。粉碎“四人帮”以后，北京市又突出强调了要建设“一个以钢铁、石油化工、电子、机械仪表为主的……现代化工业基地”。由于忽视首都作为全国政治中心、文化中心和国际交往中心的首要职能而片面地抓工业、抓产值，也就形成了大发展。

第二，工业建设缺乏整体规划和合理布局。

第三，市政建设欠账太多。

第四，环境保护和污水治理工作没有受到应有的重视。

市造纸试验厂每天排放含碱黑液200多吨，对通惠河水污染相当严重。如果厂内加以处理，不但可以使污水减轻，每年还能收回纯碱2 000多吨。可是由于有关领导不支持，轻工业部1971年投资200多万元购买的治理设备在路边躺了7年。去年底由工厂自己施工，好不容易安装上了，可回收的纯碱又不给销路。而与这个厂同属一轻局的一些厂却每年花大笔钱从外地购进纯碱。就这样，该厂这套治理设备至今不能投产，黑液照样流淌。市染料厂的治理废水工程六年前就得到了批准，可是市里迟迟不给安排施工材料和基建力量，拖到现在仍然没有动工。目前的状况是，全市原有的污染源治理不快或未加治理，而新的污染源又不断增加。难怪问题喊了几年，污水却越流越多了！

其实，北京出现30多条“龙须沟”的问题，在市领导机关那里并不是什么新闻。两年前，这类情况就已经通过新闻单位反映了上去，市规划局、环保局也曾就此向上级写过有关治理的报告。可是有关领导除了在会议上原则性地讲过几句话之外，至今没有采取具体行动。当然，解决这个多年形成和积压的问题并不是轻而易举的事，既有不少实际工作上的困难，也需要有一个分批治理的过程。首都人民对此是能够理解的。但我们总不能年复一年地拖下去吧！

在老舍先生的《龙须沟》里，那个善良正值的程疯子有这样一段唱词："给诸位，道大喜，人民政府了不起！了不起，修臭沟，上手先给咱穷人修。东单、西四、鼓楼前，还有那，先农坛、五坛八庙、颐和园，要讲修，都得修，为什么先管龙须沟？都只为，这儿脏、这儿臭，政府看着心里真难受！……"不要以为这只是戏文，它反映着我们搞建设的目的。如今我们一些同志，眼看着环境污染一天天危害着人民健康，难道心里就不难受吗？

周恩来总理生前在谈到环保工作时有一句名言："不要让我们的子孙后代骂我们是蠢材。"假如听任北京市的水源污染这样发展，拖延下去，难道还用得着等到后代去骂吗？

××记者调查组

×年×月×日

（资料来源：国家"九五"规范教材《语文》）

本调查报告采用双标题形式，正标题点明写作目的，副标题补充说明调查范围、内容及文种。用三个自然段开头，交代了调查报告的写作背景、目的、调查时间、范围、内容等；主体部分摆现象、揭危害、析原因，逐层深入，点面结合，详略得当；结尾照应开头，进一步明确写作意图，显示出强烈的环保意识和责任感。

案例二

关于圭塘河水污染问题的调查报告

圭塘河是长沙城内最大的内河，也是长沙最早的防洪工程，由于沿线厂矿的 18 个主要排污口直注圭塘河，使得圭塘河成为了名副其实的"纳污公沟"，水质为劣五类以下，一度被人们称为长沙的"龙须沟"。因此，圭塘河一直"臭"名远扬。

2005 年，长沙市雨花区政府与香港菱电投资有限公司正式签约，投资了 25 亿元将圭塘河打造成可供市民体验式旅游的特色风光带，把圭塘河打造为长沙的"秦淮河"。该生态景观工程位于雨花区圭塘河中游河畔，南起湘府路，北至香樟路，全长 3 公里，总面积近 2 000 亩。然而，整治效果如何，有没有达到预期目的，都不十分清楚。因此，为了了解整治圭塘河的情况，把信息反馈给人们，我们进行了此次调查。

调查方式：问卷调查。

调查数据分析：

本次调查共发放调查问卷 120 份，收回 120 份，问卷回收率为 100%，其中有效问卷 100 份，问卷有效率为 83.33%。本次调查对象涉及青少年、中年及老年人三个阶段的人群。当地居民占总数 78.79%，得出的调查数据能比较客观地反映圭塘河的状况。

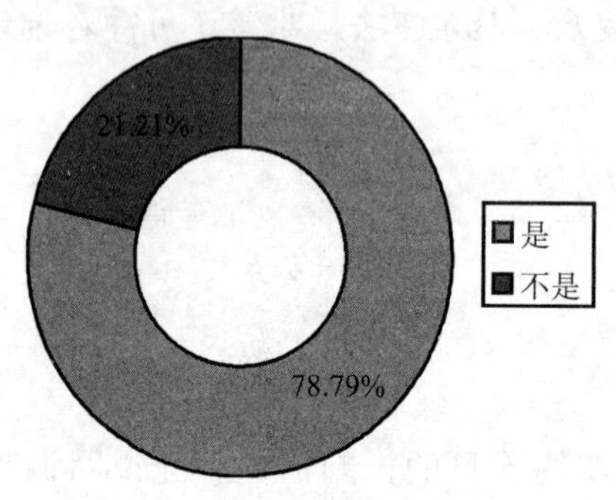

图 1　您是圭塘河附近居民吗

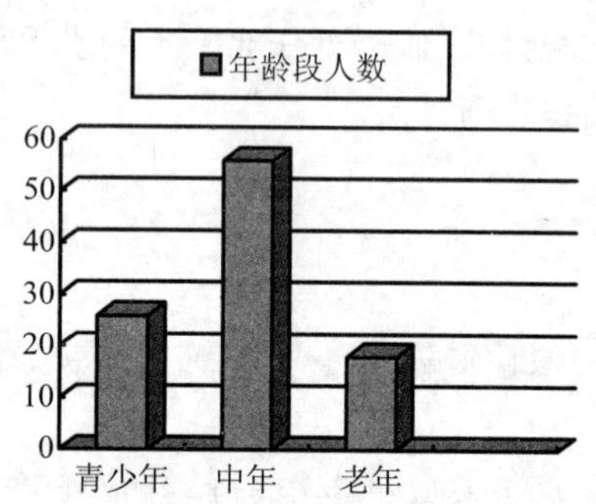

图 2　您的年龄段

同时，通过以下数据我们了解到，圭塘河最近几年水质没有好转，反而呈变差趋势，出现这种状况不容忽视！而且，圭塘河的污染对当地居民的生活影响很大，希望能得到改善。

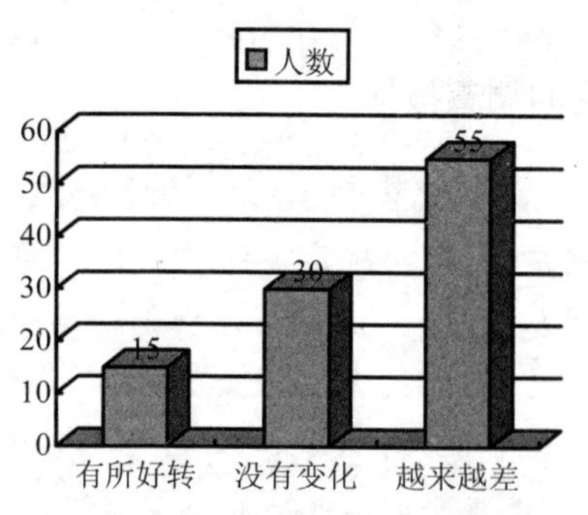

图 3　近几年水质变化情况

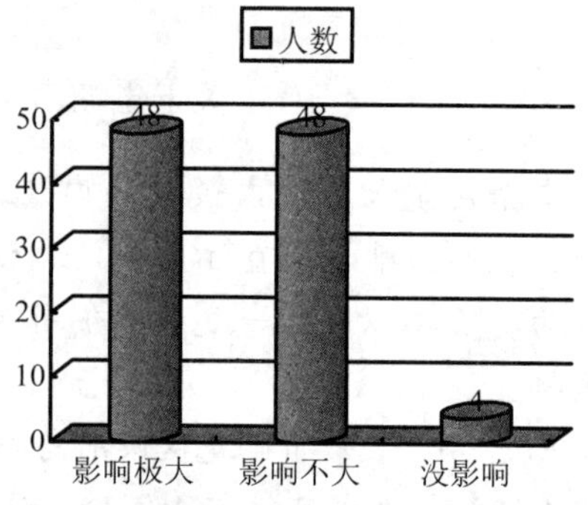

图 4　圭塘河的污染对居民生活的影响

到底是谁污染了圭塘河呢？通过以下问题得出的数据显示，生活污水占较大的比例，工业废水次之，固体垃圾也占有一定的比例。

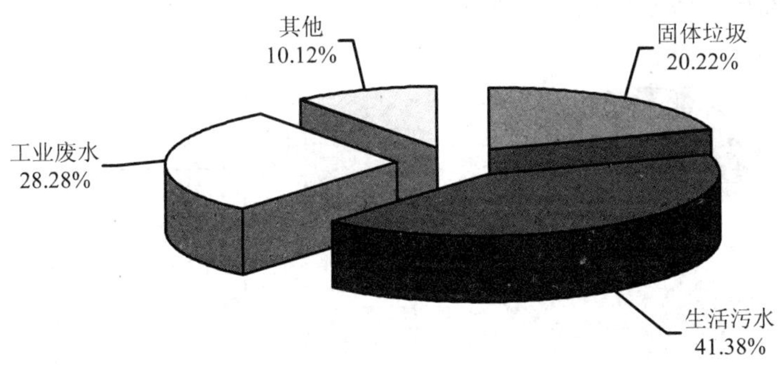

图 5 圭塘河的污染来源

很多居民认为，红星市场的废水、家禽粪便的直接排放，把圭塘河污染了。确实，这是污染圭塘河的主要因素。政府部门应加强对红星市场的管理，使之保持良好卫生，减少污水排放。同时，要切实监控好 17 个排污口，防止未经处理的废水污水直接排放，污染圭塘河。

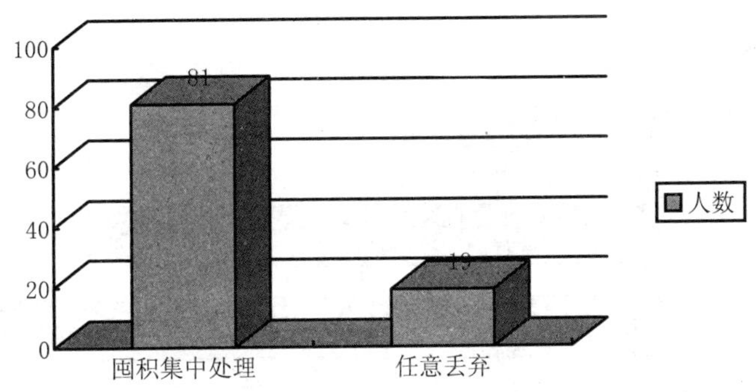

图 6 日常生活垃圾处理方式

附近居民的生活垃圾大多是囤积集中处理，这样做就产生了新的污染问题，垃圾堆放久了会散发恶臭味，对周边居民影响会很大。因此，环卫部门不但要统一处理堆放的垃圾，而且要能落实每天清理一次，并且能定期向垃圾囤积处喷洒消毒剂。

政府部门在近几年也认识到治理圭塘河污染的严峻性，开始切实治理圭塘河。

但是，怎么治理？把哪方面作为重点来治理呢？我们就这一问题展开了调查。从数据得出，治理圭塘河的重点是处理废水后才排放，兴建污水处理厂。工厂废水未经处理不得排放，生活污水统一排到污水处理厂里，经处理后才排放到圭塘河中，从而在源头上避免废水污水污染了圭塘河。

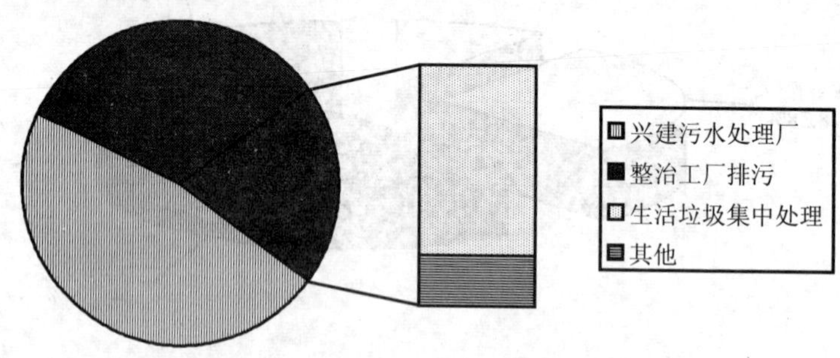

图7 关于圭塘河治理的重点

在调查过程中，我们了解到，居民大多认为政府投入不大，环保部门对圭塘河的治理没有到位，收效甚微。然而，环保部门在治理圭塘河方面下了很大的工夫，但在短期内难以见到成效。希望我们大家能给环保部门一些时间，假以时日，圭塘河定能恢复本来的美丽。

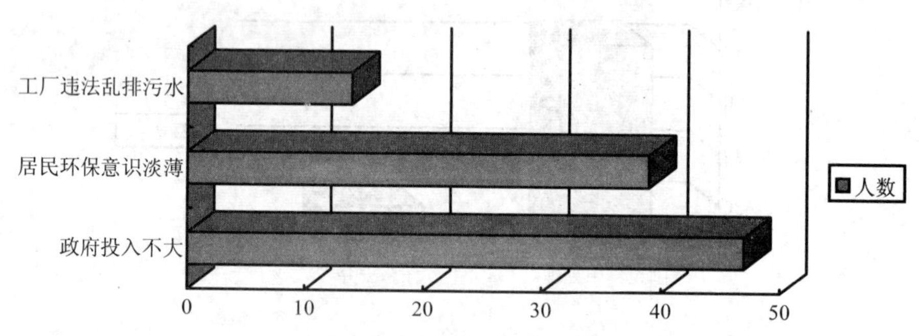

图8 现阶段环保部门对圭塘河的治理收效

治理圭塘河，仅凭政府是不够的，每个人都应参与其中。人们的环保意识要加强，通过电视广播宣传、报纸宣传，让人们清楚污染的严重后果，明白保护圭塘河，保护环境的严峻性。

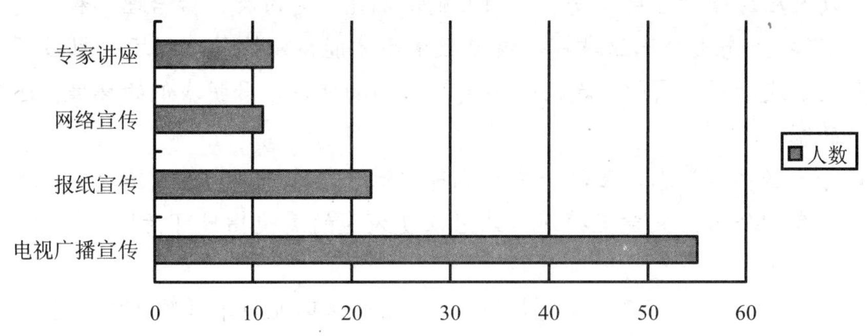

图 9　环保教育宣传的形式

调查过程中，有很多居民提出了许多有建设性的意见。经总结得出，居民认为圭塘河建立沿江风光带，利大于弊。河里的垃圾得到清理，污染源头将得到整治。在美化雨花区环境的同时，也改善了居民的生活环境。虽然，有些居民对房屋拆迁表示不满，但为了保护环境，他们接受了搬迁。因为，大家拥有一个共同的目标，还圭塘河美貌，给居民一个舒适的居住环境，让自己的城市得到美化。

同时，居民希望环保部门能从根本上治理好圭塘河的环境问题，重视工厂废水、废气的排放和居民的垃圾污染，加大整治力度，能让圭塘河成为长沙的“秦淮河”的目标早日实现。

我们不只是依照调查问卷进行调查，还进行了实地考察。在排污口的调查中，我们发现有个别排污口直接排放黄色浑浊液，流入圭塘河。望环保部门能重视！

因此，我们提出如下建议：

1. 拆迁施工期间，应及时处理建筑垃圾，避免灰尘弥漫，影响周边居民。

2. 严查圭塘河周边工厂，监控排污口，防止工厂企业出现偷排漏排现象。

3. 定期打捞河面垃圾。

4. 加强对红星大市场的管理，保持良好的市场卫生环境，防止禽畜粪便排入圭塘河。

5. 在圭塘河下游建设污水处理厂，污水经处理后才统一排入圭塘河。

6. 加强环保宣传力度，在居民区适当开设环保专题讲座。

总结：

经过这次调查，我们明白了投身于环保事业不是件易事，单凭自己的力量远远不够。保护环境，人人有责。首先，要加强人们的环保意识，消除他们认为保护环境是环保部门的事，与自己无关的观念，让更多的人加入到环保的行列，爱护环境。

同时，政府应遵循“可持续发展”的原则，不能“先污染，后治理”和“边污染边治理”，环境生态平衡一旦破坏，就要数十年才能得以恢复。环境一旦被污染，恢复的时间就更长了。因此，我们必须爱护我们的地球，保护我们的环境，还自己一个舒适的家。

让每一滴水都清澈，让每一片土地都肥沃，让每一口空气都清新，是我们共同的目标。我们坚信，关爱圭塘河，让它恢复久违的美貌指日可待！

长沙环保职业技术学院 123 社会调查协会

二〇〇八年八月十日

附：圭塘河水污染问题调查问卷

圭塘河水污染问题调查问卷

亲爱的朋友：

您好！我们是长沙环境保护职业技术学院 123 大学生社会调查协会的会员。感谢您阅读此问卷，本问卷是以了解圭塘河现状及治理方向为主旨，希望您按照实际情况填写，以便我们上报上级部门。谢谢！

1. 您是圭塘河附近居民吗？

A. 是　B. 不是

2. 您的年龄阶段是？

A. 青少年　B. 中年　C. 老年人

3. 在您看来，圭塘河近几年来水质变化情况如何？

A. 有所好转　B. 没有变化　C. 越来越差

4. 您认为圭塘河的污染对您日常生活的影响大吗？

A. 影响很大　B. 影响不大　C. 没影响

5. 你在日常生活中是如何处理生活垃圾的？

A. 囤积集中处理　B. 任意放置　C. 放进垃圾箱

6. 您认为圭塘河污染来源于什么？（多选）

A. 固体垃圾　B. 生活污水

C. 工业废水　D. 其他

7. 您认为治理圭塘河的重点在哪里？（多选）

A. 兴建污水处理厂　B. 整治工厂排污

C. 生活垃圾的处理　D. 其他

8. 您觉得现阶段环保部门对圭塘河的治理收效如何？

A. 效果显著　　B. 收效甚微　　C. 完全没有改善

9. 您认为目前治理圭塘河最大的问题是？

A. 政府投入不大　　B. 居民环保意识淡薄　　C. 工厂违法乱排污水

10. 你最喜闻乐见的环保教育宣传形式是什么？

A. 电视广播宣传　　B. 报纸宣传

C. 网络宣传　　D. 专家讲座

11. 据悉圭塘河将建立沿江风光带，您认为对圭塘河的实际意义表现在什么方面？

12. 您对于环保部门治理圭塘河的工作有什么意见或建议？

（本文作者系长沙环保职院123大学生社会调查协会会员）

这篇调查报告采用调查问卷和实地考察相结合的方式，用文字和图标的形式表述，内容丰富，直观性强。标题点明调查的范围、内容和文种。正文的前言部分简单交代了调查的背景、目的和调查方式；主体部分先摆出结果，然后逐层分析产生结果的原因，接着提出建议；结尾部分总结出调查的感想及收获，由点及面，从爱护圭塘河上升到保护地球的高度，指出保护环境人人有责，给人以警醒和深入的思索。落款署名调查报告的作者及写作日期。全文结构严谨，条理清楚，语言表达自然，作为学生习作，实属不可多得。

一、调查报告的概念和特点

（一）概念

调查报告是对客观事物进行调查研究后，根据所获得的成果写成的反映客观实际、揭示事物本质和规律的书面报告。系统周密的调查，客观深入的研究，准确、简练的表述，是写好调查报告的三个环节。没有调查，就没有调查报告的内容；没有研究，就不能透过现象找到本质性的东西；没有准确、简练的表述，就无法形成调查报告。

（二）特点

1. 写实性

调查报告是在占有大量现实和历史资料的基础上，用叙述性的语言实事求是地反映某一客观事物。充分了解实情和全面掌握真实可靠的素材是写好调查报告的基础。

2. 针对性

调查报告一般有比较明确的意向，相关的调查取证都是针对和围绕某一综合性或是专题性问题展开的。所以，调查报告反映的问题集中而有深度。

3. 逻辑性

调查报告离不开确凿的事实，但又不是材料的机械堆砌，而是对核实无误的数据和事实进行严密的逻辑论证，探明事物发展变化的原因，预测事物发展变化的趋势，提示本质性和规律性的东西，得出科学的结论。

二、调查报告的种类

根据其反映内容的不同，分为以下三种类型：

1. 反映情况的调查报告

通过对现实情况的调查，及时反映现实社会中出现的新情况，为上级机关了解情况、研究问题、制订政策提供依据。反映情况的调查报告要综合各种情况，并对其进行分析研究，提出明确观点，便于人们了解情况，采取切实可行的解决问题的办法。

2. 介绍典型经验的调查报告

经验调查的写作目的就在于总结和推广工作中取得的先进经验，它对今后的工作有一定指导和推动作用。这种调查报告在介绍工作情况的同时，更要从事物的发展过程中，总结出经验和教训来，找出规律性的东西。

3. 揭示问题的调查报告

问题调查分为两种：一种是研究问题的调查，一种是揭露问题的调查。

研究问题的调查，是对某一值得研究和探索的问题进行调查研究，找出出现问题的原因，提出切实可行的建议。

揭露问题的调查，是通过调查得来的大量事实材料，揭露某一问题，指出问题的严重性，引起人们的关注，并分析原因，总结教训。它一方面可以揭示事实真相，明辨是非；另一方面可以作为上级机关处理问题的依据。

三、调查报告的结构和写法

调查报告一般由标题、正文、落款组成。

（一）标题

（1）公文式标题：由调查机关、事由和文种组成。

如：××市环境保护局关于环境污染问题的调查报告

（2）新闻式标题：分单标题和双标题。

单标题一般概括文章内容，揭示文章的主题。

如：让绿色选择成为生活态度

双标题由正副标题组成，正题点明调查内容，揭示文章主旨，副题显示调查范围、内容及文种。

如：污染不治 心病难除——关于湖南省新邵县××矿业有限公司污染环境的调查

（二）正文

1. 前言

前言。前言是调查报告的开头部分，通常是简要地叙述为什么对这个问题（工作、事件、人物等）进行调查；调查的时间、地点、对象、范围、经过以及采用什么方法；调查对象的基本情况、历史背景；以及调查后的结论等。这些方面的侧重点由调查人根据调查目的来确定，不必面面俱到。前言部分常见的写法有：说明式、概述式、提问式、结论式等，写作时不论采用何种方法，都要简明扼要，具有吸引力，便于引出下文。

2. 主体

主体是调查报告的核心部分，是前言的引申展开，是结论的根据所在。主体的内容一般包括三个方面：一是调查到的事实情况，包括事情产生的前因后果、发展经过、具体做法等；二是研究、分析事实材料所揭示的事物本质及其特点、规律；三是提出具体建议或应采取的一些具体措施。

主体部分内容丰富，结构安排力求条理清晰、简洁明快。调查报告主体部分的结构框架有：一是根据逻辑关系安排结构，如：纵式结构、横式结构、纵横式结构。

这三种结构，以纵横式结构常为人们采用。二是按照内容安排结构，如“情况—成果—问题—建议”式结构，多用于反映基本情况的调查报告；“成果—具体做法—经验”式结构，多用于介绍经验的调查报告；“问题—原因—意见或建议”式结构，多用于揭露问题的调查报告；“事件过程—事件性质结论—处理意见”式结构，多用于揭示案件是非的调查报告。

3．结尾

调查报告可以有结尾部分也可以不写结尾部分。

一般而言，结尾也叫结论。有四种情况需要写结尾：一是主体报告情况，介绍经验，需要结论；二是主体中没有提到的问题、希望、要求、建议等，需在结尾中提及；三是附带说明有关情况，如调查过程中遇到的一些情况，主体中没有提及，需在末尾加以说明；四是有附带材料需要加以说明的，如一些典型材料、专题报告、统计图表等。无论采用哪种形式，都必须简洁有力，切忌拖泥带水，画蛇添足。

（三）落款

在正文右下方写明单位名称或个人姓名，在署名的下行写上具体日期。

四、调查报告的写作要求

（一）深入调查，广泛占有材料

俗话说，“巧妇难为无米之炊”，没有通过调查得来的大量材料，就没有有价值的调查报告。调查时，要做好各方面的准备：明确调查目的，拟定调查提纲，制作调查表格，明确调查对象、调查地点；安排调查方法，如问卷调查、开调查会、个人交谈、实地考察、查阅资料等；安排调查的时间和进度。调查时要深入到群众中，态度诚恳，虚心求教，扎扎实实地做好调查工作。通过卓有成效的调查，为写好调查报告做好准备。

（二）分析研究材料，找出规律性的东西

研究是调查和报告的中间环节，是在正确思想的指导下，用科学的方法，对调查得到的材料经过“去粗取精，去伪存真，由此及彼，由表及里”的过程，分清主与次，本质与现象，辨明真伪虚实，找出事务内部的联系和规律性。在对材料的研究过程中，可采用“分析”、“综合”、“抽象”、“概括”等方法。要对材料进行反复核实，确保材料的真实性，避免出现以“偏”概“全”，用偶然性代替必然性，用“现象”代替“本质”的错误。

（三）选用典型材料，做到观点与材料统一

所谓典型材料，是最具有代表性和概括性的材料。在写作调查报告中，要以典型性作为选择材料的标准。材料的选择不在多而在精，要选择最具说服力的材料。观点是从材料中提炼出来的，观点确立之后，又需要材料来证明，观点统率材料，材料证明观点，要做到观点和材料的完美统一。

五、调查报告和总结的异同

调查报告与总结有许多共同之处：都是反映和检查社会实践的结果；都是阐述事物发生发展的过程，总结出带有普遍性的经验，回答现实生活中迫切需要解决的问题，以指导工作；都是通过对具体材料的分析和介绍，找出规律性的东西，提出办法；都是以叙述、说明、议论为表达方式。

调查报告与总结的区别：

（1）对象不同：调查报告是他人，总结是自身。

（2）目的不同：调查报告是调查事实，弄清情况，抓住典型，带动全面，推动工作；总结是肯定成绩，找出缺点，总结经验教训改进工作。

（3）侧重点与材料不同：调查报告是突出客观性，靠调查采访；总结注重主观性，主要靠平时积累。

（4）表达不同：调查报告用第三人称，叙述多于说理；总结用第一人称，说理与叙述并重。

知识小卡片

调查方法的分类

1. 按调查对象的范围分：典型调查、普遍调查、抽样调查、个案调查、专家调查。
2. 按调查内容分：学科性的典型调查、反馈性的普遍调查、预测性的抽样调查。
3. 按调查采用的方式方法分：调查表法、问卷法、访谈法、观察法、个案研究法、测验法、总结经验法。

下面是一个学生调查组撰写的调查报告，请指出其不足之处，并说明理由。

2010年10月1日至7日，我们环保小队6名队员利用课余时间，对家边的河流进行了实地调查。在调查的过程中，我们几个队员增长了不少见识，同时也发现了一些急需解决的问题。

1. ××镇近几年来经济发展比较快，人民生活水平也日益提高，私有企业如雨后春笋般蓬勃发展，这些工厂大多建于河边，对水质的影响非常大。尤其是纺织厂和橡胶厂，不仅排放出大量的有害气体，还排放出大量有毒的工业废水。

2. 由于人们环保意识薄弱，经常往河里倾倒垃圾。所以河面上各种生活垃圾随处可见。门前河是我们调查中发现的最脏的小河，平时你可以看见被丢弃的快餐盒、塑料袋、酒瓶、泡沫……甚至是一些家禽家畜的尸体漂浮在水面上，那里成了天然的生活垃圾回收站。河沿旁的石板上那沉淀着的烂泥，痛斥着人们的恶行。原先美丽整洁的河道变得惨不忍睹。人们在清洁了自身的同时，却把所有的污垢留给了门前河。

希望有关部门教育群众不要再往河中乱扔垃圾，倾倒废水、废渣等。只有这样，才能真正治理好我镇的河流污染问题。

技能训练

环境因素历来对影响和制约城市发展有着不可忽视的作用。为了了解长沙的城市空气质量、城市水环境、城市噪声、城市生活垃圾等环境状况以及人们的环保意识，某课题组决定对此进行深入调查。假设你是该课题组负责人，请你组织开展调查并拟写一份调查报告。

第五章　环保会务文书的写作

第一节　开幕词、闭幕词的写作

案例一

人民日报副总编马利在“回顾与展望·改革开放 30 年中国环保事业”论坛上的开幕词

各位领导、各位嘉宾、女士们、先生们：

上午好！

首先对今天人民网发起并主办的改革开放 30 年环保论坛表示热烈的祝贺，并对马上就揭晓的“改革开放 30 年来促进环保事业发展的十件大事”和“改革开放 30 年来十大环保贡献人物”表示热烈的祝贺！对各位的到来表示诚挚的欢迎！

2008 年，是我国实行改革开放 30 周年。胡锦涛同志指出，我们要对改革开放进行系统回顾总结，以生动的事实、伟大的成就、成功的经验对全党全国人民进行坚持改革开放的教育，进一步坚定走中国特色社会主义道路、坚持中国特色社会主义理论体系的决心和信心，在新的时代条件下继续把改革开放伟大事业推向前进。

改革开放三十年，是中国经济社会文化各项事业全面发展的三十年。30 年来，中国的经济增长取得了举世瞩目的成绩，中国的崛起已成为事实，当然，我们也付出了很大的环境代价，在经济总量持续快速增长的同时，环境质量恶化的趋势还在继续，环境问题已经突出地摆在我们的面前。

有鉴于此，党的十七大进一步明确了科学发展观，提出“必须坚持全面协调可持续发展”，要“坚持生产发展、生活富裕、生态良好的文明发展道路，建设资源节约型、环境友好型社会，实现速度和结构质量效益相统一、经济发展与人口资源环境相协调，使我们的人民在良好生态环境中生产生活，实现经济社会有序发展”。

在环境保护工作基础上，十七大进一步提出：“建设生态文明，基本形成节约能源资源和保护生态环境的产业结构、增长方式、消费模式。循环经济形成较大规模，可再生能源比重显著上升。主要污染物排放得到有效控制，生态环境质量明显改善。生态文明观念在全社会牢固树立。”

这些，都对环境保护工作提出了明确要求。

在纪念改革开放30年之际，人民网作为发起单位，主办了“回顾与展望·改革开放30年中国环保事业”论坛，我们还发起并组织30多位其他媒体的资深环保记者和我们一起合作，推出改革开放30年来，对中国环保事业有促进作用的环保大事件和环保贡献人物候选名单，这个候选名单在人民网网上做了公示，接受公众监督，其中，十大事件和十位环保贡献人物今天将给予公布。我们想从媒体、从公众的角度，对我们改革开放30年来的环保事业做些总结：全面回顾30年来我国环保事业取得的重大成就，有哪些经验值得肯定，有哪些教训需要汲取，并对未来的环保事业做些展望。

作为国家重点新闻网站，创办11年来，人民网得到了来自社会各界尤其是中央领导的充分肯定。近年来，中央各级领导对互联网的发展给予了极大的关注，做出了很多重要指示。今年6月20日，胡锦涛总书记到人民日报社考察工作，并通过人民网与网友面对面地在线交流。总书记说，人民网是我上网必选的网站之一。他说，人民网创办10多年来，大力宣传党的主张，积极引导社会舆论，热情服务广大网民，发挥了独特作用。人民网在海内外的影响日益扩大，读者覆盖200多个国家和地区。

借纪念改革开放30年这个机会，我们希望通过媒体的力量，发挥舆论的优势，搭建一个高效优质沟通的平台，承担起我们的责任，和在座的各位一起，为我国的环保事业作出贡献。

再一次谢谢大家！

（资料来源：http://env.people.com.cn/GB/57414/57417/140747/8514203.html 人民网）

为纪念改革开放30周年，人民网发起并主办“回顾与展望·改革开放30年中国环保事业”论坛，2008年12月14日在北京亮马河大厦会议中心隆重举行。本文是当日人民日报副总编马利女士为论坛所致的开幕词。在简洁明了的开场白之后，开幕词直接点明中心，谈到改革开放30年，中国在经济总量持续快速增长的同时，付出了过大的环境代价，环境质量恶化的趋势还在继续。谈到国家对环境保护事业的重视，阐明了人民网开展本次论坛的宗旨与重要意义，进一步提出论坛召开的中心任务和要求等相关事项。

案例二

曾晓东在第五届环境与发展中国（国际）论坛上的闭幕词（节选）

各位领导、各位嘉宾、女士们、先生们:

大家好!

第五届环境与发展中国（国际）论坛满载着金秋的喜悦和丰厚的硕果即将落下帷幕。本届论坛为期一天，议程紧凑，高效运转，与会代表紧紧围绕生态文明建设、绿色经济发展以及加强国际合作进行了充分研讨，议题精彩，观点新颖，建议深刻，气氛活跃。与会代表一致认为这次论坛办得及时、办得成功，收效显著，达到了预期目的。在此，我代表论坛组委会向与会的嘉宾、代表和支持这次论坛的苏伊士环境集团、安徽盛运机械公司、浙江富春江环保热电公司、沈煤集团和新华网、网易、中央电视台以及国家有关部门表示由衷的感谢！下面，我受本届论坛组委会的委托，对会议做总结报告。

一、论坛的基本情况

（一）领导重视、准备充分（具体内容略）

（二）论坛规模大、层次高（具体内容略）

（三）论坛主题鲜明、重点突出（具体内容略）

（四）研讨深入，气氛热烈（具体内容略）

（五）国外嘉宾踊跃参会，国际交流丰富（具体内容略）

二、论坛的主要收获

（一）认清了形势，理清了思路，明确了方向

1. 分析和研究国际经济形势。（具体内容略）

2. 全球气候变暖给人类生存发展带来了极大的挑战。要积极应对和尽快适应气候变化。（具体内容略）

3. 认清了中国的发展形势和特点。（具体内容略）

（二）以科学发展观为统领，坚定不移地实现经济与环境的双赢发展（具体内容略）

（三）转变发展模式，调整能源结构，实行低碳排放（具体内容略）

（四）以城市为依托，以企业为主体，大力发展循环经济（具体内容略）

（五）建设生态农业，打造农业生态经济（具体内容略）

（六）政府不断出台绿色经济政策，推动绿色经济发展（具体内容略）

总之，这次论坛时间短、收获大，达到了预期构想的目标。

再次谢谢各位嘉宾、代表和各方面对此次论坛的支持！

谢谢！

（资料来源：http://www.acef.com.cn/html/xwdt/lhhdt/3849.html 中华环保联合会，有删减）

为深入贯彻科学发展观，落实国家的相关环境政策，推进环境保护的历史性转变及生态文明建设，积极探索中国特色环境保护新道路，由环境保护部、联合国环境规划署共同主办，中华环保联合会承办的“第五届环境与发展中国（国际）论坛”2009 年 9 月在北京举行。中华环保联合会副主席兼秘书长曾晓东为会议致闭幕词。闭幕词主要是围绕论坛的基本情况、特点、主要收获几个方面展开。

一、开幕词

（一）开幕词的概念

开幕词，指的是在一些重要的会议或者活动开始时，主持人、主要领导或者特邀嘉宾的讲话稿。正式的开幕词包括阐明会议或活动的指导思想、宗旨、重要意义，提出会议或活动的中心任务和要求等相关事项。一般情况下，在重要的会议和活动开始时，都要致开幕词，以标志着会议或活动的正式开始。

（二）开幕词的特点

1．指导性

开幕词是会议或活动的序曲，为整个会议或活动定下一个基调。指导出席人员对整个会议或活动有个宏观的了解。

2．简明性

开幕词要交代的事情比较多，但都是总体的，所以语言一定要简洁明了。概括说明，点到为止。最忌长篇累牍，言不及义。

3．口语化

开幕词的语言一般要求朗朗上口，通俗易懂。除特殊情况外，一般不用过于专业的词汇，尽量避免太多书面语以及拗口的词语。

4．鼓动性

开幕词的行文明快、流畅，语言充满热情，富有鼓舞力量，能够激发听众的热情与参与意识。多使用祈使句，表示祝贺和希望。

（三）开幕词的结构写法

1．标题

（1）会议/活动名称 + 文种

这类标题比较常用。

如：新时代“绿色环保 健康新时代”大课堂开幕词

（2）致开幕词人姓名 + 会议/活动名称 + 文种

如：××同志在××社区环保活动启动仪式上的开幕词

（3）双标题。这类标题主标题分为实题、虚题两种。实题主要提示主要内容和主旨，虚题主要发表议论。主标题可以用简练生动的词语点明开幕词内容的精髓，也可以用独特新颖的词语吸引听众的兴趣。副标题主要是写明致词人姓名、注明会议或活动名称、文种等信息。

如：倡绿色环保 迎健康生活——××在××校园环保节能启动仪式上的开幕词

（4）只写文种名称“开幕词”。一般情况下，标题下方正中间加括号注明日期，日期下面一行正中间注明致开幕词人姓名，如标题中已经出现了致词人姓名就不要另外注明了。

2．称谓

称谓是对与会者的一个统称，在正文前居左顶格书写，后加冒号。称谓的顺序一般：按照身份从高到低。会议或活动中有重要领导或身份特殊的人物，可以在称谓中单独点明。常见的有“女士们、先生们”，“各位代表、各位来宾，同志们”，“尊敬的各位领导、各位嘉宾、同志们”等。

3．正文

正文包括开头、主体、结尾。

（1）开头。开幕词的开头部分单独成一个自然段，主要有几个内容：宣布会议或活动开幕；对会议或活动的筹备、规模以及出席人员进行简单介绍；对会议或活动举办方表示祝贺，对来宾、出席人员表示欢迎。

（2）主体。主体部分是整个开幕词的核心精髓。一般主要有以下三个内容：

① 阐明会议或活动的指导思想、背景、意义、宗旨、最终目标等内容。主要通过对以往工作情况的概括总结，对当前形势的分析等来说明为什么要召开此次会议或者开展此次活动。具体又将围绕什么中心展开，要达到什么目的等。

② 对会议或活动提出具体的任务要求，介绍会议或活动的主要流程和安排。

③ 对出席人员提出希望和要求。

（3）结尾。一般是带有鼓舞性的简洁语言结束全文，最后一般加上祝颂语“预祝××会议/活动取得圆满成功，谢谢大家”等语言。

4．落款

如果标题正下方已经注明了日期和致开幕词人姓名，则可以省略。

二、闭幕词

（一）闭幕词的概念

闭幕词是与开幕词相对应的，指的是在一些重要的会议或者活动结束时，主要领导人向所有出席人员进行的总结性的讲话稿。闭幕词与开幕词在内容上有些地方要呼应、首尾衔接，显示整个会议或活动的圆满成功。一般而言开幕词与闭幕词不安排同一人，致闭幕词的人与致开幕词的人身份、职位相当或略低。

（二）闭幕词的特点

闭幕词除了与开幕词一样，具有简明性和口语化两个共同特点以外，还具有以下两个特点：

1．总结性

闭幕词通常是对会议或活动作出正确的评估和总结，充分肯定会议或活动所取得的成果，强调会议或活动的主要意义和深远影响。从理论的高度上进行归纳总结，做到层次清楚，重点突出，具有总结的逻辑性和深刻性。

2．号召性

闭幕词的行文一般热情洋溢，语言简洁有力，富有号召力，能够激发斗志，增强信念。激励有关人员宣传会议或活动的精神实质和贯彻落实有关的决议或倡议。

（三）闭幕词的结构写法

在结构写法上，闭幕词与开幕词的区别主要体现在正文上，其余标题、称呼与开幕词基本相同。

写作闭幕词要对整个会议或活动的情况比较了解，这样才能有针对性地对整个会议或活动内容进行总结。闭幕词的正文主要包括以下几个内容：

（1）正文的开头可以直入正题，说明会议或活动已经完成预定任务，现即将闭幕。有的还在开头介绍会议或活动的概况或给予简单评价。

（2）对参加的人员、嘉宾，以及给予帮助的公司、单位、部门等表示感谢。

（3）总结会议或活动进行的基本情况，会议通过的主要事项或者活动所体现的主要精神。

（4）对会议或活动内容予以肯定。总结性的评价会议或活动的特点、收获、意义及影响。

（5）对会议或活动未能展开，或已认识到的重要问题作出适当强调或补充。

（6）向出席人员提出贯彻会议或活动精神的希望与要求，展望未来，发出号召，表示祝愿等内容。

正文的最后一般可以再次表示感谢，并郑重宣布顺利闭幕。

下面是一份会议闭幕词，请指出其在结构写法上面存在的问题并加以改正。

科学与和平周大会闭幕词

先生们、女士们:

国际科学与和平周，集中体现了全球许多人在从事的日常活动，得到了广泛的支持，取得了光辉的成就，使大会圆满的成功，我表示衷心的感谢，并希望我们在下一届大会上再相会。这一年一度的国际科学与和平周活动，经过几天的发言、讨论，针对发展自然科学和社会科学作为维护世界和平的工具而进行了交流。这种观念从未像今天这样具有如此的实际意义。大家都开始认识到没有一个国家是能够仅仅依靠自己站稳脚根的。我们只有通过合作和交流，才能保证创造一个使我们的后代能够和平、安全生存下去的经济、技术和大气的环境。

某省环保厅将召开一次环保会议。

会议对象：省内各环保相关部门及新闻媒体。

会议主要议题：在全省范围内建构一个“绿色·环保”的发展平台，在省内现有环保科技和环保产业的发展基础上，寻找机遇，努力促进省内产业转型、更新与加快相关的科技创新，构建环境与经济共赢发展模式，引领社会各界走绿色发展道路，共同建设生态社会。

请列出你需要收集的信息内容，并为该会议写一篇开幕词或闭幕词。

第二节　会议记录、会议纪要的写作

案例一

××环保总队会议记录

会议时间：2008 年 8 月 16 日 14：00—17：30

会议地点：××大厦五楼会议厅

与会人员：熊国柱、王霞、邵胜宗、林远华、许琳、冯中华、温斌胜、卢旭佳、布锡贤、梁沛深、刘冠华、张慧、叶浩茹、翟银笑（共 14 人）

缺席人员：石陈岩、李清顺（出差）

会议主持人：熊国柱（环保总队队长）

会议记录人：王霞（环保总队秘书）

会议主要主题：××环保总队年中总结

会议议程与内容：

一、各部门对过去工作的总结

（一）活动部爱心小组：（总结内容略）

（二）活动部环境教育小组：（总结内容略）

（三）人力资源部：（总结内容略）

（四）综合部：（总结内容略）

（五）秘书处：（总结内容略）

（六）绿色家园编辑部：（总结内容略）

二、每个月活动时间安排讨论

经过会议研究决定：每个月第一周的周六下午三点集中开会；
每个月第一个周日为环境教育小组活动日；
每个月第二个周日为机动日；
每个月第三个周日为踩单车宣传环保日；
每个月第四个周日为爱心活动日。

每次活动，每个部门提前两天将工作人员报与活动联系人，活动前一天下午再由联系人将报名的联系电话发给活动部、人力资源部及秘书处。

活动结束的第一天，人力资源部于网上公布参与人员的服务时间及相关跟进。

三、前段工作中的不足及下一阶段需要跟进的工作任务讨论。（部分内容进行了删减）

（一）信息共享渠道不畅，还有人员不清楚内部的运作和有关情况。

（二）部门沟通协调不够，分工不够明确。

（三）新人培训不够，很多人对环保队的性质不明确，概念模糊，如什么是志愿者，什么是环保队，它与其他志愿者服务队的区别。

（四）活动保障机制不够，要考虑志愿者身心保障问题。

（五）进一步完善网站，很多志愿者在上面找不到所需要的资料。

会议结束，散会。

主持人（签名）

记录人（签名）

××环保总队

××××年×月×日

（资料来源：http://www.6-home.net/2009/article/?type=detail&id=61，有改动）

该文是某志愿者环保总队的一次会议记录，根据需要有相应的修改与删减。如会议中各部门的工作总结部分，在例文里面都省略了。整体看来，这篇会议记录在内容上基本完整，会议概况中记录了会议主题、时间、地点、与会人员、缺席人员、主持人、记录人。第二大部分记录了会议的议程与内容。基本是按照时间顺序，采用摘要的形式进行会议记录。

案例二

2007中国科协年会——农业工程与节能环保会议纪要

2007中国科协年会于9月8~10日在武汉召开。此次会议的主题是“节能环保、和谐发展”。本届年会有15个专题分会场、12个与湖北发展有关的专题论坛和13项主题科普活动。

9月9日上午，2007中国科协年会农业分会场在武汉大学召开了学术报告会。中国农学会副秘书长邹瑞苍主持开幕式，中国工程院院士、武汉大学教授朱英国，中国农业工程学会副理事长、全国政协常委、致公党中央副主席、农业部规划设计研究院副院长杨邦杰，河北省农科院副院长、中国科协常委、中国农学会常务理事王海波，中国农业工程学会常务副理事长、农业部规划设计研究院院长朱明，中华预防医学会农村改水改厕专业委员会副主任委员、重庆爱卫办主任何爱华，中国植物保护学会秘书长、中国农科院植保所副所长陈万权，中华预防医学会农村改水改厕专业委员会常务委员、湖北省爱卫办副主任万齐芝分别作了题为："杂交水稻发展功能基因组"、"新农村建设：环境保护现状、问题与对策"、"以开拓新产业为目标发展现代农业"、"农业循环经济与'三生'集成模式"、"农村改水与社会主义新农村建设"、"我国农业生物灾害形势及其防控对策"、"改水改厕在新农村建设中的实践"的大会特邀报告。来自政府部门、科研院所、大专院校及科技企业近200名代表出席了会议。

9月9日下午和10日上午会议按专业进行了分组交流。我会负责农业工程与节能环保单元会场的组织工作，会议分别由崔绍荣教授和张衍林教授主持，与会代表围绕"农业工程与节能环保"主题，分别就动植物生产、农产品加工、贮藏、废弃物处理、广义农业机械化、农业工程经济等领域交流了各自的科研成果和论文，来自生产、科研、教学一线的科技工作者还交流了在新农村建设方面的经验和体会。中国科协冯长根书记还亲临会场听取了部分专家的发言。本次会议共有48名正式代表、20名列席代表参加了学术交流。会议收到论文56篇，经专家审稿，有31篇论文提交到中国科协，27篇论文收录到《中国农学通报》年会专刊。年会期间我会与中国农学会、中国环境科学学会作为支持单位配合华中农业大学等主办单位组织了年会的"县域经济发展与新农村建设论坛"。

这次会议代表们一致认为，"依靠科技、节约能源、减少污染"是当前环境保护的首要任务，也是农业工程科技工作者的责任，与会的专家、代表们就共同感兴趣的问题进行了探讨。今年五个学会共同主办年会的农业分会场，既体现交叉综合、突出重点的原则，又采用了灵活多样的学术交流方式，取得了良好的效果。与会代表还对今后如何进一步开好年会提出了中肯的建议。

我会向华中农业大学工程技术学院、园林学学院在年会期间对会议的支持表示感谢！

中国科学技术协会

2007年9月11日

（资料来源：http://www.csae.org.cn/Conference_news_look.asp?Classcode= 21&Id=17 中国农业工程学会）

由中国科协和湖北省人民政府联合主办的2007中国科协年会于9月8～10日在

湖北省武汉市召开。本届年会的主题是："节能环保、和谐发展"。本篇会议纪要，一开头介绍了会议的名称、会议的时间、地点、主题以及年会的规模。接下来对会议的议程、到会的嘉宾和进行情况等内容一一进行介绍，主要是按照时间的顺序。最后总结部分表明会议讨论结果，对会议进行了评价。结尾表示感谢。

一、会议记录

（一）会议记录的概念

会议记录指的是会议记录人员记载的会议的基本情况、会议中的总结、报告、讨论发言、会议决议等内容。会议记录人在会议现场记录下来，经过整理，交由会议主持人和发言人审阅后，形成正式的文字材料。有条件的可以采用录音、录像等手段，以保证内容的准确和完整性。

（二）会议记录的结构写法

1．标题

（1）开会单位 ＋ 会议名称 ＋"记录"

（2）会议名称 ＋"记录"

（3）开会单位 ＋"会议记录"

有些情况，开会的年限也出现在标题中。

2．正文

会议记录是对整个会议各方面内容的忠实记录，正文内容一般由两个大的部分组成：

第一大部分主要是会议概况记录。主要包括会议主题；会议日期与时间（会议时间要具体写明会议的起止时间）；会议地点；出席、列席、缺席人员；主席或主持人；记录员等内容。人数不多的重要会议，要写清与会人员姓名、身份或职务，人数较多的大中型会议，可只写领导和到会人员的身份以及总人数，可记上重要人物姓名作为代表后面加上等，也可不记。比如××学院全体教师党员：××、××、××等（共××人)。缺席人员应注明缺席原因。中途出席或退席者一般要注明。会议主席或主持人、列席人应注明职务、身份。会议记录人要写全名。如果某些重要的会议，出席对象来自不同单位，应设置签名簿，请出席者签署姓名、单位、职务等。

第二大部分记录会议的主要内容。一般按照会议的议程，记录会议的内容。包括会议中的发言、总结、报告、讨论和决议等各事项。

会议记录可分摘要与详细两种形式。

摘要记录比较常用，一般大多数会议只记录会议内容的要点。比如报告、发言的要点，即发言者表述的问题，每个问题的基本观点与主要事实、结论，对别人发言的态度等；会议过程中讨论的主要问题；通过决定、决议的最终结论等内容。不必记录会议过程中每个人发言的每一句话。但对会议讨论的关键问题以及有争议、有分歧的意见必须逐一详细记录，通过会议决议的事项要记录表决的情况，如“全票通过”、“赞同票××，反对票××，弃权票××”。

详细记录适用于某些特别重要的会议中，要求把与会者的发言内容以及会议进行的详细情况尽可能详细完整的记录下来。这样的情况，一般配备有录音、摄像设备，可以先录音、录像，会后再整理出全文；没有专门配备设备的，一般由会速记的人员担任记录，可以同时几个担任记录，会后互相校对补充。

重要的会议原始记录，原则上，记录人在会后还需要提交会议主持或单位主管领导审阅签字。正文最后单独一行写上“散会”、“会议结束”等。会议记录一般不宜公开发表，如需发表，应征得发言者的审阅同意。

3. 落款

右下角注明开会单位，另起一行右下角注明开会的日期。

（三）会议记录相关注意事项

1. 内容真实，记录准确

会议记录要求忠于事实，无论是详细记录还是摘要记录，都要忠于发言者的观点、主张。不能断章取义，不得夹杂记录者的任何个人情感，更不允许有意增删、篡改发言内容。尤其是会议决定之类的东西，更不能有丝毫出入。总之要做到：不添加，不遗漏，清楚明了，依实而记。

2. 条理清楚，重点突出

一般情况，会议主持人在明确会议主题的基础上，会议开始时，会用提纲式的方法向与会人员一、二、三，简明扼要地道出今天会议的主要内容是什么，然后才按照会议议程的要求，按顺序正式主持召开会议。记录员在进行会议记录时要合理布局，尽量让会议记录成文。要有头有尾，条理清楚，重点突出。摘要记录根据情况，可以不需要像详细记录一样记录所有会议内容，但一定要做到详略得当，要点不漏。一般地说，决议、建议、问题和发言人的观点、论据材料等要记得具体、详细。一般情况的说明，可抓住要点，略记中心意思。

3. 格式统一，分类存档

一般情况下，最好是使用单位订制的，大小规格、布局格式、记录要求统一的记录本进行会议记录。会上使用速记符号、不规范简称等方式记录的内容，会后一定要规范整理好。一般不建议用圆珠笔，更不可以用铅笔和红墨水进行会议记录。要按照年份，工作内容分类用专门的记录本，分类存档。这样规范化，有利于以后的检查与考核。

二、会议纪要

（一）会议纪要的概念

会议纪要是用于记载、传达会议情况和议定事项的公文。会议纪要对企事业单位、机关团体都适用。

（二）会议纪要的特点

1. 纪实性

会议纪要是对会议内容的如实反映，必须保持客观与纪实性，不能随意增减或篡改会议内容，任何不真实的材料都不得写进会议纪要。

2. 提炼性

会议纪要是在会议记录的基础上归纳、分析、提炼整理而成的公文。是以简洁精练的文字有高度、有深度地概括会议的内容和结论。有的会议纪要，还要有一定的分析说理，不能仅仅停留于对会议记录的简单概括上，更不能只是围绕会议议程记流水账。

3. 条理性

会议纪要要对会议精神和议定事项分类别、分层次予以归纳、概括，使之眉目清晰、条理清楚。

4. 指导性

会议纪要是公文的一种，一经发文，其决议的事项就有指导性，各相关单位必须遵照执行。

（三）会议纪要的结构写法

1. 标题

会议纪要属于行政公文的一种，可以是三元素式，由发文机关 + 事由 + 文种，可以是双元素式，由发文机关 + 文种，事由 + 文种，也可以只有文种，即会议纪要。

会议纪要还可以采用双标题的形式，正标题揭示会议主旨，副标题注明会议名称和文种等事项。

2．文号、制文时间

很重要的会议纪要一般要注明文号，一般用阿拉伯数字写在标题的正下方。如〔2010〕6 号，办公会议纪要对文号一般不做必须的要求，但是在办公例会中一般要在标题的正下方写上“第××期”、“第××次”等。

会议纪要的时间可以写在标题的下方，也可以写在正文的右下方、主办单位的下面，要用汉字写明年、月、日，如“二〇一〇年十一月十八日”。

3．正文

（1）开头。简要介绍会议概况，比如：

① 召开会议的单位、会议的名称、会议的时间、地点、与会人员、主持者；

② 会议召开的形势和背景；

③ 会议的指导思想和目的；

④ 会议的议程和进行情况等。

（2）主体。会议纪要的主体部分主要是写明会议的主要精神、原则，会议研究的问题，讨论中的意见，作出的决定、提出的任务要求等内容。这部分的表达方式比较灵活，一般主要有三种写法：

① 概述法。这种方法主张是对会议中的发言内容、讨论情况、最终结论等内容进行总结，简明扼要地概述出来。这种写法比较适用于小型会议。

② 发言记录法。这种方法一般就是按照会上发言顺序，摘录每个人发言的主要内容。此写法主要适用于座谈会议纪要。

③ 分条归纳法。这种方法主要就是在对整个会议内容进行总结之后，自己归纳提炼成几个方面逐一表达。写作时，可根据表达内容的需要，分条列项写或拟小标题分部分、分层次写。这种方法主要适用于规模较大、内容复杂的会议。

总之，无论是哪种写法，都要围绕会议中心和目的选材、剪裁，突出重点。

（3）结尾。结尾部分可以提出号召，发出希望，要求有关单位认真贯彻会议精神。也可以在写完主体部分后即全文结尾。

4．落款

右下角注明单位，另起一行右下角注明开会的日期。

（四）会议记录与会议纪要的区别

1．性质不同

会议记录属于事务文书。会议纪要属于行政公文。

2. 行文方式不同

会议记录是在会议现场由专人用会议记录本记录下来的会议内容，对于会议当中发言者的讨论总结、报告、发言等内容如实地进行记录，保持其“原汁原味”，而会议纪要则是在会后，在会议记录的基础上整理成正式的公文。通常采用第三人称的写法，介绍和叙述会议情况，一些会议纪要还可适当地分析说理。

3. 功能不同

会议记录一般不公开，除了在会议结束时给会议主持人以及各与会发言人审阅，会后无须传达或传阅，只做资料存档。而会议纪要具有传达告知功能，有明确的读者对象和适用范围。通常要在一定范围内传达或传阅，要求贯彻执行。

知识小卡片

会议记录写作技巧

一般说来，有四条：一快、二要、三省、四代。

一快，即记得快。字要写得小一些、轻一点，多写连笔字。要顺着肘、手的自然去势，斜一点写。

二要，即择要而记。

就一次会议记录来说，应该突出的重点有：

1. 会议中心议题以及围绕中心议题展开的有关活动；
2. 会议讨论、争论的焦点及其各方的主要见解；
3. 会议主持人、主要领导人、权威人士或代表人物发言的中心思想；
4. 会议开始时的定调性言论和结束前的总结性言论；
5. 会议已议决的或议而未决的事项；
6. 对会议产生较大影响的其他言论或活动。

就记录一个人的发言来说，要记其发言要点、主要论据和结论，论证过程可以不记。就记一句话来说，要记这句话的中心词，修饰语一般可以不记。要注意上下句子的连贯性，一篇好的记录应当独立成篇。

三省，即在记录中正确使用省略法。如使用简称、简化词语和统称。省略词语和句子中的附加成分，比如“但是”只记“但”，省略较长的成语、俗语、熟悉的词组，句子的后半部分，画一曲线代替，省略引文，记下起止句或起止词即可，会后查补。

四代，即用较为简便的写法代替复杂的写法。一可用姓代替全名，二可用笔画少易写的同音字代替笔画多难写的字；三可用一些数字和国际上通用的符号代替文字；四可用汉语拼音代替生词难字；五可用外语符号代替某些词汇，等等。

注意：以上技巧是运用于会议当场记录，事后整理和印发会议记录时，均应按正规格式要求书写。

（资料来源：http://baike.baidu.com/view/481634.htm，有删改）

下面是某环保学会的一份会议记录，请指出其在结构写法上面存在的问题并加以改正。

环保学会第三次会议记录

与会人员：萧永逸、邱沛、邹丽晶等

缺席人员：石陈岩、李清顺

备注：邝振豪、闫丽于会议中途因事离开。

会议内容：

1. 新干事自我介绍，并由新干事自行公平选择所属部门。最终决定全体新干事闫丽、卢雨茵、陈震宇、李琛、李叶承、唐商恩进入活动部，并由会长和活动部部长王欣确认。

2. 北京大学交流活动（具体内容略）。

3. 健康周开幕仪式出席人员确定（名单由会长保留）。

4. 关于下一年活动计划问题的讨论（具体内容略）。

5. 投票决定下一年活动计划（具体内容略）。

6. 知识问答比赛有关事宜（具体内容略）。

技能训练

收集相关的环保会议资料，进行分析，写一篇会议纪要。

第六章　环保求职文书的写作

第一节　个人简历的写作

案例一

个 人 简 历

个人情况

姓名	余姚	性别	男		照片
民族	汉族	出生年月	1990.6		
籍贯	湖南常德	婚姻状况	未婚		
专业	环境监测	健康状况	良好		
学历	大专	学制	三年		
联系地址	长沙××职业技术学院				
E-mail	××@163.com		邮编	41000×	
联系电话	1359872××××				

求职意向

★工业/工厂类：分析工；化验员；环境保护类；化学工程类

教育背景

★ 2008.9—2011.6　　就读于长沙××职业技术学院

★ 2005.9—2008.6　　就读于常德××中学

社会实践

★ 2011.1—2011.5　　在江西大余县环保局实习五个月

★ 2010.12　　在学校进行了一个月的化工实习

工作能力及其他特长

★本人在校获得了中级分析工证书；熟悉化验室的各种基本操作；具备各种仪

器分析的原理基础，熟悉原子吸收光谱的原理和 AA320 的操作及 721 分光光度计的使用等。熟悉氨基磺酸镍系，烷基磺酸锡系及柠檬酸钾镀金等系列药水的各种条件以及哈氏片调整。熟悉废水的各种金属指标和 COD_{Cr} 的检测。对于化工生产有一定的经验。

★ 全国英语四级证书

★ 普通话二级甲等证书

★ 全国计算机二级证书

荣誉证书

★ 2010 年 12 月获“第一届全国高职高专环保类专业环境监测技能大赛”个人全能一等奖

★ 2010 年 5 月获院级“优秀共青团干部”称号

★ 2009 年 12 月获“专业一等奖学金”

★ 2011 年 5 月获“优秀实习生”称号

自我评价

本人性格比较安静，但对于足球也很感兴趣。在校时是班中的主力中后卫。做人也像在足球场上的位置一样，坚信以诚待人，做事要对得起自己的良心，无论在哪一个岗位，在一天就要认真做一天。

（资料来源：《新编实用文体写作教程》，叶坤妮，中南大学出版社，2006 年 5 月，有改动）

这篇个人简历格式设计新颖，条款分明，较全面地反映了求职者的自身条件，重点介绍了自己的工作能力和特长以及在校时间所获得的荣誉。主要项目齐全且安排得当，针对性较强，具有较强的说服力。

案例二

个 人 简 历

<table>
<tr><td>姓名</td><td>张永</td><td>性别</td><td>男</td><td>出生年月</td><td>1970 年 1 月</td></tr>
<tr><td>毕业院校</td><td colspan="2">上海大学</td><td colspan="2">求职意向</td><td>快速消费品（食品，饮料，化妆品）的检测、认证，环保</td></tr>
<tr><td>最高学历</td><td colspan="2">大学</td><td colspan="2">毕业日期</td><td>1990 年 7 月</td></tr>
<tr><td>所学专业一</td><td colspan="2">食品科学与工程</td><td colspan="2">所学专业二</td><td>工商管理</td></tr>
</table>

<table>
<tr><td>受教育及培训经历</td><td colspan="5">1987 年 7 月至 1990 年 7 月毕业于河南郑州大学，食品科学与工程专业，获大专毕业证书
2001 年 3 月至 2003 年 7 月毕业于北京师范大学，工商管理专业，获大专毕业证书
在从事工作的十几年期间接受过行业各种专业的培训。</td></tr>
<tr><td colspan="6">语言能力</td></tr>
<tr><td>外语</td><td>英语一般</td><td>国语水平</td><td>优秀</td><td>粤语水平</td><td>良好</td></tr>
<tr><td colspan="6">工作能力及其他专长</td></tr>
<tr><td></td><td colspan="5">本人有十几年丰富的工作经验，富有开拓和创新的精神，认真负责的态度，有很强的组织协调能力，独立处事能力和执行能力，并掌握良好的商务谈判能力和沟通技巧，解决问题和处理问题能力强，有品牌开发管理理念。并且本人气质出众，相貌端正，性格开朗，为人诚实可靠，有十几年熟练的国际国内货运及专业物流技术，并拥有良好的职业道德。</td></tr>
<tr><td colspan="6">详细个人自传</td></tr>
<tr><td></td><td colspan="5">我认为自己最大的优势就是有丰富的工作经验，对工作的全力投入和热情，勇于接受挑战，认真负责的态度和良好的职业道德，因此我在任何一个公司的表现都让公司满意和赏识，在不同的岗位都有出色的表现，同时积累了各行各业的经验和知识。
从 1995 年我来到广东，期间从事集装箱货柜码头，国内外货运，海、陆、空、铁路、汽运，仓储、保税仓、速递，并能深入操作香港至珠三角、长三角驳船运输、冷藏柜及大宗散件货物处理、业务推广、市场开发、运输调配、物流的管理和运送以及售后的跟踪服务等工作技术，虽然多年来我一直都从事着国际货运及物流行业的具体业务及管理工作，在工作操作上得心应手，但是我本人多年的工作经历和见识使我积累了各种丰富的综合能力，让我同样也能够胜任其他行业的挑战，更重要的是我时时都非常注意吸收和学习新的知识，渴望自己能在其他的行业大显身手，希望用人单位能给我机会，相信我的表现不会辜负公司的期望！</td></tr>
<tr><td colspan="6">个人联系方式</td></tr>
<tr><td>通信地址</td><td colspan="5">广州市车陂路 255 号信箱（邮编××××××）</td></tr>
<tr><td>个人主页</td><td colspan="2">jczsh1965@163.com
（QQ：53×××285）</td><td>联系电话</td><td colspan="2">158××××8866、135××××9306</td></tr>
</table>

（资料来源：http://www.01hr.com/hyrc/90.html，有改动）

这份个人简历最大的特点是言之有物，特点鲜明。所设计的栏目合理科学，能较好地透视出求职者较为丰富的阅历以及求职个性。内容翔实，信息丰富，言简意赅。

一、个人简历的概念和特点

（一）个人简历的概念

个人简历就是对某个人的生活经历有重点地加以概述的一种应用文。它是一个人生活经历的精要总结，在一定程度上是一个人整体形象的缩影，因而是现代社会人事档案的一个重要组成部分，也是考察干部、选拔任用人才等必须具备的一份重要资料。在西方，个人简历和求职信同等重要，因此，在经济发达的今天，个人简历的写作也显得十分重要。

（二）个人简历的特点

简历通常作为求职信的附件，一起呈送给用人单位，求职者希望借此让用人单位全面了解自己，从而为面试创造机会，最终达到就业目的，因此，个人简历在写作上讲求真实性、正面性和精练性。

（1）真实性。指自己给自己写简历时一定要客观理性地总结自己的经历，做到真实、准确、不夸大、不缩小、不编造，这样才能取信于人。

（2）正面性。指内容应当是正面性的材料。它应当告诉人们真相，但没有必要告诉全部真相。虽然不能说谎，但不需要全部都说出来，负面的内容要远离简历。

（3）精练性。指个人简历要越短越好——在大多数情况下，一两页就足够了。

二、个人简历的基本格式

个人简历的写作格式一般由五个部分组成，即标题、个人简介、学习经历、工作经历、求职意向、其他杂项。

（一）标题

可以直接写“简历”二字，也可以在简历之前冠以姓名和称谓。

（二）个人简介

指对个人的基本情况作简要介绍，基本情况包括姓名、性别、出生年月日、诞生地、民族、政治面貌、职务职称等。

（三）学习经历

可按时间顺序来写自己的学习过程，主要写最高学历。

（四）工作经历

主要写参加工作之后各阶段的情况，要注意突出主要才能、贡献、成果以及学习、工作、生活中有典型意义的事迹等。

（五）求职意向

主要写求职人对哪些工作岗位、行业感兴趣及相关要求。要表明自己应征的职位，说明自己具备哪些资格和技能，想找什么样的工作。

（六）杂项部分

包括出版物、社团成员资格、奖励和获得的资格证书以及个人兴趣、联系方式、证明材料等。

三、个人简历的写作技巧

任何一个好单位，收到的求职简历都会堆积如山，没有哪个人事主管会逐一仔细阅读简历，而是以快速阅读的方式匆匆而过，每一份简历所花费的时间一般不超过两分钟，无法吸引他们眼球的简历很可能被忽略，永久地沉睡在纸堆里。因此，“突出个性、与众不同”便是求职者设计个人简历成功的法宝。故个人简历写作时要注意以下几点技巧：

（1）内容上突出个性。内容就是一切，简历一定要突出求职者个人的能力、成就以及过去的经验。

（2）形式上与众不同。简历的设计要与众不同，美观大方，不落窠臼。

（3）篇幅上短小精美。目的是使招聘者在最短的时间内读到更多的信息。篇幅最好不超过两页（A4 复印纸）。

（4）表达上扬长避短。一个刚毕业的学生，很可能正在与那些有相同学历但是有更多工作经历的人竞争。没有相关职业的丰富工作经历等，这是弱势，写作时需要巧妙处理，扬长避短。

（5）用证据证明实力。招聘人员想要的是证明求职者实力的证据。这些证据包括求职者以前的成就，前雇主得到的益处，例如求职者为他节约了多少钱，多少时间等。

（6）用词上力求精确。阐述技巧、能力、经验要尽可能准确，不夸大也不误导。确保所写的与实际的能力及工作水平相同。不要写错别字，雇主们总认为错别字说明人的素质不够高。

知识小卡片

个人英文简历写作要点

对很多人来说，一份语言流畅优美而不繁冗的个人英文简历，或许就是您成功进入外企的“敲门砖”。如何写好一份个人英文简历呢？

首先，语言简练。对于求职者来讲，目的明确、语言简练是其个人英文简历行之有效的基础。

其次，个人资料部分（personal data）。包括求职者的姓名、性别、出生年月等，与中文简历大体一致。第二部分为教育背景（education），必须注意的是在英文简历中，求职者受教育的时间排列顺序与中文简历中的时间排列顺序正好相反，也就是说，是从求职者的最高教育层次（学历）写起。

再次，社会工作。在时间排列顺序上亦遵循由后至前这一规则，即从当前的工作岗位写起，直至求职者的第一个工作岗位为止。求职者要将所服务单位的名称，自身的职位、技能写清楚。把社会工作细节放在工作经历中，这样会填补工作经验少的缺陷。

最后，所获奖励和作品（price＆publication）。将自己所获奖项及所发表过的作品列举一二，可以从另一方面证实自己的工作能力和取得的成绩。书写上奖学金一项一行。

下面是一份个人简历，格式方面存在某些错误，内容上也把一些很重要的方面遗漏了，请你指出来并加以完善。

个 人 简 历

姓名：王××　　　　性别：男

民族：汉　　　　政治面貌：团员

学历（学位）：大专　　　　专业：环境工程

联系电话：0731-5510×××　　　　手机：1384963××××

联系地址：长沙市××路××号　　　　邮编：410000

E-mail：××@163.com

毕业院校：长沙××职业技术学院 2006—2009 环境工程系

其他培训情况：有驾照

自我评价：业余爱好广泛。喜爱球类运动及爬山，大学曾任校足球队队员。另外还喜欢唱歌、音乐等。

本人性格温和、谦虚、自律、自信（根据本人情况）。

另：最重要的是能力，相信贵公司会觉得我是此职位的合适人选！期盼与您的面谈！

求职人：×××

请按照简历的写作要求，给自己写一份求职简历，要求有较强的针对性，页面设计美观。

第二节　求职信

案例一

求 职 信

尊敬的领导：

您好！

正如您所见的，我的简历做得很简单，因为我知道，您能翻阅我的资料的时间并不会太多，所以，一切就长话短说了。

我叫张泉，今年23岁，来自××环保大学，专业属于交叉学科性质。污水处理是实验室近三年来研究课题的一部分，而我在研究组员中分担查询资料、设计实验、分析意外情况的职责。此外，我熟悉化学分析，能够在仪器说明帮助下独立完成实验。本科阶段，无机化学、分析化学、物理化学都是专业必修的课程。曾经参与筹建×化学分析实验室。研究生阶段我系统了解了实验规范，能熟练使用原子荧光分析测试。

2008年，我获得了××××证书。本科期间，我通过了国家英语四级和六级的考试，查阅科技文献，修改英文论文，锻炼了我的阅读写作能力（随信附上我的简历）。

如能得到到贵单位就职的机会，我将尽心尽职，努力工作，用我今后的实际行动加以珍惜。十分感谢！

张 泉

2010年5月20日

（资料来源：www.yjbys.com）

这封求职信言简意赅，信息实在，重点突出。全文不足400字，却介绍了包括姓名、年龄、学历、专业、特长、能力、学业等方面的内容，重点介绍了自己的专业技能，让读者一目了然。

案例二

求 职 信

尊敬的领导：

您好！

感谢您在百忙中抽出宝贵时间来阅读本人的求职信。在本人即将完成学业踏上社会大家庭之际，有幸得到这么一个向贵公司展示自我的宝贵机会，真是万分感谢！

如今的社会需要的是素质型的人才，未来的竞争将是人才的竞争，要想在这种激烈的竞争中脱颖而出，除了应学习掌握专业知识外，还需综合培养自身素质，努力做到德、智、体、美全面发展。四年来，在师友的严格教导及个人的努力下，我具备了较为扎实的专业基础知识，比较系统地掌握了环境检测、监测基本技术，环境化学、环境规划、环境管理及环境治理，能独立完成简单的环境规划和设计环境污染治理方案。同时还掌握了计算机网络等有关理论知识；通过了××省计算机三级考试并达到良好，能熟练综合运用 Word、Excel 等 Office 软件等。虽然现在还未通过全国大学英语四级，但也具备了一定的英语听、说、读、写、译等能力。

除了学习，我一直在锻炼自己的其他能力，比如我参加学生管理工作，从中学到了如何与人和谐相处的技巧，了解了团队合作精神的重要性。

另外，我利用课余时间广泛地涉猎了大量书籍，包括经济、金融、人力资源管理、人生哲理等，不仅充实了自己，也培养了自己多方面的技能。更重要的是，严谨的学风和端正的学习态度塑造了我朴实、稳重、创新的性格特点。

找到一个适合自身特点，能充分发挥自身潜力的工作岗位是我梦寐以求的愿望，希望贵公司能成为我实现自我价值的大舞台。如果能和贵公司携手拥抱明天的辉煌，那将是我莫大的荣幸，我也将用我的成绩向您证实我的实力！

祝工作顺利！

（随信附上我的简历）

求职者：李仪铭

2009 年 6 月 2 日

（资料来源：www.drame.cn 佳木中国，有改动）

这封求职信感情真挚、语言生动，充满激情。与案例一相比，它更多地介绍了求职者的爱好特点，反映的个人信息更加全面，更有利于用人单位了解自己，达到了自荐的良好目的。

求职信是向用人单位自荐谋求职位的书信。随着改革开放的不断深入，人才的流动将日益频繁，求职已成为一种社会化活动。在美国、日本等发达的资本主义国家，求职不仅是行为科学研究的重要内容，而且已发展成为一种专门艺术——求职的艺术。

一、求职信的含义

求职信也称自荐信，它是求职者以书信的方式自我举荐、表达求职的愿望、陈述求职的理由、提出求职的要求的一种信函文本。通过它，求职者向用人单位展示自己适合于工作岗位的知识水平、工作能力、人格魅力，从而建立起与用人单位之间的密切联系，为择业的成功打下良好的基础。

二、求职信的特点

求职信虽然也是一种书信，但是由于其写作目的是为了找工作，因此又不同于普通书信，它在写作时要讲求针对性、自荐性和独特性。

(1) 针对性。是指要针对求职单位的实际情况、读信人的心理和个人的求职目标来写，否则，求职信会因为针对性不强而石沉大海。

(2) 自荐性。是指要恰当地推销自己。求职信是沟通求职者与用人者的一种媒介，在相互不熟悉不了解的情况下，写作者要善于推介自己，并恰如其分地表现自己，用你的成绩、特长、优势，甚至用你的个性，你的“闪光点”吸引对方，使对方在即使未曾谋面的情况下，产生一种心动和值得一试的感觉。

(3) 独特性。是指内容和形式的不同一般。求职就是竞争，你要想在竞争中取胜，必定要出类拔萃，不同一般，有自己的个性特色。这一点要在你的信中得到充分体现。

三、求职信的格式与写法

求职信既然是一种书信文体，所以它同书信的写作格式基本是一致的。具体地说，求职信一般包括以下几部分，即标题、称呼、正文和落款。

(一) 标题

求职信的标题通常只由文种名称组成，即在第一行中间写上“求职信”三个字。

(二) 称呼

求职信要顶格写明求职单位的领导或负责人的姓名和称呼。有时也可直接称呼其职务。如“尊敬的××局局长:”。要在称呼后加冒号。

(三) 正文

求职信的正文一般由开头、主体、结尾三部分组成。

1. 开头

写求职信，开头要交代清楚自己的一些诸如身份、年龄、学历等基本情况，给用人单位一个初步的完整的印象。如果是有明确目标的求职信，还可先谈谈自己看到了该单位的征招信息，以及意欲应聘的想法。

2. 主体部分

求职信的主体部分要展开。主要是针对用人单位的征招信息或者根据自己了解到的用人单位通常的要求来具体地介绍自己，这其中要把自己的专业特长、业务技能、外语水平及其他潜在的能力和优点全部表现出来，以期使用人单位意识到你正是他们用人的最佳人选。这一部分是求职信的关键，所以要多了解用人信息，真正地使自己可以有较强的针对性来推荐和介绍自己。

3. 结尾

求职信的结尾要再次强调自己的求职愿望，恳请用人单位给自己一次工作机会。为了更好地证明自己的能力，可将能证明自己才能的材料附于信后。

（四）落款

求职信的落款，就是在正文的右下方署上求职者的姓名及成文的日期。

知识小卡片

网上求职注意事项

1. 不要登录非正规的网站。
2. 不要向任何网上“雇主”发送自己的某些个人重要资料，例如身份证号码、信用卡号及银行账号。
3. 不要盲目地发送自己的简历，否则接下来的面试或通知会让你应接不暇。
4. 不要同时应聘同一单位的数个不同岗位。
5. 不要以同一份简历来应聘不同的公司或不同的职位。
6. 不要申请不符合自己实力的职位。
7. 不要以附件的形式来发送自己的求职简历，最好按照公司网站招聘区域的要求发送，或者干脆用纯文本格式。
8. 不要以很高的频率发送简历。尽量避免在一周之内重复发送简历至一家公司。
9. 不要忽视已经发送的简历。最好对发出的简历做一份跟踪档案。
10. 不要因为没有回音而过分焦虑。一定要保持平和的心态。
11. 要主动与用人单位联系。向用人单位表示诚意，也让自己心中有数。
12. 应届毕业生可以利用自己的技术优势，在互联网上建立自己的个人主页，充分展示自身特色，吸引用人单位的目光。
13. 网上求职，注意保密。可以用自己的英文名，或者在个人资料设置中将自己的个人资料设置成对部分单位保密。

（资料来源：www.jsvoo.com 江苏英才联盟）

下面是一封求职信，请指出其写作中存在的问题：

尊敬的×××先生/小姐/尊敬的人事部门：

您好！贵公司老总是我舅妈的叔伯姨，她很关心我的求职问题，特让我写信给你，请多关照。

我是××学院环境科学系食品科学专业的刘平。从2006年入校以来，我认真钻研专业知识，熟悉生态学、环境学、环境生物学、环境监测、环境质量及评价、环境管理与环境法、环境信息系统等主要实践性教学环节而且爱好广泛，尤其擅长网页设计，一直在学院学报、院心理辅导网站任编辑工作。两年来，对学报、心理网的编辑的工作已经有了相当的了解和熟悉。经过××市出版者工作协会的正规培训，并且获得了国家劳动部颁发的高级网站设计员的证书，我相信我有能力担当贵报所要求的网页编辑任务。

我对计算机有着非常浓厚的兴趣。我能熟练使用FrontPage和DreamWeaver、PhotoShop等网页制作工具。本人自己做了一个个人主页，日访问量已经达到了100人左右。通过互联网，我不仅学到了很多在日常生活中学不到的东西，而且坐在电脑前轻点鼠标就能尽晓天下事的快乐更是别的任何活动所不及的。

基于对互联网和编辑事务的精通和喜好，以及我自身的客观条件和贵报的要求，胜任该职位绰绰有余。不过现已有多家公司要聘我，所以请贵公司从速答复，我相信我的努力能让贵公司的事业更上一层楼。

本人于6月5日要放假回家，敬请人事经理务必于6月1日前复信为盼。

此致

敬礼

刘平

2007年11月25日

（资料来源：《秘书应用文教程》，李佩英，叶坤妮，电子工业出版社，2010年8月，有删改）

为自己的个人简历配上一份求职信。要求言简意赅，语言生动流畅。

第三节 环保竞聘辞的写作

案例一

储运安全环保科副科长竞聘演讲辞

尊敬的各位领导、各位同事，大家好！

我非常有幸地走上这三尺演讲台，与这么多锐意进取的管理干部一起展示才华，证明能力，阐述观点，接受评判。

站在大家面前有点矮小的我，稳重而不死板，激进而不张扬，温和而不懦弱，愚钝而不懒惰，正直而不固执。我于1987年7月份参加工作，1992年调入到我们××公司这个人才济济、团结又温暖大家庭里，在此期间曾先后从事过政工、企业管理、环境绿化、安全保卫、清欠、储运、安全管理等工作。于2000年任工贸公司清欠办公室主任职务，于2003年任××公司清欠办公室主任和QHSE办公室副主任职务，于2004年任储运安全环保科副科长职务至今，并于2004年光荣地加入中国共产党。我，大学文化，工程师。今天，我参加储运安全环保科副科长职位的竞聘，主要基于以下两个方面的考虑：

一方面，我认为自己具备担任副科长的素质。

一是有吃苦耐劳、默默无闻的敬业精神。我是一个依靠人民奖学金和助学金培养出来的青年专业技术人员和管理干部，深深懂得“宝剑锋从磨砺出，梅花香自苦寒来”的道理。工作后，我曾于1988年起就分别担任过××玻璃厂质检科长、保卫科长和企管办主任等职务，尤其是从事多年的清欠工作生活培养了我“流汗流血不流泪”和“特别能吃苦、特别能忍耐、特别能战斗、特别能奉献”的良好品质。胸怀坦荡，公道正派，爱岗敬业，踏踏实实，兢兢业业，一丝不苟，始终认为：“沉默是金，忍让是银，帮人是德，吃亏是福。”干一行，爱一行，努力地把工作做得最好。

二是有虚心好学、开拓进取的创新意识。爱因斯坦说过："热爱是最好的教师。"我热爱工作，平时爱读书看报，到储运安全环保科工作后，为了提高自身能力素质，上让领导放心，下让员工满意，我更是谦虚好学，不耻下问，我系统地学习了"石油库设计规范"、"石油库储运知识"、"消防安全管理"和"企业经营管理"等有关石油库业务知识和各类标准规范，全面地提高自己，力争在语言表达的能力上有突破，在协调关系的能力上有突破，在组织管理的能力上有突破，在完成工作的标准上有突破。通过学习，感到既开阔了眼界，又丰富了头脑，既学到了知识，更看到了差距。在不断的学习中提高了自己的能力素质，增强了干好本职工作的本领。已具备了一个储运安全管理人员所必备的业务知识和政策水平。我思想比较活跃，爱好广泛，接受新事物比较快，勇于实践，具有开拓精神；同时我朝气蓬勃，精力旺盛，工作热情高、干劲足，具有高昂的斗志。

三是有严于律己、诚信为本的优良品质。我信奉诚实待人、严于律己的处世之道，具有良好的人格魅力和做人宗旨。我在日常生活和工作中，我非常注重自身的形象，特别强调全局观念，工作到位不越位，有权不越权，当好助手，服从全局，不断加强个人修养和党性锻炼，以"老老实实做人、勤勤恳恳做事"为信条，严格要求自己，尊敬领导，团结同志，应该说得到了领导和同事们的肯定。

四是有雷厉风行、求真务实的工作作风。多年的管理工作生涯，培养了我雷厉风行、求真务实、吃苦耐劳的工作作风，养成了我遇事不含糊，办事不拖拉的工作习惯，造就了我不唯书、不唯上，只唯真、只唯实的工作态度，别人不愿做的事我做，要求别人做到的事，自己首先做到。我做到了加班加点第一个到位，集中学习第一个到场，急难任务第一个先上，领导布置的工作总是尽力去做，从不揽功诿过，假公济私，争名夺利，在部属心目中树立了善于吃苦，勤奋工作的良好形象。至今，我仍然清晰地记得到××公司参加 QHSE 管理体系的建设工作时王经理语重心长对我讲的话：李芸乐啊，你到上级公司去协助工作，作为一个经过基层多年锻炼的共产党人，一定要给我们公司争光，一定要让上级公司的领导看到我们公司出去的人员个个是响当当的，是能够拿得出、站得稳、做得好，是能够招之即来、来之能战、战之必胜的。

另一方面，我认为自己具备担任副科长的才能。

一是有坚定的政治素养。在"保持共产党员先进性教育活动"中，我认真系统地学习了"党的十六大工作报告"、"中国共产党党内监督条例"、"中国共产党纪律处分条例"、"中共中央关于加强党的执政能力建设的决定"等重要文件和文献，认真理解掌握精神实质，使自身政治理论水平有了明显提高，切实转变了自己的思想作风、工作作风，坚定了理想信念、宗旨观念和大局意识，能够始终保持坚定的政治立场和较高的政治敏锐性。

二是我具有较全面的组织、协调工作的素质和能力。识大体，顾大局，处理问题较为周全，工作认真负责。具有团结同志，正确处理与领导和其他同志的关系的素养；做工作，办事情，能够做到思路清晰，行止有度，头绪分明，恰到好处。

三是有一定的管理能力。特别是2003—2005年期间全程参与了××公司QHSE管理体系的建设与运行工作，对××销售行业的各种工作流程和××储运工艺有了非常熟悉的了解和掌握，同时为来年股份公司将QHSE管理体系和内控体系合二为一的重大管理工程奠定了坚实的基础。

假如我有幸竞聘成功，我将笨鸟先飞，不负众望，不辱使命，做到“以为争位，以位促为”。

第一，摆正位置、做好配角、当好参谋。作为副职，必须了解正职的主要工作思路和目标，我概括为16个字“内强素质，外树形象，开拓发展，自强不息”。在工作中我将尊重科长的核心地位，维护科长的威信，多请示汇报，多交心通气，甘当绿叶。辩证地看待自己的长处和短处、扬长避短，团结协作，做到：到位不越位，尽职不越权，帮忙不添乱，补台不拆台。

第二，加强学习，提高素质。一方面加强政治理论知识的学习，不断提高自己的政治理论修养和明辨大是大非的能力。另一方面是加强业务知识和高科技知识的学习，紧跟时代步伐，不断充实完善，使自己更加胜任本职工作。

第三，深入实践、扎实工作，锐意进取。既发扬以往好的作风、好的传统，埋头苦干，扎实工作，又注重在工作实践中摸索经验、探索路子，和大家一道努力搞好××公司储运安全管理工作，为分公司在新年度的安全生产经营保驾护航。

第四，求真务实、公正廉明、勇于奉献。上岗后要以服务为目的，不以争取为目的，我始终认为当领导就意味着要吃苦在前，享乐在后，只有奉献，不能索取，不能有任何私心杂念，要想群众之所想，急群众之所急，公正廉明，吃苦耐劳，经常和群众换位，想想群众的感受，事关群众个人切身利益问题上，多为群众争取，尽量让给群众。同时用自己的人格魅力，做好表率作用。严格遵照古训“律己足以服人，量宽足以得人，身先足以率人”的要求做人、做事。

无论我竞聘成功与否，我都会“老老实实做人，扎扎实实做事”，我将一如既往在以后的岗位上尽心、尽力、尽职，以绵薄之力来回报组织和同志们。最后以一首脍炙人口的对联来结束我的演讲，上联是“胜固可喜，宠辱不惊闲看花开花落”，下联是“败亦无悔，去留无意漫随云卷云舒”，横批是“与时俱进”。

谢谢大家！

报告人：李芸乐

二〇〇九年十二月二十三日

（资料来源：文秘114网，有删改）

这是一篇优秀的竞聘辞，内容完善，语言流畅。全文分三个部分：开场自我评价、自我介绍，为下文铺垫；中心内容重点介绍竞聘原因及优势；最后对竞聘结果进行表态。全文不枝不蔓，重点突出，引用得体，表达充分。

案例二

环保局副主任科员竞聘辞

尊敬的各位领导、各位同事：

大家下午好！非常感谢局党组给了我这次竞职的机会，我参加竞选的职务是副主任科员。这次参加竞职，对我来说，既是机遇，也是挑战。希望通过这次竞职，使大家对我的各个方面有个更深的了解，对我个人给予更多的鞭策和支持。记得美国著名政治家富兰克林有句名言："推动你的事业，而不要让你的事业推动你。"今天，我正是为继续推动我无比热爱的环保事业而来。下面，我将自己的基本情况、工作业绩及任职设想向大家作个汇报。

首先，介绍一下我的基本情况。我出生于1969年2月，现年39岁，1990年8月参加工作，2006年12月入党，先后毕业于盐城师专、苏州大学中文系，做过教师、通讯员、记者、编辑，兼过会计，任过政协委员，现为市环保局办公室科员。无论是从事教育工作，还是从事新闻工作和环保工作，我总是带着激情勤奋工作，带着热情努力学习，带着感情为人处世。工作近20年来，我干一行，学一行，爱一行，钻一行，在不同的岗位上，都作出了贡献，取得了成绩，共受到各级表彰近三十次，在各类竞赛评比中获奖数十次。我自2002年7月从建湖报社考入市环保局至今，一直在办公室从事文秘工作。近六年来，我从办事员成长为科员，从普通人员成长为共产党员。两次年终考评优秀，三次受到市环保局嘉奖，十多次被省环保厅、市委办、市政府办评为政务信息工作先进个人，还被市政府表彰为年鉴工作先进个人、被市政府、盐城军分区联合表彰为双拥工作先进个人。我深知，自己的每一个进步、每一点成绩，都是市局党组和领导培养的结果，都是在座的每一位同事热心帮助和悉心指教的结果。对此，我万分地感谢。

其次，向领导和同志们汇报一下自己的学习和工作情况。勤学善思是我的一大特点。为做好本职工作，我充分利用点滴时间进行学习。除了向书本学习外，还注重向身边的领导和同事学，学习他们的领导艺术、工作方法、处事技巧等。在勤学的基础上，我还注重思考，善于把学到的知识转化为自己的东西。平时，我积极参加各种政治理论、业务知识技能的学习培训。近年来，我参加的各类培训班就有十多个。为了不断提高自己的写作水平和综合素质，2004年，我积极参加了江苏省文秘等级水平和专业技术人员信息化素质的学习培训和考试，成为全省首批获得高级文秘水平证书的人员。在参加市委党校第二十期青年干部培训班期间，我还获得学员辩论赛优秀辩手奖。

尽心尽力、尽职尽责做好每一件事，这就是我一贯的工作作风。近几年来，市环保局大部分文字工作都是我完成的，从领导讲话、思路计划、总结汇报、调研文章、典型材料等综合性文稿，到政务信息、局务会纪要、月份重点工作汇报、大事记编写、年鉴撰写、新闻报道等其他文稿。无论是日常文稿，还是领导交办的突击文稿，我都尽最大努力做到又好又快、保质保量。据不完全统计，5年多来我编写的各种文稿达300多万字。为写好这些材料，我经常加班加点，任劳任怨、无怨无悔。我还注重调查研究，由我执笔主写的《建立环保工作长效机制途径初探》等调研文章被省环保厅评为优秀调研文章。

开拓创新、奋发有为是我孜孜以求的目标。我接手政务信息工作后，争取局领导的支持，多次组织召开政务信息工作研讨会，举办培训班，出台考核办法，加大奖惩力度，编印信息摘编，按季进行通报，全系统政务信息工作取得了历史性突破。连续四年被省环保厅评为先进单位、近十次被市委办和市政府办评为先进单位。个人还被省环保厅评为优秀信息撰稿员。此外，充分发挥做过通讯员、记者的优势，主动参与全局环境宣传报道工作。5年多来，在《人民日报》《新华日报》《中国环境报》等报刊发表环保新闻200多篇，并有多篇新闻在全市环保好新闻评比中获奖。

再次，汇报一下我竞选副主任科员的工作设想。我认为要胜任副主任科员这个职务，需要有较高的思想政治素质和理论水平，需要有精通的专业知识和广泛的综合知识，还要有较强的工作能力和平常心态。如果党组织和同志们信任我，让我担当这个职务，我将努力在以下四个方面下工夫：

一是在解放思想上下工夫。进一步增强学习的自觉性、紧迫性，真正把学习邓小平理论、“三个代表”重要思想和科学发展观放在首要位置，始终坚持不懈。同时还要学习现代科技知识、环保知识、经济知识、法律知识和历史知识。通过学习，紧跟不断发展变化的新形势，进一步增强大局意识、责任意识、忧患意识，努力做到解放思想与时俱进、永不止步。二是在服务科学发展上下工夫。作为一名环保工作人员，我将进一步树立大局意识、服务意识和助手意识。通过与基层环保局的沟通，了解基层环保局信息工作的状况，热心为其提供帮助和指导。加强与环保有关部门联系，了解存在的困难和问题，并及时向局领导提出有价值的信息和建议，为领导决策提供可靠的依据。加强与同志间的思想交流，做到相互帮助、相互尊重、相互信任、以诚相待。三在增强工作能力上下工夫。摆好位置是做好工作的前提。副主任科员的位置在我局虽是个较低的职务，但却是一个重要的基础，我在实际工作中一定认真履行其职责、承担其义务。通过学习和实践，不断增强工作能力，提高工作水平，努力又好又快地完成本职工作和领导交办的各项工作。四要在改进工作作风上下工夫。把个人的追求融入到环境保护事业的需要中，正确对待权力、金钱、名利，时刻遵守各项规章制度，从思想上筑起抵御腐朽思想侵蚀的坚固防线，增强拒腐防变的责任感和紧迫感。堂堂正正做人，干干净净做事，努力做到清正廉洁。

“长风破浪会有时，直挂云帆济沧海”。人生的道路还很漫长，无论这次竞职成功与否，都对我人生是一次考验和锻炼。竞职成功说明我基本具备副主任科员的能力要求，如果竞职不成功，说明我与副主任科员的要求还有一定的差距，我将在思想上不泄气、学习上不放松、工作上不气馁，一如既往勤奋努力学习工作，竭尽全力为环保事业做出应有的贡献。

最后，请各位领导、各位同事信任我、支持我，给我一次升职的机会，也给自己一次无悔的选择。

谢谢大家！

（资料来源：http://www.chddh.cn/yanjianggao/，有删改）

本竞聘辞开门见山表明竞聘岗位与目的，并借政治家的话说明自己的竞聘理由与初衷。接下来通俗序数词“首先”、“其次”、“再次”的使用，既显示竞聘词清晰的层次，又显示竞聘者思维的周密，其间运用“……是我的……、……是我的……、……是我的…”的排比段落，既充分阐释了竞聘者的竞聘优势与优点，又给竞聘辞增添了不俗的文采。文章结尾表态并为自己拉票，目标明确、态度诚恳，是一篇结构完整、内容实在、表达充分的优秀竞聘辞。

一、竞聘辞的含义

竞聘辞又称竞聘报告，是竞聘者在竞聘会议上向与会者发表的一种阐述自己竞聘条件、竞聘优势，以及对竞聘职务的认识，被聘任后的工作设想、打算等的文书。它是应用写作研究的重要文体之一。

二、竞聘辞的特点

（1）竞争性：凸显人无我有，人有我优，人优我特的竞争优势。

（2）目的性：竞聘报告一定是为了竞选某一职位而撰写的文书。

（3）生动性：要吸引人，具有口头宣传的作用。

（4）自评性：要全面而公正地评价自己。

三、竞聘辞的格式与写法

通常由标题、称谓、正文、落款等部分组成。竞聘演讲的目的，就是要把自己介绍给评选者，让评选者了解你的基本情况，了解你对竞聘岗位的认识和当选后的打算。所以，竞聘演讲报告内容包括以下几方面。

（一）标题

有以文种为题的简单写法，如“竞聘辞”、“竞聘演讲报告”；有以竞聘职位和文种为题的，如“人事处处长竞聘报告”。

（二）称谓

一般写“尊敬的各位领导、同志们”。

（三）正文

开头对听众进行礼貌问候，接下来介绍自己的基本情况以及为什么参加竞聘的理由，阐述对竞聘职务的认识以及自己的竞聘优势，被聘任后的工作设想、打算等，最后是结语。

1．介绍自己的基本情况

包括姓名、年龄、学历、经历等。

2．竞聘优势

含政治素质、业务能力和工作态度等。这一部分实际上是要说明为什么要应聘，凭什么应聘的问题。竞聘者在介绍自己的情况时，一定要有针对性，即针对竞聘的岗位来介绍自己的学历、经历、政治素质、业务能力、已有的政绩等。并非要面面俱到，而应根据竞聘职务的职能情况有所取舍。

3．适度简要介绍自身的不足之处

竞聘者在介绍自己应聘的基本条件时，要尽可能地展示自己的长处，但不是对自身的不足之处，闭口不言。请看某竞聘者的表述：

我从没有担任过班干部，缺少经验。这是劣势，但正因为……；少的是畏首畏尾的私虑，多的是敢作敢为的闯劲。正因为我一向生活在最底层，从未有过“高高在上”的体验，对摆“架子”看不惯，弄不来，就特别具有民主作风。因此，我的口号是“做一个彻底的平民班长”。

4．任职后的打算

评选者更关心的还是竞聘者任职后的打算。因此，竞聘者在竞聘演讲时，一定要用简明扼要的语言亮明自己的观点，也就是说，要紧紧围绕着听众关心的热点、难点问题，提出明确的工作目标和切实可行的措施。

5．对竞聘结果进行表态并结束演讲

竞聘者要对自己的竞聘结果进行预测，目的就是告诉大家自己不管怎么样都会继续努力。

（四）落款

写姓名和时间（但竞聘演讲时不读出来）。

知识小卡片

怎样才能竞聘成功

1. 精心准备演讲稿：第一，切忌对前任的工作全盘否定，大肆鞭挞；第二，切忌措辞不当，说竞聘是推陈出新，易伤老同志的心；第三，切忌语气不对，还没有竞聘上，就表决心，舍我其谁，让人心生反感。
2. 合体的穿着打扮可以加分。穿着应该符合竞聘场合的气氛，女同志宜化淡妆，显得精神。
3. 仪态仪表：上台时要有朝气，步履轻快。演讲时，身子切忌乱晃，眼珠子乱转，表情紧张生硬。

其实，一个人事业能否成功，最主要的环节不在竞聘大会本身，平时的工作态度和业绩非常重要，为人处世更重要，俗话说“金杯银杯不如老百姓的口碑”。哪怕你在竞聘时口吐莲花，也扭转不了平时的印象。不能凭侥幸取胜，要脚踏实地，辛勤努力，这才是竞聘成功的关键。

环保局监察大队副队长竞聘演讲

尊敬的各位领导、同事们：

大家好！

我局环保监察队，肩负着保护环境，构建社会主义和谐社会的重任。而副队长这项工作不是一个人或几个人就能做的，我想我能做好！工作两年来，我曾多次受到领导和同事的肯定，并多次获得荣誉称号，年轻是我最大的优势，我能快速接受新事物，推动单位内部进一步的深化改革。

因此，如果我这次能够得到大家的支持，光荣当选，我将从以下几个方面开展工作：首先，热爱是最好的老师，我热爱所从事的工作，愿意为环保事业付出最大努力，希望能在领导岗位上发挥我的作用，更好地实现人生价值；第二，具备一定的工作能力和学识水平，能够把我多年来的理论和实践运用到实际工作中进行再锤炼，为环保事业发挥出光和热；第三，年轻人有的是干劲和活力，舍我其谁！

尊敬的各位领导，评委，以上是我的一些看法，但我知道，没有经过实践的理论永远不能被认为是正确的。因此，我真心希望大家给我一个以实践检验理论的机会。假如我能够荣幸地竞聘成功，我将打造出一流的团队，以求真务实、廉洁奉公的态度，真抓实干、秉公办事。用自己的实际行动，保护好环境。我坚信，无论在什么工作岗位上，只要有足够的努力，那就一定会获得成功！我要让我的信条在实际工作中得到证实！

谢谢大家！

先读下列招聘启事，然后根据自己的爱好，写一篇竞聘辞。

招聘启事

因工作需要，长沙县环保局面向社会公开招聘 2 名环境监测人员（专业可以根据学生情况调整为相关专业）。

要求：30 岁以下，性别不限，大专以上学历，所学专业为环境监测与化学分析（专业可以根据学生情况调整为相关专业）。

待遇：年薪 2.8 万 ~ 3.2 万元。有意者请于 4 月 18 日带好毕业证或毕业生推荐表以及身份证前往应聘。并参加 4 月 30 日在长沙经济技术开发区管委会（星沙镇蒸湘路）环保局的竞聘演讲。

应聘时间：4 月 18 日（周三）上午 8: 00 ~ 11: 00

应聘地点：长沙经济技术开发区管委会（星沙镇蒸湘路）

电话：0731-4020836

长沙县人才交流服务中心

二〇〇七年四月十七日

第七章　环保科技文书的写作

第一节　环保专业毕业论文的写作

案例一

农村居民生态环保意识初探

摘　要：生态环保是继公平与效率之后提出的衡量人类社会发展理想与目标实现程度的又一新指标，广大农村地区生态环保工作的开展及其效果将直接影响到全国经济社会的可持续发展。农民作为农村地区环保工作的主体，其环保意识水平、环保责任心以及对自身生产生活方式的认识总体较差。针对不同地区农村居民生产生活方式和思想实际，可以通过加强宣传与教育、以传帮带的方式推进农业产业升级并制定合理有效的奖励机制等方式实现农村居民环保意识水平的提高。使广大农村地区环保工作的开展，真正发挥农民的生力军作用。

关键词：农村居民　生态环保　环保意识

引言

生态环保是继公平与效率之后提出的衡量人类社会发展理想与目标实现程度的又一新指标，是随着城市工业化进程中出现了一系列环境问题，人们对自己生产方式、生活方式和行为方式的反思而提出的发展新理念。在科学发展观可持续发展思想的指导下，一场生态环保运动在全国逐渐拉开帷幕。根据我国城乡经济发展不平衡的现实国情，广大农村地区环保工作的进展将直接影响到全国环保工作的成败。因为我们不能走发达国家那种先污染后治理的经济发展之路，我们付不起资源代价、环境代价和治理生态破坏的经济成本代价。农村居民作为农村地区环保工作的主体，提高他们的生态环保意识是我们在农村地区开展环保工作和取得成效的首要任务。

1. 农村生态环境对全国经济社会发展的影响。（略）

2. 农村地区生态环境保护的现状及原因分析。(略)

2.1 农村居民的环保责任心。(略)

2.2 农村居民对自身生存环境的认识。(略)

2.3 农村居民对自身生产生活方式的认识。(略)

3. 提高农村居民环保意识的现实举措加强农村居民的环保意识，要针对当地居民生产生活方式的特点和其环保意识水平逐步展开，要因地制宜才能富有成效。

3.1 加强宣传与教育，普及农村居民生态环保知识。针对农村居民受教育水平低这一特殊群体，如果直接把生态环保的相关知识以文件的形式发放到他们手中，其结果肯定是收效甚微，所以要采取特殊的措施。对受教育水平低年龄较大的农村居民，可以以具体的现实生活为依托，引导其通过自身回忆的方式，从生活环境的前后对比中认识生态环保，产生生态环保意识；对受过高中以上教育年龄较轻的农村居民可以组织起来进行学习，把相关的环保知识及其重要性以灌输的方式进行宣传，经过多次学习逐渐形成较稳固的生态环保意识；再以青年群体为主体，以传、帮、带的形式在现实的生产生活中逐渐渗透扩大影响，使生态环保意识通过这种有快有慢、有先有后的形式，分阶段分步骤依次提高，使其逐渐在农村居民每个人心中树立起牢不可摧的生态环保意识之墙。环保知识的普及必然增强其环保责任心、规范其行为。

3.2 推进农业产业升级，增进农村居民生态环保意识。传统农业为了提高产量增加收益，人们只有增加灌溉次数并加大施肥力度。为了获得眼前的效益，在水资源日益短缺的情况下，地下水大量被开采；在有机肥效果不佳的情况下，无机肥被大量使用。人与自然之间的生态平衡遭到破坏，制约着经济的可持续发展。因此，农村生态环保工作要取得良好效果，其有效途径就是实现农业产业升级。我国广大农村地区在经济发展过程中要因地制宜，在发挥自身优势的前提下，相互借鉴取长补短，才能取得良好的效果。

可借鉴生态环保工作开展较早地区的成功经验，如发展循环经济、无公害生态农业等。以此为契机，增进当地农村居民的生态环保意识，加快社会主义新农村建设的步伐。

3.3 建立合理的奖罚机制，提高农村居民生态环保意识。根据不同农村地区民风民俗和日常习惯的不同，环保工作相关部门要制定行之有效的评价指标和合理的奖励机制。同时密切关注当地居民生态环保意识的变化，对生态环保工作开展较好或生态环保意识有较大进步的农村居民要适时地进行奖励，以点带面扩大影响，激励农村居民生态环保意识的提高。

结论

生态文明正在改变着人们的物质资料生产生活方式，它的出现对人类社会发展提供了一个新的评价尺度——生态尺度，它是继公平和效率之后出现的又一个新的行为准则和评价指标。人类社会的发展过程可以说是公平与效率辩证发展和矛盾转化的过程，其实质是人类追求幸福生活的理性反思过程。生态尺度标准是生活在当代的人们对人类社会个体种类的生产生活方式和手段从实然走向应然的体现。农村居民生态环保意识水平的提高和加强，是整个社会走向生态文明的基础环节和重要步骤。

参考文献:

[1] 温铁军.新农村建设中的生态农业与环保农村[J].环境保护，2007（1）：26.

[2] 张惠远.农村环保进行时[J].中国报道，2009（2）：50.

[3] 李锦顺.农村民间生态环保社团的生成机理和发展起点研究[J].生态经济，2007（4）：141.

（资料来源：www.biyeda.com 毕业论文下载网，有改动）

这篇环保专业的毕业论文，由标题、摘要、关键词、正文、参考文献五部分组成。标题简短、明确、有概括性，正文部分分析了农村生态环境的意义，指出农村生态环境保护的现状，提出了加强宣传与教育，普及农村居民生态环保知识，推进农业产业升级，增进农村居民生态环保意识，建立合理的奖罚机制，提高农村居民生态环保意识等解决方案，全文观点鲜明，顺理而论，层次井然，自成文章。

案例二

浅议污水处理厂的节能途径

摘　要：近几年我国建成并运行的污水处理厂越来越多，但是近几年以电费为主的能耗费用不断上涨，许多污水处理厂因为无法解决巨额的运行费用而不能正常运转，使国家投巨资建设的污水处理厂没有发挥它的社会效益，致使我国的水环境状况日益恶化，因此对污水处理厂运行进行优化管理，节约能源费用，降低处理成本是保障污水处理厂正常运行的重要手段。本文通过以活性污泥法为例分析污水处理成本高的主要原因和相应采取的措施。

关键词：污水处理　能效　节能

1 概述

目前，我国已建成并投入运行的城市污水处理厂约 180 座，设计处理能力达到 1 050 × 10^4 m^3/d，其中二级生化处理能力约 750 × 10^4 m^3/d，全国城市污水二级处理率达到 9% ~ 10%。1998 年度国家采取扩大内需的政策，加大城市基础设施建设的投资力度是一项重要内容。国家政策性投资主要用于大中城市的污水和垃圾处理、供水、供热、供气、城市道路和绿化等方面，其中国家立项的城市污水处理工程建设项目就达 137 个。国内目前建设二级污水处理厂的投资水平按单位处理水量计为 1 200 ~ 1 600 元/m^3，相应的配套排水管网投资为 400 ~ 700 元/m^3，污水厂单位水量处理成本 0.55 ~ 0.80 元/m^3，单位水量运营费 0.35 ~ 0.55 元/m^3。[1]纵观我国的污水处理厂其运行状况不容乐观，尤其是近几年以电费为主的能耗费用不断上涨，许多污水处理厂不能正常运转，使国家投巨资建设的污水处理厂没有发挥它的社会效益，我国的水环境状况日益恶化。因此在能保障污水处理量和尾水达标排放的前提下，对污水处理厂运行进行优化管理，节约能源费用，降低处理成本是保障污水处理厂正常运行的重要手段。本文通过以活性污泥法为例的污水处理厂进行能耗分析与评价，提出污水处理厂的节能措施，以供污水处理厂设计人员和管理人员参考。

2 污水处理厂的能耗分析

2.1 污水处理厂的工艺流程（略）

2.2 各个构筑物的能耗分析（略）

3 污水处理厂的节能措施

3.1 污水（泥）提升泵

提升泵的节能应首先从设计入手，进行节能设计；对于已投产的污水处理厂，提升泵节能的关键在于控制方式，只有实行提升过程的最优控制，才能达到节能的目的。[3]

3.1.1 合理降低水泵的扬程

目前我国进行污水处理厂的设计时，水头损失普遍偏高，导致水泵的扬程计算值偏高。从水泵的有效功率 $N_u = rQH$ 可以看出，r、Q 一定时，N_u 与 H 成正比，因此降低水泵的扬程节能效果显著。降低水泵的扬程可以采取以下措施：① 污水处理厂的各个构筑物总体布置尽量紧凑，尽量减少弯头和阀门，连接管路尽量短，从而最大限度减少水头损失。② 减小跌流的落差，例如将非淹没式的堰改成淹没式的堰，水流的落差可以减小 25cm。③ 尽量利用自然地势，实现污水自流或者利用自然落差补偿部分污水管路水头损失。④ 采用阻力系数小的管材，减少污水的沿程水头损失。

3.1.2 合理确定水泵的型号和台数

选用流量与扬程尽量达到设计要求的污水提升泵，尽量减少水泵台数，选用高效率的污水泵。如，液下泵、潜污泵与普通卧式离心泵相比，安装形式简单，没有吸水管与启动辅助设备，直接能耗相同时，间接能耗要低得多；WG/WGF 型污水泵在同一工况下比 PW 型污水泵效率高，另外，水泵机组尽量采用同一泵型，以便维修管理，不同流量大小搭配的水泵，型号尽量一致。[4]对污水提升流量调节时，要避免阀门调节来节省能耗，可采用调速泵或多台定速泵组合调节的形式。[5]当采用水泵调速时，应该选用大机组和台数少的调速水泵。[6]

3.1.3 采用合理的流量控制

污水量往往随着季节、天气、用水时间等变化，目前理性的做法是采用最大流量作为选泵依据，实际上水泵全速运转的时间不超过10%，相当部分时间水泵处于低效运转。由水泵的轴功率 $N=N_u/n$（n 为运行效率）可见，水泵处于高效运转状态下可以节省大量电能。因此应选择合适的调控方式，合理确定泵流量，保持泵的高效运转。目前主要的水泵调控方式有：

（1）对位控制

对位控制就是在吸水池水位发生变化时，根据事先确定的水位等级，控制对应水泵机组的自动开停，以适应泵站来水量的变化。这种控制方式简单易行，使用方便，应用广泛。但是，这种方式吸水池水位的变化幅度较大，水泵扬程也随之发生相应的变化。因此，节能效果不好，而且水泵启动频繁，忙闲不均。[7]

（2）自动流量及配编组控制

多台定速水泵流量级配编组控制，就是根据泵站的实际来水量，将泵站中的几台水泵组成几种流量级配，使泵站的出水量比较接近实际的来水量。这样就可以保证吸水池中的水位较长时间地稳定在高水位上，从而使水泵的工作扬程减小，最终达到节能的目的。北京高碑店污水处理厂采用的就是这种控制方式。其具体做法是在泵站的进水渠道上加设一座堰高 2 m 的溢流井，把溢流堰顶以下 300 mm 处作为中心控制点，其上下各 300 mm 处的水位值作为上下限控制点。溢流井的设置使吸水池水位提高 1.15 m，而且溢流井处设置的水位和溢流量监测仪表还为泵站的最优化控制提供必要的数据。实践证明，高碑店污水处理厂采用这种控制方式节能效果显著。每天可节约用电量 900 kW · h（流量按 50 万 m^3/d 计）。

（3）转速加台数控制

目前国外大型污水处理厂普遍采用转速加台数控制方法，定速泵按平均流量选择，定速运转以满足基本流量的要求；调速泵变速运转以适应流量的变化，流量出现较大波动时以增减运转台数作为补充。但是由于泵的特性曲线高效段范围不是很大，这就决定了对于调速泵也不可能将流量调到任意小，而仍能保持高效。[3]此外还可以通过调节出水闸开启度、切削水泵叶轮等方式实现流量控制。

3.2 曝气系统

曝气过程是活性污泥法的中心环节，也是污水处理过程中能耗最大的工序。曝气系统的节能主要有以下几方面。

3.2.1 选择高效的曝气设备

仅从降低能耗的角度考虑，表面曝气的性能要优于穿孔管曝气，微孔扩散器效率高于中气泡、大气泡扩散器，亦优于表面曝气机。但是表面曝气机械不需要修建鼓风机房，不需设置大量布气管道和曝气器，因此与微孔扩散器相比，表面曝气虽然直接能耗和间接能耗低，但氧的利用率低，在设计中，应综合考虑采用。[8]

3.2.2 合理布置曝气器

活性污泥法的曝气器应按微生物反应规律布置，使供气量在曝气池的各段内与该段微生物反应需氧相适应。如传统活性污泥法就应布置成渐减曝气的形式，否则，就会出现前段供氧不足，后段供氧过剩的现象，既不节能，也影响处理效果。另外，传统的曝气池，曝气管是单边布置形成旋流，过去认为这种方式有利于保持真正推流，可以减小风量，但经过多年实践与研究发现，这种方式不如全面曝气效果好。全面曝气可使整个池内均匀产生小旋涡，形成局部混合，同时可将小气泡吸至 1/3 到 2/3 深处，提高充氧效率（见表 3）。[3]微孔曝气器应布满整个曝气池底部。德国的一项研究结果表明，在所有曝气系统中。布满曝气池底部的微孔曝气器系统的传氧效率最高可达 3kg O_2/（kW · h）。[9]

表 3　不同充氧方式的效率（略）

3.2.3 合理设计池形

曝气池的池形会影响曝气设备的氧传递性。每种曝气池形的影响又有所不同。例如在 3 ~ 7.6 m 的池深范围内，深度对小气泡的总充氧效率几乎没有影响，而当淹没深度从 3 m 增加到 7 m 大气泡扩散装置的充氧效率提高了 20% ~ 30%。Rooney 指出，最佳池形设计，淹没式涡轮曝气和扩散曝气的充氧效率可提高 50%。一般而言，横向环流混合型较好，扩散装置对称并均匀地分布在池底。表面机械曝气在高动力密度下，可能出现额外的问题，因为相邻曝气器间的相互干扰，产生波浪而降低充氧效率。可以在各个曝气器之间设立隔板而解决上述问题。

3.2.4 曝气设备供氧量的自动调节

随着污水厂水质和水量的变化，需要时时调节曝气设备的曝气量，曝气量的调节方式有控制多组曝气池或多组曝气单元的运转、使用可调节的曝气系统、采用计算机实时控制的曝气系统、分期建设、分期使用曝气池等。

虽然在曝气系统和污水（泥）提升系统外的其他系统里也有许多节能措施，但限于文章篇幅，不在此一一赘述。

4 结论

由于近几年国家只注重污水处理厂数量的建设而不注重污水处理厂的节能建

设，随着近几年来电费、药剂、人力等费用的不断上涨，使污水处理厂的运行费用不断增加，甚至造成了一大批污水处理厂不能正常运转，所以对污水处理厂进行能耗分析，发挥污水处理厂的巨大节能潜力，提高污水处理厂的经济效益，是保障污水处理厂正常运转的重要措施，同时也有利于缓解社会能源日益紧张的局面。在污水处理厂的设计、建设中，尽可能地优化设计，选择合理的处理工艺，实际合理的构筑物，使用节能的设备；在污水处理厂的运行中，要大胆运用先进的技术实现设备的优化运行，加强管理，实现污水的资源化和再利用，那么污水处理才能逐渐向高效低耗的方向发展，实现其社会效益。

参考文献：

[1] 张建文，张海燕. 城市污水处理厂运行管理优化方案[J]. 城市环境与城市生态，2001，14（8）：18.

[2] W. F. Owen. 污水能效与能耗. 章北平，车武，译. 北京：能源出版社，1989：14（有改动）.

[3] 张力，张善发. 城市污水处理厂的节能技术对策. 上海水务，2003，19（2）：20.

[4] 吴慧芳，孔火良. 城镇小型生活污水处理设备及其展望. 工业安全与环保，2003，29（5）：17-20.

[5] 唐受印，戴友芝，等. 水处理工程手册. 北京：化学工业出版社，2004.

[6] 周金全. 城市污水处理工艺设备及招标投标管理. 北京：化学工业出版社，2003.

[7] 李亚峰，马学文. 浅谈城市污处处理厂的节能. 节能，1998，（1）.

[8] 杨敏，张建强，李亚澜. 污水处理工程中节能问题的探讨. 工业安全与环保，2005，31（2）：23.

[9] 王彩霞. 城市污水处理厂能源开发利用与节能技术. 设计与研究，1991.

（资料来源：http://www.52ssc.com 毕业论文网，有改动）

本论文针对因运行费用昂贵而导致一大批污水处理厂不能正常运转，投资大而没有发挥社会效益的污水处理现状进行分析，提出一系列的解决方案。论题简洁、明确、现实意义强，摘要简短陈述了论文的主要内容，提示了论文的主要观点。正文部分展开论题、分析论证，思维逻辑清晰、层次分明、重点突出。结论部分精练、准确地概述全文的主要观点，照应开头，体现全文的整体性。

大学最后一学年，同学们最重要的一个学习任务就是撰写毕业论文。同学们往往对毕业论文的重要性，尤其是难度估计不够。有的同学的初稿问题百出。表现在：随意从网络下载，拼贴；随意使用论据，不加注释；随意使用概念，不加解释；随意使用词语，不加思考，等等。其实，毕业论文的写作是一项科学、严肃、慎重、认真的工作。

那么，什么是毕业论文？如何才能完成一篇高质量的毕业论文呢？

一、毕业论文的概念及分类

毕业论文就是高等院校应届毕业生独立完成的一篇总结性的学术论文。而学术论文是用来进行科学研究和描述科研成果的文章，简称论文。它既是探讨问题进行科学研究的一种手段，又是描述科研成果进行学术交流的一种工具。毕业论文是学术论文的一种形式。

由于毕业论文本身的内容和性质不同，研究领域、对象、方法、表现方式不同，因此，毕业论文就有不同的分类方法。

（1）按内容性质和研究方法的不同，可以把毕业论文分为理论性论文、实验性论文、描述性论文和设计性论文。后三种论文主要是理工科大学生可以选择的论文形式，文科大学生一般写的是理论性论文。理论性论文具体又可分成两种：一种是以纯粹的抽象理论为研究对象，研究方法是严密的理论推导和数学运算，有的也涉及实验与观测，用以验证论点的正确性。另一种是以对客观事物和现象的调查、考察所得观测资料以及有关文献资料数据为研究对象，研究方法是对有关资料进行分析、综合、概括、通过归纳、演绎、类比，提出某种新的理论和新的见解。

（2）按议论的性质不同，可以把毕业论文分为立论文和驳论文。立论性的毕业论文是指从正面阐述论证自己的观点和主张。一篇论文侧重于以立论为主，就属于立论性论文。立论文要求论点鲜明，论据充分，论证严密，以道理和事实服人。驳论性毕业论文是指通过反驳别人的论点来树立自己的论点和主张。如果毕业论文侧重于以驳论为主，批驳某些错误的观点、见解、理论，就属于驳论性毕业论文。驳论文除按立论文对论点、论据、论证的要求以外，还要求针锋相对，据理力争。

（3）按研究问题的大小不同，可以把毕业论文分为宏观论文和微观论文。凡具国家全局性、带有普遍性并对局部工作有一定指导意义的论文，称为宏观论文。它研究的面比较宽广，具有较大范围的影响。反之，研究局部性、具体问题的论文，是微观论文。它对具体工作有指导意义，影响的面窄一些。

二、毕业论文的特点

（1）学术性。学术性即科学性，是指在论文中所表现出来的系统、严谨的理论体系。

（2）独创性。独创性是指在论文中对已有理论提出新的见解，展开有理有据的论证，自成一家之言或一得之见，从而使论文具有资料借鉴或应用的价值。独创性并非抛开前人成果，而是在吸收和强化已有学说基础上的创新，提出新观点、新方法、新手段、新操作。

（3）培养性。作为独立完成的毕业论文，它不像考试、考查那样，使学生被动地接受知识、技能的训练，而是培养学生主动地独立分析、解决问题的能力，培养独立的科学研究能力。

（4）习作性。大学生撰写毕业论文就是运用已有的专业基础知识，独立进行科学研究活动，分析和解决一个理论问题或实际问题，把知识转化为能力的实际训练。写作的主要目的是为了培养学生具有综合运用所学知识解决实际问题的能力，为将来作为专业人员写学术论文做好准备，它实际上是一种习作性的学术论文。

三、毕业论文的写作格式

（一）标题名称（题目）

毕业论文标题应以最恰当、最简明的词语来反映论文中最重要的特定内容的逻辑组合，尽可能避免使用不常见的缩写省略词、字符、代号、符号和公式等。论文标题一般不超过 30 个字。

（二）论文摘要

摘要即摘录要点，是对论文内容的简短陈述，提示论文的主要观点、见解、论据或概括地简单介绍论文的主要内容。摘要中不宜使用公式、图表、不标注引用文献编号。摘要文字要简明、确切。论文的中文摘要一般以 200～400 字为宜，重要的学术论文不超过 1 500 字。英文摘要应与中文摘要一致，文字表达自然流畅，无语言错误。

（三）关键词（或主题词）

关键词是指用来表达论文全文主题内容信息的单词或术语，供资料查询之用。每篇论文的关键词一般选取 3～5 个词语。按词条的外延层次排列，外延大的排在前面。

（四）论文目录

如果论文的篇幅较长，就应该编出一个简单的目录。论文目录也就是论文中的各级小标题的依次排列。排出小标题，并表明标题所在的页码，使读者从整体上把握文章的逻辑体系，也为读者宣读论文的有关部分提供方便。

（五）正文

1. 引言（或称引论、前言、导言、绪论、序论和导论）

引言是论文的起始部分。内容复杂篇幅长的论文，称“绪论”、要求讲清写作此文的动机，它的内容、意义、欲达之目的。

2. 正文

正文是毕业论文的核心部分，也是论文的主体部分，其功能就是：展开论题、分析论证。正文的内容就是深入分析文章引言提出的问题，运用理论研究和实践操作相结合进行分析论证，揭示出客观事物内部错综复杂的联系及其规律性。正文撰写的内容反映出文章的逻辑思维性和语言表达能力，决定了论文的可理解性和论证的说服力。正文撰写必须做到实事求是、客观真切、准备充分、思维逻辑清晰、层次分明、通俗易懂。正文撰写时采用的层次结构方式有以下三种形式：① 直线推论方式。由文章中心论点出发层层深入地展开论述，由一点进行到另一点的逻辑推演，呈现出直线式的逻辑深入。② 并列分论方式。把从属于基本论题的若干个下位论点并列起来，分别进行论述。③ 直线推论与并列分论相结合的方式。即直线分论中包含并列分论，而并列分论下又有直线推论，形成复杂的立体结构。

3. 结论

结论是毕业论文的总结，是整篇论文的归宿。要照应开头，体现全文的整体性。要求精练、准确地概述全文的主要观点；或自己赞成的观点，或自己反对的观点，或自己的创造性工作与新的见解，或进一步提出需要讨论的问题和建议等。

（六）注释

按其功用的不同，可将论文的注释分两类：① 补充内容的注释。对一些读者不易理解的概念、不易接受的事实以及其他不便在正文中展开论述，但又必须要告诉读者的内容，要在注释中说明；② 著名资料出处的注释。一方面，这是对他人劳动成果的尊重，另一方面也会增加材料的可信度，证明作者具有实事求是、认真严肃的工作态度。注释可用页末注（将注文放在加注页稿纸的下端）或篇末注（将全部注文集中在文章末尾），而不用行中注（夹在正文中的注）。若在同一页中有两个以上的注时，按各注出现的先后，须按序编列注号，注释只限于写在注释符号出现的同页，不得隔页。

（七）参考文献

毕业论文的撰写应本着严谨求实的科学态度，凡有引用他人成果之处，均应按引文出现的先后顺序列于参考文献中，即列出正文中以标注形式引用或参考的有关著作和论文。一篇论著在论文中多处引用时，在参考文献中应将序号归并到一起集中列出。较多的应加页列出，至少要离开文末四行。引用文献标示方式应全文统一，并采用所在学科领域内通用的方式。具体请参见国家标准《文后参考文献著录规则》（GB/T 7714—2005）。

四、写作注意事项

（一）周密思考，慎重落笔

毕业论文是一项“系统工程”，在正式动笔之前，要对题目进行认真思考，拟好写作提纲，最好是能具体到二级小标题。然后根据需要查阅相关资料，做好材料准备工作。在动手之前，要做好以下准备工作：首先，要明确主题。其次，要理清思路。动笔之前，对怎样提出问题，怎样分析问题，怎样解决问题，以及使用哪些材料等，都要想清楚。第三，立定格局。所谓“格局”，就是全文的间架、大纲、轮廓。在动笔之前先把它想好“立定’，如全文分几部分，各有哪些层次，先说什么，后说什么，哪里该详，哪里该略，从头至尾都应有个大致的设想。第四，把需要的材料准备好，将各种事实、数据、引文等找来放在手头，以免到用时再去寻找，打断思路。第五，安排好写作时间、地点。写作要有相对集中的时间，比较安静的环境，才能集中精力专心致志地完成写作任务。古人说：“袖手于前，方能疾书于后。”做好了充分的准备，写起来就会很快。如果不重视写作前的准备，对所写的对象只有一点粗浅的认识就急于动笔，在写作过程中“边施工边设计”，弄得次序颠倒，手忙脚乱，或做或辍，时断时续，结果反而进展缓慢。

（二）一气呵成，不重"小节"

在动笔之前要做好充分的准备，一旦下笔之后，则要坚持不懈地一口气写下去，务必在最短时间内拿出初稿。初稿不妨粗一些，材料或文字方面存在某些缺陷，只要无关大局。暂时不必去改动它，等到全部初稿写成后，再来加工不迟。

（三）行于所当行，止于所当止

"行于所当行"，要求作者在写作时，该说的一定要说清楚，不惜笔墨。如一篇文章的有关背景，一段事情的来龙去脉，一种事物的性质特征等，如果是读者所不熟悉的，就应该在文章中讲清楚，交代明白。"止于所当止"，就是说，不该写的，一字也不可多写，要"惜墨如金"。如果情之所至，任意挥洒，不加节制，也不肯割爱，势必造成枝蔓横生，冗长拖沓，甚至出现"下笔千言，离题万里"的毛病。

（四）写不出的时候不硬写

"写不出"，有种种原因：或者对所谈的认识不充分，仅停留在表面上，未能透过现象深入其本质；或则对所论的问题不透彻，没有从不同层面、不同角度进行剖析，只见一点，不及其余；或者所掌握的材料还不够充分，或者对文章的主题、结构、语言表达还没有想好，等等，都可使文章写不下去。"写不出"，正好暴露出自己写作中存在的问题，并不一定是坏事。它说明准备工作还没有做好，写作时机还不成熟。这时候，应该明智地停下来，细心地分析写不出的原因，回顾写作各个环节，找出问题的症结所在。如果是材料问题，就要进一步搜集材料；如果是认识问题，就要运用所学的专业知识，对写作对象进行再认识。只要查明原因，对症下药，克服了写作中的障碍，就会出现"山重水复疑无路，柳暗花明又一村"的新境界。

知识小卡片

如何修改毕业论文

1. 修改论点，论点是论文的灵魂，修改时要反复斟酌论点。总论点是否正确、是否站得住脚、是否有新意；总论点与分论点是否配合；各分论点是否表达清楚了；重要提法是否有片面之处，是否有故作惊人之笔，实为随波逐流之笔，没有什么新意，是否照抄照搬别人的观点。

2. 修改材料，主要指对论文引用的材料增加，删节或调换。修改论文中，要看引用的材料是否确凿有力；是否有出处；是否能相互配合说明论点；是否发挥了论证的力量；是否合乎逻辑，是否具有说服力。
3. 调整结构，结构是文章内容的组织和安排形式。调整结构，要求作者理顺思想，检查论文中心是否突出，层次与部分是否清楚，段落划分是否合适，开头、结尾、过渡、照应如何，全文是否构成一个完整而严密的整体。
4. 修改语言。高尔基说语言“是一切事实和思想的外衣”。修改语言，一是要改得通顺；二是要改得精练。要把可有可无的字句删去；三是要合乎文体；四是要检查行文格式、文字书写、标点符号等。

下面是一位环保专业学生毕业论文的部分内容，在格式和内容方面存在某些错误，请指出来并加以完善。

浅析城市水污染现状分析及再生利用

关键词：水污染，现状分析，再生利用

摘要：淡水是人类赖以生存的根源，是社会经济发展的血脉。淡水资源人均占有量已成为衡量人们生活质量的重要指标。地球上总的水体积大约为 14 亿立方千米，其中只有 2.5%是淡水，大部分以永久性冰或雪的形式存于南极洲和格陵兰岛，而可供人类利用的部分仅有 20 万立方千米。

中国是一个发展中国家，水资源短缺，人均占有量仅 2 440 立方千米，是世界人均水资源占有量的四分之一。加之降水在空间和时间上的分布不均衡，北方干旱半干旱地区全年降水量主要集中在 7、8、9 三个月，使得这些地区可以利用的水资源尤显不足，而且，我国水资源的时空分布不均，南方多北方少，更加剧局部水资源的短缺状况。供水不足已成为中国城市和经济发展的重要制约因素。另一方面，人类使用水资源的方式也加剧了水资源的紧张形势。人口的增加和城市化进程，使水资源匮乏形势日益严峻，水体污染已威胁到我国城市发展、人类生活和自然生态。

1. 水资源分布

水是自然界重要组成物质，是环境中最活跃的要素，是人类和一切生物赖以生存和发展的物质基础。水，孕育了地球上的生命。人类的文明、人们的生活和工农业生产都离不开水，水是生命的源泉，经济的命脉。一个国家如何对待它的水资源将决定这个国家是发展还是衰落，21 世纪，水对人类的重要性将同 20 世纪油对人类的重要性一样。

世界上的水包括：①辽阔无垠的海洋。它是水的大本营，它是一个巨大的蓝色宝库。②奔腾不息的江河。它是大地的动脉。③星罗棋布的湖泊。④藏在地下的海和河。⑤地球的固体水库——冰川。⑥大气水。

从水资源的总量看，我国是一个水资源大国，可别忘了，我国如今有 13 亿人口，这样算下来，人均水资源占有量就太少了，仅相当于世界人均水资源占有量的四分之一。再加上我国降水的时间和空间分配很不均匀，主要集中在汛期的三四个月，水资源在地区上分布也不均衡，南多北少，东多西少，水资源分布与人口、经济和社会发展布局极不协调，水土资源的组合很不合理。

1.1 水资源环境问题

......

2. 我国水污染的现状及存在问题

2.1 我国水资源利用的总体目标

......

2.2 我国水污染的现状

......

2.3 存在的主要问题

......

2.4 水体污染的种类及其主要危害

......

2.5 水体污染的防治和管理

......

3. 污水的再生利用

3.1 国内污水资源分析

......

3.2 污水再生利用的适用性

......

3.3 城市污水再生利用的必要性和迫切性

......

3.4 我国发展城市污水再生利用的技术经济可行性

......

4. 我国污水再生利用存在的问题及对策

4.1 缺乏对污水再生利用的系统规划

......

4.2 城市污水收集与处理设施建设严重滞后

......

4.3 城市污水再生利用技术相对落后

......

4.4 相关法规和政策不够完善

......

5. 结束语

随着我国各级政府对城市污水再生利用工作的重视和有关部门加大对城市污水再生利用工程项目的支持力度，以及政策、资金和技术等问题的逐步解决，城市污水再生利用将得到推广和应用。总的说来，目前各地污水再生利用尚处于起步阶段，规模小，利用范围窄，也存在许多问题。所以我们要科学规划，合理确定城市发展规模；加强管理以流域为基础系统管理水资源；全面节水，建设节水型城市；科技创新，不断提高城市水务现代化水平。污水再生利用的潜力将不断被挖掘，解决水资源紧缺的实际问题。同时，我们也要更清醒地认识到保护环境、保护水资源的重要性。

参考文献

......

技能训练

请从下面四个毕业论文题目中任选一题撰写毕业论文的摘要、关键词。

A．影响环境噪声监测因素分析

B．室内氮氧化物的污染控制方法

C．室内甲醛样品采集的几点思考

D．室内污染物的来源及检测

第二节　实验报告的写作

案例一

溴苯的制备

一、目的要求

1. 掌握芳香卤代的原理和制备方法；

2. 掌握电动搅拌器和气体吸收操作。

二、基本原理

芳香族卤代物是指卤素直接和苯环相连接的化合物，它的制法和卤代烷不同，一般是用卤素（氯或溴）在铁粉或三卤化铁催化下与芳香族化合物作用，通过芳香烃的亲电取代反应将卤原子直接引入芳环。

$$C_6H_6 + Br_2 \xrightarrow{Fe\ 或\ FeBr_3} C_6H_5Br + HBr$$

实际上这个芳环卤代反应的真正催化剂是三卤化铁。铁粉先和卤素作用生成三卤化铁，然后三卤化铁再起催化作用，整个取代反应的历程是：

$$2Fe + 3Br_2 \longrightarrow 2FeBr_3$$

$$FeBr_3 + Br_2 \rightleftharpoons Br^+[FeBr_4]^-$$

$$C_6H_6 + Br^+ \rightleftharpoons [C_6H_6Br]^+ \longrightarrow C_6H_5Br + H^+$$

$$FeBr_4^- + H^+ \longrightarrow FeBr_3 + HBr$$

由于三卤化铁和卤素作用生成卤素正离子和四卤化铁复合负离子要一定的时间，因此在卤代反应开始前有一个诱导期。例如，在制溴苯时，开始时反应不明显，过一段时间后反应进行很剧烈。为了避免反应过于剧烈和减少副产物二溴代苯的生成，必须将溴慢慢地滴加到过量的苯中。三卤化铁很容易水解失效，所以反应时所用的试剂和仪器都应该是无水和干燥的。

主反应：

$$C_6H_6 + Br_2 \xrightarrow{Fe} C_6H_5Br + HBr$$

主要副反应：

$$2C_6H_5Br + 2Br_2 \xrightarrow{Fe} p\text{-}C_6H_4Br_2 + o\text{-}C_6H_4Br_2 + 2HBr$$

三、仪器药品

250 mL 三颈瓶、电动搅拌器、恒压滴液漏斗、球形冷凝管、布氏漏斗、空气冷凝管、气体吸收装置一套、分液漏斗。

溴 31.2 g（10 mL，0.2 mol）、铁屑 0.5 g、10%氢氧化钠溶液、无水氯化钙、苯（无水）19.4 g（22 mL，0.25 mol）。

四、实验步骤、现象

在 250 mL 三颈瓶上，分别装置电动搅拌器、冷凝管和恒压滴液漏斗，在冷凝管顶端连接溴化氢气体吸收装置。于三颈瓶内加入 22 mL 无水苯（19.4 g，0.25 mol）和 0.5 g 铁屑，滴液漏斗中加入 10 mL 溴（31.2 g，约 0.2 mol）。

在三颈瓶中先滴入 1 mL 溴。片刻后，反应即开始（必要时可用水浴温热），可观察到有溴化氢气体逸出。然后开动搅拌器，在搅拌下慢慢滴入其余的溴，使溶液保持微沸（约 45 min 加完）。加完溴后，再用水浴（60 ~ 70℃）加热 15 min，直到无溴化氢气体逸出为止。向反应瓶内加入 30 mL 水，振摇后，抽滤除去少量铁屑。粗产物依次用 20 mL 水、10 mL10%氢氧化钠溶液、20 mL 水洗涤。经无水氯化钙干燥后，用水浴先蒸去苯，然后在石棉网上小火加热，当温度上升至 135℃时，换成空气冷凝管收集 140 ~ 170℃的馏分。将此馏分再蒸一次，收集 150 ~ 160℃的馏分。

产量 18 ~ 20g（产率：59% ~ 65%）。

纯粹溴苯的沸点为 156℃，折光率 n_D^{20} 1.559 7。

五、思考问答

1. 在本实验中，如何尽量减少二溴化物的生成？在本实验中如果生成5g二溴化物，那么溴苯的最高产量是多少？

2. 在实验室中操作类似溴这样一些具有腐蚀和刺激性的药品时，应注意什么事项？一旦皮肤沾到溴后应如何处理？

3. 氯、溴、碘同苯反应的速度快慢次序如何？为什么？

4. 如不用搅拌器和三颈瓶时，如何进行此反应？试设计一装置。

（资料来源：http://chemlab.gzhu.edu.cn/gzhugfz/baogaofanli 广州大学基础有机化学实验）

本实验报告从实验名称、目的要求、基本原理、仪器药品、实验步骤及现象、思考问答等几方面来撰写。根据实验步骤和顺序安排思路，层次清晰，实验目的明确，准确使用专业术语，表述准确简练通顺。

案例二

有机化学实验报告

实验题目____________________

姓名：　　　　实验日期：

一、实验目的

二、实验原理

1. 主反应

2. 主要副反应

3. 反应条件及影响因素分析

三、主要试剂及产物物理常数

试剂名称	性 状	分子量（M）	密度（d）	熔点/℃（mp）	沸点/℃（bp）	溶解度			
						水	乙醇	乙醚	苯

四、主要反应试剂规格及用量

试剂	规格	分子量（M）	用量				备注
			g	mL	mol		
					理论	实际	

五、实验步骤

操作	现象

六、粗产物分离原理及步骤

七、产率计算

理论产量 =

产率（%）=

八、结果分析与问题讨论

（资料来源：广州大学化学化工学院实验报告）

这是一份罗列式实验报告样本，实验数据的处理采用列表法，简明方便，在各种实验报告册中出现的很多。只需按照实验项目的顺序，罗列成条，完整表述即可。填写时需注意：实验报告所使用的资料都应是通过实验所观察到的现象和所获得的数据，这些内容应是客观、真实、确切的，不允许有半点虚假。表述时要按照实验的客观实际，选择合乎化学学科特点的最恰当的词句，科学准确地表达意思。

知识橱窗

实验是化学、物理等科学赖以形成和发展的基础，是检验科学知识真理性的标准。实验教学不仅可以激发学生学习的兴趣，帮助学生获得知识和实验技能，更重要的是可以培养学生的观察和实验能力，以及实事求是、严谨认真的科学态度，从而提高其科学素养。而实验报告的书写更有助于学生理解和掌握实验的目的、意义、方法和技能，还能通过对实验现象和结果的分析得出自己的体会和结论，使学生的知识与能力得到升华，同时激发学生的学习兴趣，培养学生多观察、勤思考、善总结的科学素养。因而掌握实验报告撰写方面的知识就是很有必要了。

一、实验报告的概念及分类

实验报告是在科学研究活动中，人们为了检验某一种科学理论或假设，通过实验中的观察、分析、综合、判断，如实地把实验的全过程和实验结果用文字形式记录下来的书面材料。实验报告具有情报交流的作用和保留资料的作用。

实验报告的分类因科学实验的对象而异。如化学实验的报告叫化学实验报告，物理实验的报告就叫物理实验报告。

二、实验报告的特点

确证性：它所记录的实验结果，能经得住任何人的重复和验证；

纪实性：对实验的过程和结果，必须如实记录；常以图解帮助说明；

格式固定：常使用专用的报告单。

实验报告的书写是一项重要的基本技能训练。它不仅是对每次实验的总结，更重要的是它可以初步地培养和训练学生的逻辑归纳能力、综合分析能力和文字表达能力，是科学论文写作的基础。因此，对所完成的每次实验，均应及时认真地书写实验报告。要求内容实事求是，分析全面具体，文字简练通顺，誊写清楚整洁。

三、实验报告的写作格式

不同的实验目的和要求不同，在实验报告的书写内容上不必强求一致，该繁则繁，该简则简。一般情况下实验报告是根据实验步骤和顺序从九方面展开来写的。

（1）实验名称：要用最简练的语言反映实验的内容。如验证某程序、定律、算法，可写成“验证×××”、“分析×××”。

（2）实验日期和实验者：在实验名称下面注明实验时间和实验者名字。这是很重要的实验资料，便于将来查找时进行核对。

（3）实验目的：目的要明确，在理论上验证定理、公式、算法，并使实验者获得深刻和系统的理解，在实践上，掌握使用实验设备的技能技巧和程序的调试方法。

（4）实验原理：在此阐述实验相关的主要原理。

（5）实验仪器和药品：写出主要的仪器和药品，应分类罗列，不能遗漏。此项书写可以促使实验者去思考仪器的用法和用途，药品的作用及其所能发生的具体的反应，从而有助于理解实验的原理和特点。需要注意的是实验报告中应该有为完成实验所用试剂的浓度和仪器的规格。因为，所用试剂的浓度不同往往会得到不同的实验结果。

（6）实验步骤：根据具体的实验目的和原理来设计实验，写出主要的操作步骤，这是报告中比较重要的部分。在此项中还应写出实验的注意事项，以保证实验的顺利进行。

（7）实验记录：正确如实地记录实验现象或数据，为表述准确应使用专业术语，尽量避免口语的出现。这是报告的主体部分，在记录中，即使得到的结果不理想，也不能修改，可以通过分析和讨论找出原因和解决的办法，养成实事求是和严谨的科学态度。

（8）实验结论和解释：对于所进行的操作和得到的相关现象运用已知的知识去分析和解释，得出结论，这是实验联系理论的关键所在，有助于实验者将感性认识上升到理性认识，进一步理解和掌握已知的理论知识。

（9）评价和讨论。

四、撰写实验报告的注意事项

写实验报告是一件非常严肃、认真的工作，要讲究科学性、准确性、求实性。在撰写过程中，要注意以下几种情况。

（1）细致观察，及时、准确、如实记录实验现象和数据。在实验时，由于观察不细致，不认真，没有及时记录，结果不能准确地写出所发生的各种现象，不能恰如其分，实事求是地分析各种现象发生的原因。故在记录中，一定要看到什么，就记录什么，不能弄虚作假。为了印证一些实验现象而修改数据，假造实验现象等做法，都是不允许的。

（2）说明要准确，层次要清晰，书写应规范并符合实验设计原则。

（3）尽量采用专用术语来说明事物。

（4）准确运用外文、符号、公式，使用统一规定的名词和符号。

（5）独立完成实验报告的书写，严禁抄袭、复印他人的。

知识小卡片

实验数据处理的基本方法

实验数据的处理可用列表法、图解法及电子表格，其中化学分析法常用列表法，其形式最为简洁。在仪器分析法中常用图解法。而电子表格法既有列表法的直观和简洁，又可方便快速地制备各种形式的相关图，还便于实验室的信息统一存储和管理。

1. 列表法：列表法在一般化学实验中应用最为普遍，特别是原始实验数据的记录，简明方便。其方法是：在表格的上方标明实验的名称，表的横向表头列出试验号，纵向表头列出数据的名称，通常按操作步骤的顺序排列，最后最后一行通常为最终计算结果。

2. 图解法：用图解法表示测量数据间的关系往往比用文字表述更简明和直观。它可以用于以下情况。

（1）变量间的定量关系图求未知物含量，如外标法的标准曲线图；

（2）通过曲线外推法求值，如利用连续加入标准液的方法所得的图外推求值；

（3）求函数的极值或转折点，如利用光谱吸收曲线求取最大吸收波长及摩尔吸光系数等；

（4）图解积分和微分，如色谱图上的峰面积等。

3. 电子表格：在计算机技术飞速发展的今天，利用已开发的计算机软件平台进行实验数据的处理已经是十分成熟的技术，它既可以对所记录的数据进行快速、自动的处理，还可将计算结果绘出各种图形，可以学习利用 *Microsoft Excel* 电子表格进行实验数据处理的方法。

下面是某同学撰写的化学实验报告，看看格式方面有哪些不足的地方，请一一指出来。

无水乙醇的制备

姓名：　　　　　　日期：

一、实验原理：略

二、实验目的：略

三、主要试剂及规格：略

四、实验步骤：略

五、实验装置图：略

六、数据记录及处理：略

	95%乙醇	生石灰	无水乙醇
体积或质量			
回 收 率			

七、问题与讨论：

在蒸馏无水乙醇时，接引管支管为什么要接一个氯化钙干燥管？

针对最近实验课上所做的实验撰写一则实验报告。

第三节 产品说明书的写作

案例一

云丽环保液体壁纸涂料产品说明书

简介：新型液体壁纸涂料产品是一种高档的合成装饰材料，它完全克服了传统墙纸壁布不耐水洗、不阻燃、易破损、易霉变和有接缝等缺陷。该产品具有卓越的理化性能和环保品质、阻燃、无毒无味、防霉抗腐、耐酸碱、耐擦洗、使用寿命长、施工简易等特点。产品通过国家建材测试中心检测，各项指标均达到国家建筑内墙BG/TP 756—1995 标准，属国家大力推广的绿色环保建材产品。

装饰与效果：该产品施工方法简易、灵活多样，适用于水泥沙灰墙面、涂料表面、石膏板、纤维板面、木材、金属、塑料、纸张表面等各种墙体物面上直接施工，效果能产生不同形状的各色花纹图案多达数百余种。可形成壁纸花纹、壁布花纹、风景、山水、花鸟虫鱼等五彩缤纷的装饰效果。如锦似缎，酷似壁纸，胜似壁纸，胜似壁布，给人一种如诗如画的感受。是当今宾馆、舞厅、酒店、学校、工厂、办公楼、家庭居室首选的理想装饰材料。

品种有高、中、低档次的产品和与之配套的装饰辅助产品。

1. 高级幻彩型珍珠金光，幻彩型珍珠丝光液体壁纸可以印花、喷花、滚花，涂层平滑光亮，手感如丝绒，使室内充满活力，给人一种高雅的享受。

2. 乳胶内墙漆丝光，亚光可以刷内墙净面用。涂层平滑光亮如喷塑，手感如镜面。

3. 乳胶外墙漆不怕风吹雨淋，经久耐用。

4. 内外墙底漆及面漆具有吸附能力强，相容性好，黏结好，保色效果好等性能。

光泽：丝绒般平滑光亮，立体感强，有珠光之豪气，色泽经久不衰。

颜色：与样卡上各种颜色一致，特殊颜色可按用户要求配制。

该产品荣获证书：

1. 获国家专利局受理发明专利号 ZLP5106735.4，国际专利分类号：COPD129/04；
2. 获中国发明专利博览会金奖产品称号；
3. 获全国建筑材料博览会金奖产品称号；
4. 获中国高新技术博览会银奖产品称号；
5. 获北京国际发明博览会银奖产品称号；

使用说明：

1. 可滚、喷、涂、印、刷等多种方法。
2. 饰面要求清洁、平整、坚实。
3. 使用前应充分搅拌，可加适当清水稀释。
4. 施工温度不低于零度。
5. 贮存温度 0～40℃密封存放。
6. 涂布量：12～250 g/m^2（理论值）。
7. 一般情况下刷两遍即可，要求第一遍干后再刷第二遍。

专利号：ZLP5106735.4

国际专利分类号：COPD129/04

国家建材局技术情报研究所

北京东方星火开发有限公司襄樊分公司

地址：襄樊市松鹤路刘硬居委会旁

电话：0710－3242408　3458594　3231986

（资料来源：www.cei.gov.cn 中经网）

这是一篇环保液体壁纸涂料产品说明书。在正文部分客观、真实、详细地向消费者介绍产品用途、优点、性能、所荣获证书、使用保存方法等，使消费者能对照说明书会选择、会使用、会保存，从而全面地了解商品，认识商品。正文部分还在该产品的装饰效果、品种等方面进行了较详细的说明，具有指导消费、推广产品的作用。结尾部分注明产品专利号、生产企业名称、地址、联系电话等，以便消费者与厂家取得联系。该产品说明书的语言通俗易懂、简洁明白。

案例二

家用空气甲醛检测试剂说明书

简要说明:

本产品主要应用于装修后的居室、办公室、宾馆、轿车等场所，能很快地检测出该环境甲醛等有害气体超标的含量。

详细介绍:

甲醛检测试剂（吸收液、比色剂、显色剂）本试剂是依据国家标准 GB/T 18204.26—2000《公共场所空气中甲醛测定方法 酚试剂比色法》配置成为标准试剂套装，由吸收液、吸收瓶（酚试剂）、比色管（显色剂）及比色色阶卡组成。此试剂也可作为个体居室空气甲醛现场自测用。自测使用方法详见比色色阶卡介绍。产品经国家环保总局环境科学研究所，对本产品甲醛空气快速自测管进行 AHMT 比色法分析检验测试，完全达到 GB/T 16129 标准准确要求。

一、产品特性

1. 产品设计科学、合理，检测结果准确。

2. 使用简单，快速灵活，价格合理。

3. 检测范围：0 ~ 1.6 mg/m^3。可覆盖正常检测范围。

二、与甲醛检测仪器使用检测按以下操作步骤

1. 将空气采样器固定到三脚架支撑上，或放置室内的桌面上。调整采样器至水平，高度在人呼吸带高度（0.8 ~ 1.5 m）。

2. 将气泡吸收管 U 形支撑架挂于采样器侧面，再将气泡吸收玻璃管插于支撑架上。

3. 用乳胶管连接气泡吸收管—安全瓶—采样器采气软管。

4. 取甲醛检测专用试剂一份。将试剂中的吸收液全部滴入吸收瓶中。

5. 旋紧吸收瓶瓶盖（吸收瓶内装有试剂，注意瓶盖上有否黏附），上下摇动 15 ~ 20 次，使试剂全部溶解、溶液均匀。

6. 取出气泡吸收管的内管，将上述吸收瓶中的溶液倒入玻璃试管（气泡吸收管）。再将气泡吸收管的内管插回，使磨口接口密实，并使采集进气口面向采气方向。

7. 检查仪器各个部分均稳妥后，接上采样器电源，打开电源开关，红色电源指示灯亮，表示可以进行采样。拧动定时器设定采样时间为 20 min，绿色指示灯亮，同时调节流量计流量为 0.5 L/min（此为最佳流量范围），即可自动计时采样。（按标准 GB/T 18204.26—2000 采气 10 L）。至指定时间，仪器自动停止采样，绿灯灭。

8．采样结束，把试管内经采样收集甲醛气体的吸收液倒回吸收瓶内。

9．将比色管封口打开（打开前先把端口附近的试剂弹下），使瓶子正立，用手捏紧底部把其中空气排出（注意不要让试剂挤出），将它插入吸收瓶液面下，松动手，将溶液自动吸入比色管中。

10．而后将比色管口朝上，左右摇动 30 s，使试剂完全混合溶解。

11．用手握住比色管下部，用人体温加热 5 min。

12．把比色管和甲醛测试卡色阶进行比较，读出被测房间（或家具）中的甲醛浓度值。

（资料来源：http://sdhbcp.com 山东环保产品网）

这份产品说明书，最突出的优点，是其对该产品与甲醛检测仪器使用检测时操作步骤的说明，步骤介绍条理清晰，通俗易懂，对消费者的需要考虑得比较周到。本文语言明晰、准确，很好地体现了产品说明书的说明性、实事求是性和指导性的特点。

随着社会与科技的发展，新产品、新技术和新的服务项目不断涌现，产品说明书使用的频率越来越高。无论是科学尖端产品还是生活的消费品，无不借助于产品说明书来向人们展示它的本质和风采。如果某项新品问世后没有说明书，或说明得不清楚、不准确，用户就无法了解和使用。即使产品的性能、技术再先进，也不能进行推广、使用。一份好的产品说明书不仅体现出企业对产品质量的信心、对用户负责的态度，而且也是一个企业形象最好的展示。产品说明书写作的成功与否，将直接影响产品的生产与效益。

一、产品说明书的概念

产品说明书，简称说明书。是产品生产者就产品的性能规格、构造用途、使用和保养方法以及维修等事项的书面介绍说明，它是一种指导消费的文书。它伴随着产品广泛进入生产、科研、贸易、生活各个领域，具有指导消费、扩大销售和反馈信息的作用。

二、产品说明书的特点

产品说明书的特点主要是科学性、实用性、条理性、简明性。

（1）科学性：产品说明书的内容必须真实、客观、准确地反映产品的实际情况，经得起实践的检验。对有关知识、原理的介绍要恪守科学性，不能夸大其词，应遵守商业道德，向用户负责，维护消费者的合法权益。特别是药品说明，如果稍有不科学之处，就可能产生严重的后果。此外，还应该说清楚使用该产品应注意的事项或可能产生的问题，使产品更有效地发挥使用价值。

（2）实用性：产品说明书主要是以说明为主要表达方式，客观、真实、详细地向消费者介绍产品特点、性能、用途、使用维修方法等，使消费者能对照说明书会使用、会维修，从而全面地了解商品，认识商品。

（3）条理性：用户要按产品说明书去使用产品，因而，对产品的性能、用途、特点和内容应逐条予以说明，做到条理清楚，次序分明。产品说明书常常按照产品结构的空间顺序和使用产品时的操作顺序对商品的使用和保养方法进行详细介绍。

（4）简明性：产品说明书是以用户为主要说明对象的，否则，用户看不懂，就形同虚设。因此，产品说明书的语言应通俗浅显、简洁明白，要少用和不用专业术语和生僻词语。对产品的构造、装配方法、操作技术、注意事项等说明，要配以图样、表格及照片，作具体形象的解说，使用户准确掌握，牢记不忘。

三、产品说明书的写作格式

产品说明书由标题、正文和结尾三部分组成。

（一）标题

标题主要由产品名称加文种两部分构成。如《甲醛特效溶解酶说明书》。

（二）正文

正文应写明产品基本情况，一般包括：

（1）产品概况：包括产品名称、规格、成分、产地；

（2）产品用途、性能、特点；

（3）产品使用方法，可配插图说明各部件名称、操作方法及注意事项；

（4）产品的保养和维修；

（5）附“用户意见书”及其他事项。

产品说明书的种类不同，以上内容可有详略不同。

（三）结尾

产品说明书的结尾要注明生产、销售企业名称、地址、联系电话等，以使消费者与厂家、商家取得联系。

四、产品说明书写作的注意事项

社会生活、生产中的产品繁多，各具特色，用户对产品的需求各异。如购买药品，重在了解药物功能、服用方法；购买电器，重在产品的使用和保养方法；购买食品，重在产品的营养成分、味道、食用方法。不同的用户心理，不同的商家目的，不同的产品特点，都可以构成产品说明书的不同内容和写作方法。但从产品说明书的社会功能来看，都是为了说明产品，为用户提供方便，对用户负责。因此，写作时应该做到：

（1）实事求是，客观真实。

（2）根据对象，突出产品特点。

（3）语言通俗、准确简洁。

（4）杜绝虚假，防止夸大。

知识小卡片

产品说明书与广告的区别

1. 目的不同

说明书的目的是介绍产品知识，广告的目的主要是促进商品销售、推广经营理念。

2. 内容有别

说明书的内容一般比较全面具体，深入细致；广告的内容一般比较简明扼要，不拘一格。说明书注重科学性、实用性，广告突出艺术性、感染力。

3. 形式各异

说明书属于说明文体，叙述客观冷静，不事夸张渲染；广告是一种宣传形式，表现方法丰富多彩，讲究创意求新，经常显示出一定的主观色彩。

4. 操作殊途

广告一般需付费并通过一定的媒介形式直接或间接地介绍、推销商品或服务；参与者除广告主外，还需有广告经营者等，按《广告法》的规定，还必须订立书面合同，有规范的运作要求。而说明书的发送相对自由灵活，一般由企业独立撰写印刷，随商品赠送，往往是商品服务项目不可缺少的附件之一。

下面是一则产品说明书，看看内容和格式方面有哪些不足的地方，请一一指出来。

天顺特效家具除味剂说明书

产品特点：

1. 本品利用纳米技术，将天然植物和无毒纳米材料合成绿色环保的特效家具除味剂，国内首创。

2. 本品为黄色、无味微酸性的液体，能100%地清除家具中散发的各类有机化学物。

3. 清除胶水味及其他异味，特别是清除办公桌椅、文件柜、抽屉中的异味，具有净化空气等多种功能（特别是松节油等稀释剂的味道）。

4. 本品无毒无害无腐蚀作用，使用安全，操作简便。

适用范围：适用于各材质的办公桌、老板桌、书柜、壁柜、茶水柜等家具。

注意事项：

1. 喷洒时，请注意对家具等未干透油漆料的保护。施工人员注意自身防护。

2. 室温保存，避火、避暴晒、防冲击。

长沙天顺环保材料厂

找一则同一产品的说明书与广告进行对比，仔细分析、比较各自的特点。

第八章　环保策划文书的写作

第一节　环保活动策划文书的写作

案例一

玄武湖景区环保活动策划书

一、活动主题

爱心牵动你我他，再现和谐玄武湖

二、活动背景

蓝天碧水，阳光明媚，鸟语花香，空气清新的优雅环境是每一个人都梦寐以求的，然而随着经济的日益增长，我们周围的资源在不断遭到破坏，伴随环保问题的不断恶化，环境保护受到社会的广泛关注。近年来，随着南京经济的快速发展，环境问题也受到人们的普遍关注。由于玄武湖湖水的富营养化，水藻泛滥，鱼量减少，湖周边废弃物随处可见。保护环境是每一个地球公民的义务。今天，环境已成为全国所面临的最严重的问题之一，“拯救地球”的呼吁反映了人类面临的环境问题的严重性，而水污染又是当前人类面临的十大环境问题之一。

三、活动时间和地点

时间：2010 年 3 月 12 日

地点：玄武湖环湖地带

四、活动对象

玄武湖地带游客

五、活动参与人员

爱心社志愿者

六、活动目的及意义

（一）以开展环保活动的形式，普及环保知识，增强大家的环保意识。

（二）清除杂物，还玄武湖一片洁净的天空。

（三）通过全社活动，增强各部之间的团结协作能力和组织协调能力。

（四）增强当代学生及广大人民群众的环境危机意识，促进城市建设与环境的和谐发展，共创和谐南京。

七、活动内容

（一）将湖区的杂物拾汇入箱。

（二）打捞湖边能及范围内的杂物。

（三）组织志愿者擦除湖区周边小广告。

八、活动流程

（一）前期准备

1. 活动前五天和湖区管理人员取得联系并协商取得一致意见。

2. 定做展板，横幅；准备垃圾袋，手套，夹子。

3. 活动当天早上派人提早送帐篷，凳子，横幅，展板等到目的地。

（二）活动当天

1. 将志愿者分成若干小组，由临时小组长负责带队。

2. 早上 8: 00 南门集合，8: 30 出发。

3. 中午 11 点收工，午饭自行解决；下午 2: 00 开工，5: 00 收工。

4. 来回坐车以小组为单位，组长负责。

5. 活动分为两部分，一部分人负责拾汇垃圾，一部分人负责宣传。宣传以横幅展板为主，服装为辅（活动当天统一穿爱心社社服）；办公室负责拍照记录和协调各小组工作。

（三）后期总结：办公室负责后期总结工作。

九、活动负责

主要负责人：×××

小组长：×××　×××　×××

十、活动经费预算

展板：××元×4

横幅：××元×6

一次性手套：××元×××

路费：4 元×××

垃圾袋：××元×××

夹子：××元×××

矿泉水：1 元×××

策划者：南京××大学爱心社

2010年3月8日

（资料来源：http://yangguanchenxue.blog.163.com/blog/static/ 王刚博客，有改动）

这是某高校大学生爱心社撰写的一篇环保活动策划书。由标题、正文、落款三部分组成。标题由活动范围、活动内容及文种构成，正文部分包含十个方面内容，在各个内容交代清楚的基础上，又重点突出了活动主题、活动内容和活动流程，落款写明策划者名称和策划日期。结构形式上采用条款式，条理清晰、分明。

案例二

拒绝过度包装　倡导简约生活
——2009第六届北京高校健康环保周活动策划书

一、活动背景及目的

2009年，新中国迎来了60周年华诞，我们伟大的祖国从一个落后的农业国发展成为工业化中期国家，人民生活从贫困迈向总体小康，教科文卫等各项事业迎来了大发展、大跨越，经济建设突飞猛进，然而环境污染、资源浪费、生态平衡被破坏等问题一直成为困扰人类生存发展的难题，这些现象都与可持续发展战略背道而驰。

基于社会形势、学校和学生的需求，我们考虑举办“2009 第六届北京高校健康环保周”活动。本次活动拟以“拒绝过度包装，倡导简约生活”为主题，旨在倡导首都高校大学生拒绝商品过度包装，避免资源浪费，通过大学校园这个小社会映射到我们生活的大社会，通过大学生影响周围的同学、朋友及家人，倡导现代人在出行及消费时形成简约而不简单的生活方式。

二、活动规模

本次活动面向首都各类高校及周边社区，预计将有北京十几所高校社团共同参与。

三、活动时间安排

2009年9月23～30日

四、主办单位

北京环境科学学会、国际食品包装协会

五、协办单位

北京环保餐具联合组织、中国环保餐具网、北京各大高校环保社团

六、承办单位

北京凯发环保技术咨询中心

七、支持单位

赛诺国际有限公司、天津育新塑料包装有限公司、深圳迅宝环保股份有限公司、北京新捷包装制品有限公司、北京宝隆兴业工贸有限公司、北京康利创兴塑料制品有限公司等。

八、支持媒体

新闻中心、BTV 公共频道、新京报、中国环境报、中国消费者报、中国包装报、京华时报、北京晚报、法制日报等。

友情合作网站：新浪、搜狐绿色、慧聪网、国际食品包装协会、中国环保餐具网等大型网站环保栏目。

九、活动内容

（一）“第六届北京高校健康环保周”——开幕式

以“拒绝过度包装，倡导简约生活”为主题，为本届高校健康环保周活动拉开帷幕，扩大影响力，以更庄重的方式传达给社会各界。

活动形式：主办单位负责人致词，业内知名、专业人士围绕本次活动主旨发表演讲，并对全体学生进行号召和动员，高校社团代表发出倡议。现场与学生互动，识别过度包装，了解相关知识。公布北京高校垃圾分类调查结果及分析。

出席人员：北京环境科学学会秘书长陈炳炎、本届活动组委会主任、食品安全及环保专家董金狮、北京地球村环境教育中心减塑行动负责人文衡凤、北京印刷学院团委老师、北京印刷学院印刷包装材料与技术重点实验室领导等嘉宾，以及各高校环保社团成员出席。

开幕式时间：2009 年 9 月 23 日下午 2: 30

开幕式地点：北京印刷学院办公楼会议厅

（二）“第六届北京高校健康环保周”——宣传活动

与各高校环保社团配合，在巩固环保知识的基础上向广大学生宣传《限制商品过度包装条例》、北京市开展“再生资源回收日”活动及国家质检总局 2009 年第 48 号文件《关于开展食品用纸包装、容器等制品生产许可证无证查处工作的公告》等国家相关政策，以及持续发展环境保护、做好垃圾分类的重要性，与学生零距离接触形成互动交流。活动的同时媒体进行跟踪报道和随机采访，扩大整个活动的影响力。

活动形式：万人签名、展板、各种类型的塑料袋、快餐盒、密胺餐具、保鲜膜、纸杯及废弃物再生制品，过度包装及合理包装展示、回收标识识别及实物展示、专家现场演示辨别优劣塑料餐盒、纸杯及合格塑料购物袋承重等实验、发放宣传品、张贴倡议书、海报及做关于过度包装的调查报告、发放高校垃圾分类调查结果及分析等形式。

活动时间：2009 年 9 月 23～30 日

活动地点：北京印刷学院、北京师范大学、北京林业大学、北京化工大学、首都师范大学、中华女子学院、中国地质大学、北京理工大学、中央财经大学、中国石油大学、中国政法大学、北京农学院、华北电力大学等大学校园内。

北京高校健康环保周组委会联系方式：

地　址：北京市海淀区板井路曙光花园智业园 B 座 18E（100097）

电　话：010-88465537/39　88466551

网　址：www.interfp.org（国际食品包装协会）

www.cept.cn（中国环保餐具网）

联系人：张硕（13810696710）邢联中（13011802379）

组委会主任：董金狮

北京环境科学学会

2009 年 9 月 10 日

（资料来源：http://www.cept.cn/2009/9/16/162041.html 北京凯发环保技术咨询中心，有改动）

本策划书采用的是新闻式双标题的标题形式，正标题用结构对称的动宾短语，将策划书的主旨及策划的目的在醒目位置标示出来，突出了策划书的重点内容，副标题补充说明活动的范围及文种。正文部分从九个方面对活动的各个方面进行了策划，策划目的明确，主题突出，内容具体详细，各个环节安排到位，有较强的可操作性。

策划——这些年最时尚、最吸引人眼球的一个词汇，大到治国安邦、宇宙飞船，小到穿衣戴帽，无论天空飞的，还是身上穿的，嘴里喝的，手上用的，心里想的……可以说都有策划的“功劳”。君不见，打开电视有影视策划，走在路边有看不完的广告策划，翻开报纸又有太多太多的新闻策划，娱乐策划，体育策划……可以说无时不策划，无事不策划。策划就在眼前，就在你身边，各种各样的策划每时每刻都在起着作用。

那么，什么是策划？专题活动策划方案该怎么写？

一、策划的概念及分类

在《辞源》中，“策”和“划”的主要义项是筹谋、谋略，与现在的计划、计策、计谋、对策意思比较接近。据此，有人把策划定义为：策划就是如何在全面谋略上指导操作者去圆满地实施对策、计策或计谋，从而达到办事的目的（引自陈放《策划学》）。

策划范围很广，没有严格意义的分类。但根据具体的策划业务来看，现代意义的策划一般有新闻策划、宣传策划、广告策划、产品策划、公关策划、营销策划、CI 策划、竞争策划、危机策划、专题策划、运动策划等内容层面。把这些内容用具体的文字表达出来就是策划方案。

二、“活动”的概念和特征

这里讲的活动主要指对外接待、参观、开业、庆典、新闻发布会、记者招待会、竞赛、捐助等大型活动。这种大型活动通常具有以下几方面的特征：

（1）必须有鲜明的目的性。即：围绕整个组织机构的组织形象策略和近期公关目标而确立的目的。大型活动往往耗费很多资源，包括人力、物力。如一个产品要进入一个中心城市，恐怕要花数百万元的传播费用。没有目的而耗费资金做活动是不可能的，目的不鲜明也是不值得的。

（2）广泛的社会传播性。大型活动本身就是一个传播媒体，其作用像一个大众传播媒介，只不过这个传播媒介在大型活动没有组织之前是不发生传播作用的，一旦这个活动开展起来，就能产生良好的传播效果。

（3）严密的操作性。在组织大型活动的过程中，给我们成功与失败的机会只有一次。因为大型活动不同拍电影、电视，拍电影、电视能拍三四组镜头，最后再重新编辑，但是策划大型活动每一次都是现场直播，一旦出现失误就无法弥补了。

（4）高投资性。一个大型活动往往要投入的资金和费用都是比较大的，绝对不可能用很少的资金做出很大的活动。我们可以提倡一个铜板掰成两个甚至是多个来花的精神，但高投资是最基本的特点。如果不是特别的需要，一般不要动辄使用大型活动的手段。

三、活动策划文书的写作格式

（一）标题

由单位名称＋活动内容＋文种构成，要尽可能全面地写出策划名称，如《×

×大学环保社团废旧电池回收活动策划书》；也可以用正副标题的形式表述，如《手牵手彩溢绿色家园，心连心共创地图风采——2009年绿色地图绘制活动策划书》。

（二）正文

1．活动背景

这部分内容应根据策划方案的特点在以下项目中选取内容重点阐述，具体项目有：基本情况简介、主要执行对象、近期状况、组织部门、活动开展原因、社会影响以及相关目的动机。其次应说明问题的环境特征，主要考虑环境的内在优势、弱点、机会及威胁等因素，对其作好全面的分析，将内容重点放在环境分析的各项因素上，对过去和现在的情况进行详细的描述，并通过对情况的预测制定计划。如环境不明，则应该通过调查研究等方式进行分析加以补充。

2．活动意义及目标

活动的目的应用简洁明了的语言表述清楚；在陈述目的要点时，该活动的核心构成或策划的独到之处及由此产生的意义（经济效益、社会利益、媒体效应等）都应该明确写出。活动目标要具体化。

3．主题

主题是整个策划的灵魂，是统领整个活动、连接各个项目、各个步骤的纽带。专题活动要为广大公众接受，就必须选好主题。

4．活动内容

要力求详尽，写出每一点能设想到的东西，没有遗漏。在此部分中，不仅仅局限于用文字表述，也可适当加入统计图表等；对策划的各工作项目，应按照时间的先后顺序排列，绘制实施时间表有助于方案核查。人员的组织配置、活动对象、相应权责及时间地点也应在这部分加以说明。

5．经费预算

活动的各项费用在根据实际情况进行具体、周密的计算后，用清晰明了的形式列出。在通常情况下，经费预算并不直接写入策划书中，有时候是根据单位既定的预算来考虑活动方案，有时候是先考虑方案的合理性，再实事求是地考虑和审批方案的预算。但作为撰写方案的人，头脑中必须考虑预算问题，没有经济基础支撑的策划方案是没有意义的，所以，必须在本单位财力能够承受的范围内来考虑具体方案，达到少花钱办好事的目的。

（三）落款

在右下角写明活动策划单位（或策划人）的名称和日期。

四、写作注意事项

（一）主题要单一

在策划活动的时候，首先要根据企业本身的实际问题（包括企业活动的时间、地点、预期投入的费用等）和市场分析的情况（包括竞争对手当前的广告行为分析、目标消费群体分析、消费者心理分析、产品特点分析等）做出准确的判断，扬长避短地提取当前最重要的，也是当前最值得推广的一个主题，而且也只能是一个主题。在一次活动中，不能做所有的事情，只有把一个最重要的信息传达给目标消费群体，才能充分引起受众群关注，并且比较容易记住你所要表达的信息。

（二）活动要围绕主题进行并尽量精简

有人认为在策划活动方案的时候要执行很多活动，理由是只有丰富多彩的活动才能够引起消费者的注意，其实不然。其一，容易造成主次不分。有些市场活动搞得很活跃，也有不少人参加，似乎反响很强烈，但是在围观或者参加的人当中，往往没有多少人是企业的目标消费群体，即使是，他们在活动完后也并不一定消费。在目前的市场策划活动中，有一些活动既热闹，同时又能达到良好的效果，就是因为活动都是紧紧围绕主题进行的。其二，提高活动成本，执行不力。在一次策划中，如果加入了太多活动，不仅要投入更多的人力物力和财力，直接导致活动成本的增加，而且还容易使操作人员执行不力，最终招致方案的失败。

（三）具有良好的可执行性

一个合适的产品项目，一则良好的创意策划，再加上一支精干的执行队伍，才是成功的市场活动。而执行是否成功，主要取决于策划方案的可操作性。策划要做到切实可行，除了需要进行周密的思考外，详细的活动安排也是必不可少的。活动的时间和方式必须考虑执行地点和执行人员的情况，在具体安排上应尽量周全。另外，还应该考虑外部环境如天气、民俗等的影响。

（四）切忌主观言论

在进行活动策划的前期，市场分析和调查是十分必要的，只有通过对整个市场局势的分析，才能够更清晰地认识到企业或者产品面对的问题，找到了问题才能够有针对性地寻找解决的办法，主观臆断的策划者是不可能做出成功的策划的。同样，在策划方案的协作过程中，也应该避免主观想法，也切忌出现主观类字眼，因为策划案没有付诸实施，任何结果都可能出现，策划者的主观臆断将直接导致执行者对事件和形式产生模糊的分析，而且，客户如果看到策划方案上的主观字眼，会觉得整个策划案都没有经过实际的市场分析，只是主观臆断的结果。

知识小卡片

成功的活动策划必须把握六个基本要素

1. 主体：即活动策划所服务的对象以及通过活动要达到的目的。
2. 市场：在确定主题之前，必须清楚了解市场活动的相关情况及竞争品牌的活动方式。
3. 主题：主题是活动策划的核心，主题的确定要体现两个方面：一是和产品的关联度要紧密；二是在风格上保持统一。
4. 名称：一定要具有绝对吸引力，避免落入俗套。
5. 文本：必须做到详细周密，以便更好地指导活动的有力执行。
6. 延伸性：一是单一活动策划的延续宣传性；二是保持整体活动风格上的统一。活动的宣传不同于其他宣传方式，活动的持续时间特别短，而人们的记忆又具有一定的遗忘周期性，如何让活动的宣传达到最理想的效果，延伸性是必须考虑的一个重要要素。

下面是一份专题活动策划方案，格式方面存在某些错误，内容上也把一些很重要的方面遗漏了，请指出来并加以完善。

策划方案

1. ××市妇联巾帼社区服务中心丰盛服务站是一个以安置下岗失业人员、低保人员再就业为目的的非正规就业组织。近两年来，得到市委、市政府、市妇联、市工会、市劳动局和社会保障局、市就业局等各部门以及有关领导的大力支持与帮助，取得了一定的成绩。为感谢各级部门和领导的支持与帮助，我们也在积极地想办法支持他们的工作，努力动员和帮助更多下岗失业的兄弟姐妹，并在自己力所能及的范围内对社会作一点贡献。

2. 此次活动，通过采取统一回收社区住户捐赠的废旧纸张、塑料等废旧物资，销售后的款项用于订制10万条以上绿色布购物袋，并通过各社区居委会发到各家庭的活动方式，让更多的市民和单位参与到此次活动中来，将自己没有利用价值的废旧物资作为捐赠品，既力所能及，又不增加经济负担，还有助于保护环境。

3. 拟在××市××区、××区各修建5个“垃圾废物收集亭”（贷款），配合市环境保护局创建“环保绿色社区”，做一些探索性和示范性工作。

4. 通过此次活动，吸收更多“环保志愿者”参与到各种环保活动当中来。逐步组成一支长期从事环保宣传和推广的“环保志愿”队伍。

5. 活动单位：

主办——（政府有关职能部门）

协办——（热爱环保的企业）

承办——××市妇联巾帼社区服务中心丰盛服务站

6. 活动时间：××××年×月

7. 活动宣传形式：

（1）现场宣传由各有关单位组织人员与承办单位临时聘用人员共同开展。

（2）对外的宣传将邀请省、市电视台和《××日报》《××晚报》《××晨报》等媒体进行报道。

8. 活动所需费用：通过企业对本次活动冠名给予赞助。

某职业学院实践部拟在全院范围内开展以“宣传低碳环保，建设绿色家园”为主题的社会实践活动，请你为实践部代写一份活动策划方案。

第二节　环保营销策划文书的写作

案例一

“环保到顶，低碳住家”
——欧斯宝低碳吊顶上市营销策划

自从哥本哈根气候峰会以来，充斥在我们耳畔最多的字眼就是“低碳”，国家在关注并积极践行低碳的使命，商家敏锐的市场触觉也开始闻到了“低碳”所衍生的商机，开始扛起“低碳”的旗帜进行各式各样的营销推广活动。欧斯宝公司成立 14 年，引领行业不断向前，在“顶级品质，上层生活”的品牌主张的指引下，无论在产品研发，还是生产、销售、服务上都始终秉持“品质”为企业发展的生命线，“品质”自然包含了诸多方面的要义，诸如人文品质、健康品质、服务品质，尤其在低碳经济呈席卷之势的情况下，欧斯宝公司乘势率先推出“零碳 LED 灯”，开创了吊顶行业低碳之路的先河。目前正在紧锣密鼓研发的低碳吊顶也即将环保上市，在未来的发展道路上，低碳将贯穿欧斯宝产品研发、生产制造、营销推广的每一个环节。

一、低碳系列新品上市背景

（一）市场大势的拐点

低碳经济，是以低能耗、低污染、低排放为基础的经济模式，低碳是继工业革命、信息革命后改变世界经济的革命浪潮。时至今日，低碳经济几乎涵盖了所有的产业领域，低碳社会、低碳经济、低碳生产、低碳消费、低碳生活、低碳城市、低碳社区、低碳家庭、低碳旅游、低碳文化、低碳哲学、低碳艺术、低碳音乐、低碳人生、低碳生存主义、低碳生活方式。尤其在刚刚结束的“两会”上，温家宝总理在《政府工作报告》中谈到 2010 年节能领域的政策方针：“打好节能减排攻坚战和持久战”。“两会”给予的信号是，中央继续高度重视节能、环保工作。因此低碳减排已经成为一项国家行动，已经上升为企业的品牌运动，低碳已经成为一项公民运动。

（二）消费需求的原点

面对全球气候变暖、生态环境不断破坏，我们开始审视反省自己的生活方式。低碳生活，对于个人来说代表着节约、环保、健康、自然的生活方式；低碳生活，意味着我们每个生命个体必须从眼下的点点滴滴开始做起，比如从节电、节油、节气的点滴做起，使用节能低耗的家居产品。

（三）品牌突围的爆破点

品牌很重要，但比品牌更重要的是品类。这样的先例已经数不胜数，史玉柱的经典之作脑白金就是品类的成功典范，维生素糖果雅克 V9 就是创新品类的成功典范，在家居行业的巴洛克地板就是仿古品类的成功典范，创造一个新品类，你就是这个品类的代言人。当机遇来临的时候，抢先比做得更好更重要，在消费者心目中占领一个位置比改变一个位置更容易，这个观点在“海飞丝”与“清扬”的去屑大战中，在“王老吉”与“和其正”的清火大战中其实已见分晓，因此，面对低碳如潮水般袭来的时候，如何成为第一个抢滩的人，如何成为第一个以低碳开创全新品类的人，将直接决定了在低碳经济大战中的胜负。

（四）竞争对手觊觎的支点

突破者必有法器，风向者必有所凭。基于上述低碳之于整个社会、整个竞争环境的重要性，很多竞争者必将以低碳作为突破的法器。而对于欧斯宝而言，在 2009 年底推出的行业第一款纯手工雕刻吊顶，纯正的美学血统，高贵的艺术格调，已经成为中国仿古吊顶的代名词，而这次推出的低碳新品系列，更是意在把此系列打造成为低碳吊顶的代名词。

二、欧斯宝低碳吊顶推广策略

（一）找准卖点

一个新品要想畅销，必须在营销的每一个环节聚焦卖点，在设计中创造卖点，在工艺上体现卖点，在质量上确保卖点，在广告上突出卖点，在服务上升华卖点，在促销中提升卖点。找准卖点对于一个新品的推行至关重要，大家都知道，王老吉之前一直都走不出困境，最根本的原因是没找好卖点，最开始王老吉是以饮料的定位去卖的，而对于消费者而言，买饮料的需求无非就两点，第一解渴，第二好喝，王老吉与饮料对比根本算不上好喝，所以一直都卖不动。自从“怕上火，喝王老吉”这一全新的卖点耀世而出，整个王老吉就立马让整个中国市场上了“火”，因为这次把王老吉当做中药汤来卖，消费者从心里的接受度就以中药汤为标准了，喝的时候感觉原来这药不苦还有点味道，原来不好喝的饮料变成最好喝的中药汤了，于是一发不可收拾，在中国快消品市场创造了单品销售的神话，令世界巨头可口可乐都为之侧目。这就是找好找准卖点的重要性，这就是卖点的力量。

欧斯宝低碳吊顶的卖点究竟有哪些？

1. 低碳环保，健康到顶

高科技铝镁合金材料，无铬、汞、镉等有害金属元素，产品内部无害、健康、环保。

2. 高压耐磨，美观耐用

表面阳极氧化膜可达60～200微米，可达到蓝宝石级硬度。

高压滚涂技术，使吊顶更具超耐磨、超耐用、超附着力的功效。

3. 防指纹，不粘手印。

4. 力防腐蚀，超级稳定

在$\omega=0.03$ NaCl盐雾中经几千小时不腐蚀。

5. 亮屏技术，亮丽易打理。

6. 防辐射，抗静电：表面凹凸肌理有效屏蔽辐射；优良的绝缘性，耐击穿电压高达2 000 V。

7. 色彩绚丽：经多次阳极氧化处理，颜色丰富，色彩逼真。

（二）精准诉求

这么多卖点，究竟选择哪一个作为主诉求去传播？“环保到顶”既突出了该产品的环保性能达到极致，更契合吊顶的产品属性；“低碳住家”则是升华之笔，直击消费者心理需求，买环保吊顶，享低碳生活。

（三）目标消费群体定位

营销无非就是把对的产品，在对的时间、对的地点，卖给对的人。那么低碳吊顶新品所定位的人群是一拨什么人呢？首先，该系列在欧斯宝现有产品族谱中属于精华版（中档），能够消费这一产品的人群是注重生活品质和品位的，他们相对年轻，在审美情趣上偏向现代简约，对应家装的需求是一种能够匹配自己生活方式的吊顶。

（四）整合传播

在整合传播中要把握几个关键点：诉求点、支撑点、传播点。欧斯宝低碳吊顶的诉求点：围绕“低碳生活，环保到顶”进行系列的创意包装。支撑点：在源头上，低碳吊顶采用的是高科技铝镁合金材料，源头上就确保低碳；在工艺上，采用行业顶级的多次阳极氧化工艺，杜绝油漆，自然低碳。传播点：在广告上，采用电视和网络交织式精准打击的手法，尤其是对家居消费群体极具黏性的搜房网、焦点网以及吊顶行业的权威性网站集成吊顶网进行密集式的广告和软文传播。在新闻和事件营销上，结合低碳举行以“零碳中国，看我的”为主线的系列品牌运动。在人员销售上，为了强势推行低碳吊顶，专门拟定了通俗易懂的导购员话术培训教材，首先，让售卖人员专业，以一种顾问式销售的模式去赢得终端消费者的信赖。在终端生动化上，创意了系列极富视觉冲击力的画面，一只蝴蝶在吊顶的花纹上振翅，生动地传达了吊顶的低碳环保性能，并制作了系列展架、海报、吊旗、新品价格标签等宣传物料在终端予以渲染，让低碳吊顶生动鲜活地呈现在消费者面前。

三、结语

低碳是一项国家运动；低碳是一项品牌运动；低碳是一项公民运动；低碳是每个生命个体义不容辞的责任，从我们身边的点滴开始，从我们生存的家居环境开始，让我们一起行动起来，为“零碳中国”献份力，为“零碳生活”献份力。买低碳吊顶，为“零碳中国”献份力！“零碳中国，看我的”！

策划者：唐海飞

×年×月×日

（资料来源：http://www.yewuyuan.com 唐海飞　业务员网）

本策划书采用的是新闻式双标题的形式。正标题结构对称，突出了产品的环保性能达到极致，更契合吊顶的产品属性；同时直击消费者心理需求，买环保吊顶，享低碳生活。副标题“低碳吊顶”四字，使产品的属性得到了进一步的补充说明。正文部分突出了策划书的重点：产品的推广策略。四个方面的分析，有理有据。从引言到结语，层次井然。此外，语言表达准确、简明，用词精当。如引言部分，“充斥”、“践行”、“闻”、“扛”、“引领”、“秉持”、“开创”等动词，与后面的宾语搭配恰当；主体部分“拐点”、“原点”、“爆破点”、“支点”等名词，概括性也很强，且形象。落款清楚。总之，作为一份个人撰写的策划，无论从哪方面衡量，都不失为一篇质量比较高的作品。

案例二

××环保电子科技有限公司网络营销策划文书

××环保电子科技有限公司是经国家权威部门注册认证成立，专业致力于家庭及商业环保产品开发、制造、经营和销售于一体的高科技企业。近年来，该公司通过科技进步，先后推出新型臭氧多功能灭菌机、“绿森林”臭氧负离子消毒清新机、“奇石泉”能量离子饮水机等六大系列九大品种，横跨消毒、保健、酒店、家电、水处理、医疗器械等八大行业，并取得了各类产品专利四项，正在审批中的专利有6项。并取得消毒器械生产许可证、二类医疗器械生产企业许可证，尚有多个项目正在进行相关临床检验。被××市政府授予“民营高科技企业”荣誉称号，取得减免企业所得税的优惠待遇。

我们了解到，近年来××环保电子科技有限公司在积极开发高新科技产品的同时，十分重视市场的营销和产品的推广，尤其是在网络营销方面做了大量的工作，一是企业在网上建立自己的专有网站；二是企业在国内某些著名网站进行了竞价排名；三是企业有专门人员负责网络营销业务；四是在国内一些专业网站进行发布本企业的相关信息；五是与一些具有一定知名度的行业网站建立了友好链接。这些，对提升企业知名度，推广产品都起到了正面的、积极的作用。

如何更好地利用互联网丰富的资源，更有效地开展企业网络营销业务，成为了企业经营者重点考虑的问题，我们有幸接受企业邀请，提供一些相关的看法及意见，仅供企业参考：

一、产品定位

根据我们的观察以及企业提供的相关资料，我们认为，××环保电子科技有限公司企业及产品定位于：

（1）一个科技型的企业

（2）产品技术含量较高，符合当代保健潮流

（3）产品销售对象为收入、文化水平较高的白领阶层

（4）产品市场以国内大中城市为主，近期应努力开拓国际市场

二、网络营销特点及基本操作

网络营销是近年来迅速崛起的新兴销售模式。它依托当今无处不在的国际互联网络，通过一切浏览载体进行信息的传播和推广，从企业营销角度来说，它是从传统营销发展而来的，但互联网的特点又让它有别于一般传统营销，具有传播面广，投入低，收效显著等优势。

网络特点决定了网络载体的方式，主要主流传播方式有：

1. 登录搜索引擎

2. 登录导航网站

3. 友情链接

4. 网络广告投放

5. 邮件广告

6. 病毒式营销策略

病毒式营销主要是利用互利的方法，让网友帮自己宣传，制造一种像病毒传播一样的效果。

7. BBS论坛社区宣传

8. 事件营销

合理利用媒体做事件营销，活动宣传，软文造势，吸引眼球。

9. 借势

易趣、淘宝、一拍这种平台在网站发展初期可以利用，其人气不容低估，可将客户顺利转移到自己网站。

10. 客户关系管理

最基本的是自身要做好：产品＋服务。

三、我们的建议

（一）制订一套切实可行的网络营销策略

企业要开展网络营销，从一开始应该有一套切实可行的操作方案，要有专业的队伍，还应该为网络营销调拨足够的资源。然后根据企业的品牌定位及发展策略制订一套中长期发展计划，做到有目标、有队伍、有制度、有责任、有奖惩办法。对于从业人员，还应该参考传统营销人员管理，有一套适合网络营销的考核和管理方法，以保持人员相对稳定以及充分调动他们的主观积极性。

（二）重视网站排名

网站排名在当今浩如烟海的网络中，显得十分重要。大部分浏览者（占 70%以上）都是通过搜索工具获得互联网的资源的。因此，尽量在搜索引擎中占有一个有利位置对企业开展网络营销来说十分重要。

（三）现有企业网站的改进

客观地说，现在××公司的网站无论从界面设计，功能和内容等方面来说，都算得上一个不错的网站。但从电子商务角度来说，还有一定的差距，有待改进的地方有：

公司在不同服务器上发布的网站有近十个，这些网站无论是界面风格、内容信息等存在较大差异性，另外有些网站信息已经很久没有维护。我们认为，网站作为企业在网上的一个面向客户的门面，应保持其严肃性和一致性，应该对原有的网站进行清理，该改的改，该关的关，尽量保持与现在主站的统一性。

现有的网站无论是主站还是在其他服务器上的网站，设计者没有从企业登录各类的搜索引擎方面加以考虑，除了购买搜索排名外，很难把网站信息自动加入到各类搜索引擎中，我们尝试采用“保健”“健康”“饮水”等与企业产品有关的关键词试图搜索企业信息，在几大搜索引擎前十页中都没有出现企业相关信息，这样极大影响浏览者访问该网站的选择。

现在网站设计清丽，但缺乏生动产品展示。纵观目前国内外一些成功的商务网站，无不给客户浏览后留下良好印象，其中与他们重视网站设计有关，企业充分利用网站阵地，把企业重点推介的产品通过先进的动画技术，让浏览者充分了解产品的性能、外观及特点，激发购买欲望。

人性化不足，服务不够到位。现有网站提供了基本的功能，但如果从服务角度出发，还需要加以改进，可以考虑采用类似QQ的方式，正常上班期间专人在线实时接受和解答访客问题，这样既有利于提升企业形象，也及时拉住了客户。现在网站没有电子商务流程，如有必要，可以增加该模块，便于浏览在线购买贵公司产品。这也是一个网络服务的内容之一。

（四）做一个积极有为的网络营销者

企业要想在网络营销方面收获预期目的，还要做大量的工作。但概括起来就是两件事：

一是商业信息的发布。比如专业网站供求信息栏、BBS的信息登录、邮件传销、网络广告、QQ营销等，每样方法有其优势，也有其不足之处，作为经营者应该权衡利害得失而从之。

二是商业信息的采集及处理。跟信息发布一样，信息采集也有多种方法。企业应根据需要而运用之。信息采集回来后，处理过程显得很重要，需要专业营销人员对信息进行过滤处理，有用的信息应及时与对方联系，力求达到意愿。

（五）善于运用各种有效的商务营销工具

为了适应企业电子商务的需要，近年来不少企业开发了网络营销的工具性软件，在此我们推荐我们代理的深圳市商讯网信息有限公司开发的网络营销软件《商务快车》，该软件主要用于企业和产品信息采集和发布，具有以下特点：

（1）信息采集范围广、数量多，多达1 000个知名商贸网站；

（2）信息采集速度快、质量高，一般十几分钟就可以搜索完毕；

（3）结果及时显示，供求分类，直观醒目；

（4）即时生成历史记录，可以离线阅读、查询；

（5）支持二次查询、分析，并提供决策支持。

一般情况下，一个商务快车对信息处理相当于30个网络信息操作员，而且易用性较好，掌握普通电脑操作的人员经过一天培训后，就可以轻松操作使用，应用该软件进行信息处理，只要按要求设置几个简单步骤后，其余工作电脑自动完成，节省了许多人力资源配置，是企业实施网络营销的好助手。如有兴趣，我们可以提供该软件的试用服务。要了解更多关于商务快车的信息，请登录该公司网站：http://www.suminfo.com/。

（六）与网络营销专业公司合作，借脑发展

我们确信，××公司在近年的市场营销中积累了丰富的经验，也有一套适合企业产品特点的营销方案，但如果从网络营销角度来看，不少地方有别于传统的营销方法。技巧技术性要求比较高，如果仅依靠企业现有人才操作起来收效不大。在这样的情况下，企业与网络营销专业公司合作不失为一件既省力又节省费用的好事。

通过强强联合，资源优势互补，可收到事半功倍的效果。

四、合作的可能性探讨

作为专业从事网络信息技术开拓发展的公司，多年来，我们积累了丰富的经验和技术，我们愿意与有实力的企业在网络营销策划，商务软件推广、产品网络营销、人员培训以及信息处理等方面开展广泛的合作，共同携手开发互联网这块广阔的商务空间。我们期待这样的机会，我们会尽献所长，为企业服务，共同发展。

深圳市商讯网信息有限公司

×年×月×日

（资料来源：http://bbs.vsharing.com/Article.aspx?aid=825124）

此策划书从网络营销的角度对某环保公司及产品进行营销策划，内容比较新颖。从策划书可以看出，策划公司对某企业的情况比较了解，对该公司及产品的介绍抓住了关键信息，由此推出的方案比较切合公司的实际情况，尤其是对公司优势和不足之处的分析可谓一针见血！该策划书内容翔实，条理清晰，结构分明，语言有一定的鼓动性。使人不得不坚信：跟这家策划公司合作，一定能把企业和产品顺利地推广出去！可见，成功的策划对企业的生存和发展有着怎样的影响！

随着市场经济的发展不断扩展、延伸，在营销发展的新思路、新趋势中出现了营销策划。它是在一般市场营销基础上的一门更高层次的艺术，其实际操作性更强。随着市场竞争日益激烈，好的营销策划更成为企业争创名牌，迎战市场的决胜利器。

什么是营销策划呢？营销策划就是企业通过激发创意，有效地配置和运用自身有限的资源，选定可行的营销方案，达成预定的目标或解决某一难题。

一、营销策划文书的概念

营销策划文书是指在进行产品或服务的市场销售之前，为使销售达到预期目标而进行的各种销售促进活动的整体性策划文书。

二、营销策划文书的特点

营销策划文书必须具备鲜明的目的性、明显的综合性、强烈的针对性、突出的操作性、确切的明了性等特点，即体现“围绕主题、目的明确，深入细致、周到具体，一事一策，简易明了”的要求。

三、营销策划文书的写作格式

策划文书没有一成不变的格式，它依据产品或营销活动的不同要求，在策划的内容与编制格式上也有变化。但是，从营销策划活动一般规律来看，其中有些要素是共同的。

（一）标题

写明营销策划的全称：××关于××××的营销策划文书，要求清楚、明确、具体。

（二）正文

1．营销策划的主题和项目介绍

根据不同的营销策划对象（即营销策划项目），拟定各自所应围绕的主题。营销策划主题是整个营销策划的基石和内核，是营销策划的基本准绳。在阐述营销策划主题的基础上，要对策划的项目情况作一简要的介绍，包括项目的背景、项目的概况、项目的进展、项目的发展趋势等。

2．营销策划分析

营销策划分析可以是逐项分类分析，也可以作综合分析，视策划的具体情况来定。

（1）项目市场分析：

宏观环境状况。主要包括宏观经济形势、宏观经济政策、金融货币政策、资本市场走势、资金市场情况等。

项目市场状况。主要包括现有产品或服务的市场销售情况和市场需求情况、客户对新产品或服务的潜在需求、市场占有份额、市场容量、市场拓展空间等。

同业市场状况。主要包括同业的机构、同业的目标市场、同业的竞争手段、同业的营销方式、同业进入市场的可能与程度等。

各种不同的营销策划所需的市场分析资料是不完全相同的，要根据营销策划需要去搜集，并在营销策划中简要说明。

（2）基本问题分析。营销策划所面临的问题和所要解决的问题，这些问题的生成原因是什么？其中主要原因有哪些？解决这些问题的基本思路如何确定，出发点是什么？通过何种途径，采取什么方式解决等。

（3）主要优劣势分析：

主要优势分析：围绕营销策划主题，将要开展某一方面的市场营销活动（如市场调查、新产品开发、市场促销、广告宣传等），拥有哪些方面的优势，主要是自身优势（即自身的强项）分析，也应考虑外部的一些有利因素。营销策划就是要利用好有利因素，发挥出自身优势。分析优势应冷静客观，既不能“过”，也不能“不及”，要实事求是。

主要劣势分析：主要劣势分析就是分析与将要开展的市场营销活动相关联的外部一些不利因素和自身的弱项、短处等。营销策划就是要避免和化解这些不利因素，如何弥补自身的不足，错开自身的弱项。

主要条件分析：主要条件分析就是分析将要开展的市场营销活动所需要的条件，包括已具备的条件和尚须创造的条件，逐一列出，逐一分析，以求得资源的最佳利用与组合。

3．营销策划目标

不同项目的营销策划，有各自不同的营销策划目标，而营销策划目标大多由一些具体的指标所组成。拟订营销策划目标，要实事求是，经过努力能够达到。

4．营销执行方案（即保障措施）

制订营销执行方案，是营销策划的重头戏，是对市场营销活动各道环节、各个方面工作的精心设计、周密安排和逐一布置与落实，是营销活动组织、开展的脚本。

制订营销执行方案应考虑以下问题：

（1）理顺本次营销活动所涉及的各种关系；

（2）把握本次营销活动的重点和难点；

（3）确定本次营销活动应采取的策略；

（4）弄清楚开展本次营销活动可利用的人、财、物等方面的资源与条件，确定好策划预算；

（5）本次营销团队人员的组成，各参与部门及人员在本次营销活动中所应完成的任务、所应承担的责任和所应充当的角色；

（6）开展本次营销活动的监控、反馈机制和传导系统；

（7）完成本次营销策划任务的时间安排（分阶段任务）；

（8）开展本次营销活动可能出现的突发问题与应急措施；

（9）对本次营销活动的考核奖惩方式。

5．费用预算

这一部分记载的是整个营销方案推进过程中的费用投入，包括营销过程中的总费用、阶段费用、项目费用等，其原则是以较少投入获得最优效果。

（三）落款

写明营销策划单位的名称，并署上日期。

四、营销策划写作的注意事项

（1）要突出卖点。说服是策划文案的本质特征。每个策划文案一定要有独特的卖点，让读者一看就明白，一看就心动，以说服领导采纳。

（2）要突出创新。不要把策划文案当作计划来写，因为计划无需创意，只处理细节，而策划必须要有创意。

（3）要突出重点。策划文案切不可面面俱到，无论是项目介绍、策划分析还是营销执行文案都要突出重点。

知识小卡片

高效销售的“250定律”

乔·吉拉德是美国历史上最伟大的汽车推销员。在他刚当上汽车推销员后不久，有一天去殡仪馆哀悼一位朋友谢世的母亲。他拿着殡仪馆分发的弥撒卡，不禁想知道一个问题：他们怎么知道要印多少张卡片？做弥撒的主持人告诉他：他们根据每次签名簿上签字的数字得知平均这里祭奠一位死者的人数大约是250人。

又有一天，吉拉德去参加一位朋友的婚礼。当他碰到礼堂的主人时，就又向他打听每次婚礼有多少客人。那人告诉他：新娘方面大约有250人，新郎方面也是250人左右。

这一连串的250人，使吉拉德悟出这样一个道理：每一个人都有许许多多的熟人、朋友，甚至远远超过250人这一数字。事实上，250人只不过是一个平均数而已。

这就是有名的吉拉德“二五零定律”。它在揭示每一个顾客的影响力的同时，也告诉我们：每一个顾客都是“上帝”，并且你即使只得罪了一位，也等于得罪了一连串的“上帝”，你得罪不起！

下面是某公司室内环保产品的营销策划方案，看看格式和内容方面有哪些不足的地方，请一一指出来。

××公司室内环保产品营销策划方案

随着全球经济的飞速发展和人民生活水平的不断提高，人类在各类人工环境中，特别是建筑环境（室内环境）中生活和工作的时间越来越长。据调查显示，人生超过3/4甚至90%以上的时间是在人工环境（包括建筑室内环境和各种交通运输工具）中度过的。20世纪70年代以来，由于空调的普及和居室密封程度的提高，以及大量化学用品和材料在建筑物和室内的使用，使得国际社会在关注环境污染和生态破坏的同时，开始重视室内环境污染对人体健康的危害。2003年3月1日，我国第一部《室内空气质量标准》正式开始实施。这部由国家环保总局、卫生部、国家质量监督检验检疫总局共同制定并发布的“标准”，不仅使室内空气污染问题再次引起社会的广泛关注，也引发了解决室内环保问题的巨大市场和商机。目前在我国，家庭绿色环保产品使用率还不到0.03%，有92.3%的家庭对装修污染缺乏正确认识，70%以上的家庭装修污染超标，而污染严重超标达16~40倍的已占到了34%。近年来国内有关室内污染中毒的案例屡屡发生，投诉呈迅速上升趋势。据某环境监测中心透露，中国每年由室内空气污染引起的死亡人数已达11万人。据世界银行有关资料显示，我国2001年因室内空气污染造成的损失为106亿美元。住宅装饰是个巨大的市场。据权威机构的市场研究显示，1998年我国用于住宅装修的费用高达1 000亿元，2000年为1 800亿元，2002年已突破2 000亿元大关，而家庭室内环保的需求也将会随着国家相关政策和法规的颁布实施及广大消费者健康意识不断增强而迅猛增长。专家预测，室内环保市场规模2003年预计将达60亿元，并将以每年10%~20%的速度递增，市场前景极为广阔。

（一）消费群体：目前这个行业还处于市场培育期。室内环保观念虽然也被一些人逐渐接受，但还远远没有形成一种共识。接受这一理念的目前仍局限于发达城市中接受过高等教育和追求生活质量的人群。

（二）产品：室内环保产品刚开始也只局限在活性炭，空气清新剂，杀菌剂等一些科技含量不高，效果也不明显的产品上，因此市场虽然有这个需求，但苦于没有找到高效的产品使这个行业一直处于停顿的状态。随着光触媒的面世，这个虽有潜力但苦无产品的行业终于找到了依托，光触媒以其高效，强力，持久，无污染的优良特性迅速成为市场主导产品。今后随着科技的进步，人们对室内环保的重视，新的高科技室内环保产品将会越来越多。

（三）行业竞争状况：这个行业目前还属于新兴行业。市场空间巨大，竞争也不十分明显，已知的从事这个行业生产和销售的公司也只局限于北京、深圳、上海等少数几个城市。远远没有像保健品、化妆品那样竞争的如火如荼。但可以预见，现在的市场沉默只是爆发前的酝酿。随着产品的成熟，行业标准的建立和适合这个行业的营销策略的完善以及室内环保观念的深入人心，这个行业一定会爆发出蓬勃的潜力。但也要看到，一些厂商利用目前国家尚未制订出有关产品行业标准的机会，以不正当手段展开市场角逐，导致光触媒产品质量良莠不齐。我们正经历市场发育的阵痛期。

技能训练

2004 年 4 月，福州麦当劳公司与福州环保局合作发起了环境保护活动，规定自 4 月 22 日～5 月 31 日，顾客可在该市任何一家麦当劳餐厅用 10 节废旧电池兑换一杯可乐；用 20 节废旧电池则可另加一个圆筒冰激凌。该公司主管还在电视报道中表示，保护环境事关子孙后代，是全社会的大事，麦当劳愿当马前卒。

1．上述活动创意方面有什么值得学习的地方？

2．谈谈这次活动的主题有什么特点？

3．请你预测一下这次活动会产生什么效果？

第三节　环保广告策划文书的写作

案例一

江铃汽车广告策划文书

一、市场分析

（一）环保将影响汽车销售市场。中国拥有 1 200 多万辆汽车，在今后的 10 年将会迎来一个汽车消费的高峰，但同时汽车会成为新的污染源，汽车环保问题将日益引起人们的关注。

（二）节约能源将成为汽车制造业的基本要求。

（三）政策因素直接影响柴油车的销售。

二、市场机会

由于一些地方政府存在对柴油车的限制性政策，直接影响了大城市企事业单位购买柴油车，如不及时消除对柴油车环保水平的误解，使“限制风”蔓延，将使江铃历经数年开发的高科技成果付诸东流。但是，由一个企业来说服政府改变政策难度很大，让一个企业改变社会对优质柴油车的认识更难。所以，对优质柴油车环保性能宣传时机的选择非常重要。江铃针对不利的政策环境，以环保、节能为突破口，开展了持续半年的环保、节能宣传大行动，让先进水平的柴油车走进了大城市。

（一）宣传切入点

1999 年国家的环保治理力度日益增大，环保、节能已成为社会普遍关注的话题，非常适合作为宣传活动的切入点。6 月 5 日是世界环境日，在 6 月举办“环保、节油”活动可以引起政府的高度重视，极具新闻炒作价值，以此成为江铃整个绿色营销活动的切入点，将充分体现江铃公司的社会责任感。

（二）新闻炒作点

1999 年 11 月联合国蒙特利尔环保会议将在北京召开，这是我国政府迄今承办的规模最大、级别最高的联合国第 11 次《蒙特利尔议定书》缔约方大会，江铃全顺车如果作为大会唯一指定用车有助于树立全顺柴油车的环保形象。

（三）政府契机

国家将要实行的燃油税有利于柴油车的使用。据当时有关资料透露，将要实行的燃油税为：汽油每升收燃油税 1.15 元，柴油每升收燃油税 0.96 元。使用柴油在税收上优势明显。

三、主题活动

为了将产品优势转化为市场优势，将不利政策因素转化为有利政策环境，江铃将围绕着全面达标的全顺柴油车，开展一系列以“环保、节油”为主题的活动。

（一）前期铺垫。“江铃杯”环保节油汽车万里行。1999 年 5 月 28 日，12 辆将喷有“江铃杯汽车节油环保万里行”字样的江铃全顺汽车，从南昌出发，途经杭州、上海、南京、合肥、徐州、济南、沧州、天津等城市，最后在世界环境日——6 月 5 日抵达首都北京，整个活动历时 9 天。

（二）迂回配合。“江铃汽车与环保”有奖征文活动将利用一些媒体在全国范围内进行一次系统的环保、节油以及正确认识优质柴油车的宣传活动。

（三）战役主攻。联合国蒙特利尔环保会议活动。1999 年 11 月 28 日，江铃公司将在人民大会堂隆重举行新闻发布会，提供60辆全顺车为大会服务，并向环保大会组委会捐赠4辆全顺汽车。宣传全顺汽车厂一次性通过ISO 14000环境管理体系认证，成为国内轻型车行业首家通过该体系认证的企业。

（四）宣传延伸。参加控制消耗臭氧层技术及产品国际展览会。

四、媒体宣传

（一）《中国汽车报》，“江铃杯”汽车节能环保有奖征文。主题是：环保与节能将回报柴油车。

（二）模范人物谈节油。

（三）《中国环境报》刊登江铃董事长与教授对话。

（四）广告词“出师于环保，得馈于市场”；“江铃汽车，环保先锋”。

（五）中央电视台（经济频道）《商桥》栏目播出专题片。

（六）宣传重点：全顺汽车作为“联合国环保大会唯一指定用车”，江铃汽车全面达到欧洲1号排放标准；全厂通过ISO 14000环境管理体系认证。

五、效果预测

江铃汽车集团公司整个活动将紧密围绕“环保、节油”主题，准确选题，准确把握时机，整个活动将持续半年时间，直接投入300余万元。

（一）这是中国汽车史上第一次由汽车生产厂家主办“环保与节油”主题的万里行活动，表明民族汽车工业的成熟，是与国际汽车工业接轨的具体体现。

（二）国家环保总局参与“江铃杯汽车节油环保万里行”活动，是政府对江铃汽车在环保节油领域工作的肯定，也是我国汽车环保工作中首次政府性举措，经过传媒的宣传在较大范围内确立江铃汽车环保节油的印象，对江铃汽车的销售起到促销作用。

（三）媒体广泛性报道。将有包括中央电视台在内的30多家中央及首都新闻单位进行宣传报道，加上地方媒体，直接参与新闻宣传的超过100家，起到轰炸式宣传效应，受众面十分广泛。

（四）宣传有一定深度。将在《中国汽车报》上连续14期刊发“江铃杯汽车与环保”有奖征文，在专业舆论导向上有助于江铃汽车环保节能形象的塑造。整个活动以江铃的优良品质事实昭示社会，对提高全民环保意识，端正对柴油车的认识、扩大江铃车的销售起到积极的作用。

（五）“江铃汽车节油环保万里行”车队途经九省市，当地江铃汽车销售公司利用这一有利时机，先后隆重举行规模宏大、气势磅礴的欢迎仪式和巡展活动，将大大提高汽车品牌的美誉度，并扩大了销售。

（六）以蒙特利尔环保会议在京召开为背景，重点突出全顺汽车作为此次会议唯一指定用车，全面达到欧洲1号排放标准，全顺汽车厂一次性通过ISO 14000环境管理体系认证，成为轻型车行业首家通过该体系认证的企业的有力事实，证明江铃汽车是国家的轻型汽车环保的先锋，也表明世界对江铃全顺车的认同。

（资料来源：http://www.hbchr.com/news 湖北策划人网）

这是一个针对汽车品牌所做的广告策划。开头从三个方面分析了市场形势，突出了环保因素，把“节约能源”与汽车有机地结合起来；接着还是紧扣环保特色，准确把握市场机会，合理安排活动，策划出声势浩大的媒体宣传；最后对广告效果的预测预示着江铃汽车发展的广阔前景，有一定的鼓动性和感染力。

案例二

“我不是塑料袋” 环保广告文案

口号：拒绝白色垃圾，选择在我们手中

标题：我不是塑料袋

正文：放背景音乐《风潮》

镜头一，场景：奶奶家

一位老奶奶正准备去菜市场买菜，刚出门口，突然想起了什么，又转身回到屋里，把挂在墙上印有“我不是塑料袋”的环保袋拿下来挎到肩上，满意地会心一笑往外走。

镜头二，场景：水果店

一位大肚子的妇女在挑水果，老板正要拿塑料袋给她装，妇女摇头摆手，把肩上背着印有“我不是塑料袋”的环保袋递给老板。

镜头三，场景：商场超市

一位小伙子进去买了两瓶啤酒，售货员正要用塑料袋打包，青年摆手拒绝，从公文包里拿出一个印有“我不是塑料袋”的环保袋，直接拿起啤酒就走出超市。

镜头四，场景：玩具店

一位妈妈带着小朋友去买玩具，小朋友拿着一辆玩具车走向收银台，女售货员弯腰打开塑料袋让小孩放进去，小孩捧着玩具车高兴地摇头，指向妈妈背着印有“我不是塑料袋”的环保袋示意。

镜头五，分镜头组接，特写人的表情和环保袋：奶奶走在家门口，举起装满蔬菜的环保袋，满意地笑；老板把水果装进环保袋递给妇女，妇女接过转身，满意地笑；青年从超市走出来，把啤酒放进环保袋里，抬头满意地笑；妈妈满意地点点头，笑着摸摸小孩子的头，把玩具放进了环保袋里。

最后出字幕加男生配音，亲切的，语速稍慢：

I'm not a plasticbag

拒绝白色垃圾

选择在我们手中

（资料来源：http://blog.chinahr.com/blog）

与案例一的写法有所不同，本策划文案用电影镜头的方式，将几组画面组合起来，让“我不是垃圾袋”反复出现，以此突出主题：拒绝白色污染。策划形式新颖，构思精巧，直观形象的画面蕴涵着深刻的含义，给人以启发。

知识橱窗

我国引入“广告策划”的概念，大约是在1984—1985年，当时有部分学者撰文呼吁，要把现代广告策划引入中国的广告实践中，树立“以调查为先导，以策划为基础，以创意为灵魂”的现代广告运作观念。1989年4月，上海的唐仁承出版了大陆的第一本《广告策划》专著，其后，北京的杨荣刚也出版了《现代广告策划》。关于“广告策划”的概念，两位作者均有明确的界定。

一、广告策划文书的概念

广告策划文书是由广告策划者根据广告策划的结果撰写、提供给广告客户审核、认可、为广告活动提供策略指导和具体实施计划的一种应用性文件。

二、广告策划文书的作用

（1）在广告公司内部，广告策划书的撰写标志着广告策划运作的结束，撰写广告策划书是为了将广告策划运作的内容和结果整理成正规的提案提供给广告客户。

（2）广告客户可以通过策划书了解广告公司策划运作的结果，检查广告公司的策划工作，并根据广告策划书判定广告公司对广告策略和广告计划的决策是否符合自己的要求。

（3）对于整个广告活动，经过客户认可的广告策划书是广告运动策略和计划的唯一依据。

三、广告策划文书的写作格式

一份完整的广告策划书通常会有封面、目录、标题、正文、落款。正文至少应包括如下内容：① 前言；② 市场分析；③ 广告战略或广告重点；④ 广告对象或广告诉求；⑤ 广告地区或诉求地区；⑥ 广告策略；⑦ 广告预算及分配；⑧ 广告效果预测。当然，广告策划书可能因撰写者个性或个案的不同而有所不同，但内容大体如此。下面重点谈谈正文部分的写作。

1．前言

应简明概要地说明广告活动的时限、任务和目标，必要时还应说明广告主的营销战略。它的目的是把广告计划的要点提出来，让企业最高层次的决策者或执行人员快速阅读和了解，使最高层次的决策者或执行人员对策划的某一部分有疑问时，能通过翻阅该部分迅速了解细节，这部分内容不宜太长，以数百字为佳，所以有的广告策划书称这部分为执行摘要。

2．市场分析

一般包括：① 企业经营情况分析；② 产品分析；③ 市场分析；④ 消费者研究。

撰写时应根据产品分析的结果，说明广告产品自身所具备的特点和优点。再根据市场分析的情况，把广告产品与市场中各种同类商品进行比较，并指出消费者的爱好和偏向。如果有可能，也可提出广告产品的改进或开发建议。有的广告策划书称这部分为情况分析，简短地叙述广告主及广告产品的历史，对产品、消费者和竞争者进行评估。

3．广告战略（或广告重点）

一般应根据产品定位和市场研究结果，阐明广告策略的重点，说明用什么方法使广告产品在消费者心目中建立深刻的印象。用什么方法刺激消费者产生购买兴趣，用什么方法改变消费者的使用习惯，使消费者选购和使用广告产品。用什么方法扩大广告产品的销售对象范围。用什么方法使消费者形成新的购买习惯。有的广告策划书在这部分内容中增设促销活动计划，写明促销活动的目的、策略和设想，也有把促销活动计划作为单独文件分别处理的。

4．广告对象（或广告诉求）

主要根据产品定位和市场研究来测算出广告对象有多少人、多少户。根据人口研究结果，列出有关人口的分析数据，概述潜在消费者的需求特征和心理特征、生活方式和消费方式等。

5. 广告地区（或诉求地区）

应确定目标市场，并说明选择此特定分布地区的理由。

6. 广告策略

要详细说明广告实施的具体细节。撰文者应把所涉及的媒体计划清晰、完整而又简短地设计出来，详细程度可根据媒体计划的复杂性而定，也可另行制定媒体策划书。一般至少应清楚地叙述所使用的媒体、使用该媒体的目的、媒体策略、媒体计划。如果选用多种媒体，则需对各类媒体的刊播及如何交叉配合加以说明。

7. 广告预算

要根据广告策略的内容，详细列出媒体选用情况及所需费用、每次刊播的价格，最好能制成表格，列出调研、设计、制作等费用。也有人将这部分内容列入广告预算书中专门介绍。

8. 广告效果预测

主要说明经广告主认可，按照广告计划实施广告活动预计可达到的目标。这一目标应该和前言部分规定的目标任务相呼应。

在实际撰写广告策划书时，上述八个部分可有增减或合并分列。如可增加公关计划、广告建议等部分，也可将最后部分改为结束语或结论，根据具体情况而定。

四、广告策划文书的注意事项

（1）要明确广告策划目的

（2）要注重对市场进行调查分析

（3）要力求找到广告策划的最佳方法

（4）广告策划要严谨，不可马虎

（5）要有可能失败的风险防范措施

对照广告策划文书的写作格式要求，指出下面这则广告策划文书有哪些不足之处。

食物垃圾处理机广告策划文书

当前，越来越多的家电如彩电、冰箱、洗衣机、空调、微波炉、热水器、家庭影院等，都在不断地进入普通家庭，人们也越来越多地寻求更能体现时尚、美观、方便、健康、环保的新家电。爱适易食物垃圾处理机、氧吧、浴霸、便洁宝等一系列倡导生活新观念、提高生活品质的时尚潮流家电逐渐进入人们的生活，成为居家新宠。

据资料显示，××地区年均消费支出水平高于全国平均消费水平20%，列全国26个省份第三。食品、交通、通信及服务、杂项支出高于全国平均消费水平进入成熟的市场秩序阶段。而医疗、保健、服装、文化教育、家庭用品低于全国平均消费水平，但目前正呈上升发展趋势，可挖掘潜力巨大。

从爱适易产品购买群体来看，主要以新居装修家庭、重装修家庭及设备更新家庭三大类消费群体为主，他们大多注重实惠、实用、安全、健康舒适的厨房设备，不盲目追赶潮流，注重在平凡的生活中显示生活个性情趣。

爱适易产品的销售在目前主要以家装家庭为主，为了更好地分析消费购买力，我们以××市为抽样，对当前楼盘购买群体进行了了解。××市目前的购房家庭中，年收入2万元以下的占25.61%，2万~3万元的占33.83%，3万~5万元的家占28.22%，5万~8万元的占8.79%，8万元以上的占3.55%。因此，被调查者中87.66%的家庭年收入在5万元以下。意味着中低收入阶层仍是××市住宅消费的主体。此外，大多购房者均采用贷款方式购房，经济上的约束，使得他们常常会尽量本着经济实惠的心理进行家庭装修。而目前爱适易产品还被大部分消费者视为“享受型”、“奢侈型”家居设备，在一定程度上影响爱适易销售。

通过进一步的分析，我们发现，尽管在楼房购买的家庭构成上，近八成的家庭处于较低收入水平，在一定程度上很难成为购买群体，但其中45岁以下的住宅购买人口占80.80%（25岁以下4.20%，26~35岁占45.34%，36~45岁占31.26%），以年轻人组成的主要住宅购买生力军，同时也是爱适易等时尚设备强有力的目标群体，他们不仅注重实惠，同时也注重家居的个性化、美观化，因此，我们认为，当前爱适易产品的定位应侧重于让消费者了解产品的实用性与环保性相结合，同时将爱适易的健康功能作为“品牌附加价值”，以吸引更多消费者关注。

技能训练

认真收集有关环保的广告用语或广告策划文书，从中选出你最喜欢的进行鉴赏。

第九章　环保执法文书的写作

环境保护部门作为各级人民政府的环境保护主观部门，承担着环境行政管理、监察和环境质量监测、环境宣传教育等行政工作任务，在行政中所涉及的公文文种如决定、报告、请示、函等，既与国务院《国家行政机关公文处理办法》中所规定的公文文种多有相同之处，又由于环境保护行政主管部门发出的有些公文别具特点，具有特定的格式、内容及法律用语，其发布方式、审批程序也有与一般常用公文不同的特点。本章将在阐述有关法律文书知识的基础上，重点探讨环保执法文书（尤其是环保行政处罚专用文书）的写作。

一、法律文书的概念和特点

法律文书是指国家行政机关在执行法律、法规的活动中，依照特定的格式，经过一定的处理程序制成和使用的书面文字材料。

法律文书是法律领域内的一种专用文书，除了具有与其他文书共同的特点外，还有其自身的一些基本特征。

（1）合法性。因为法律文书在诉讼活动中使用，它的使用直接反映着诉讼活动的进展，所以必须依照程序法的有关规定制作。

（2）固定性。法律文书的制作有固定的格式，这是在长期的实践中不断创造、改进而形成的。它既能保证法律文书的完整性和严肃性，容易全面有力地发挥法律文书的作用，又能保证制作时简易方便，具有科学性。

（3）强制性。法律文书是法律实施的重要手段，因而它的实施必须依靠国家的强制力来保证其执行的有效性。

二、法律文书的作用

法律文书是进行各种法律活动和处理法律事务的产物，它对各种法律活动的启动和深入发展以及法律实务问题的解决都具有明显的作用：它是具体实施法律的重要手段，是生动宣传法律的现实教材，是记录法律活动的文字载体，还是考核法律人才的重要内容，保存法律事务的文书档案。

三、法律文书的结构

法律文书通常分为三部分：即首部、正文、尾部。各部分的具体内容为：首部包括：①制作机关、文种名称、编号；②当事人基本情况；③案由、审理经过等。正文包括：①案情事实；②处理（请求）理由；③处理（请求）意见。尾部包括：①交代有关事项；②签署、日期、用印；③附注说明。

四、环保法律文书的分类

环保法律文书包含以下三类：环保行政执法文书、环保行政复议法律文书、环保行政诉讼法律文书。

（一）环保行政执法文书

该类文书又包含三个类型：

（1）环保行政许可法律文书——包括行政许可申请、受理、审查、决定、听证、延期、注销等方面共31个法律文书。

（2）环保行政处罚法律文书——包括行政处罚案件立案报告、行政处罚案件立案通知书、行政处罚案件调查终结报告、证据登记保存通知书、行政处罚听证告知书、行政处罚听证通知书、当事人陈述和申辩笔录、行政处罚听证意见书、行政处罚案件受理记录、行政处罚呈批报告、限期改正通知书、行政处罚事先告知书、行政处罚决定书等。

（3）环保其他具体行政行为法律文书——现场检查笔录、现场勘验笔录、监测报告（单）、排污申报（变更申报）登记表、排污核定通知书、排污核定复核通知书、排污费缴纳通知单、排污费限期缴纳通知书、责令限期改正通知书、限期治理决定书、危险废物经营许可证、危险废物转移联单、环境影响报告书（表）、环境污染损害赔偿调解书、授权委托书等。

（二）环保行政复议法律文书

包括环保行政复议申请书、不予受理决定书、行政复议告知书、申请转送函、责令受理通知书、责令履行通知书、提出答复通知书、停止执行通知书、行政复议中止通知书、行政复议终止通知书、决定延期通知书、行政复议决定书、规范性文件转送函、行政复议申请审查表、行政复议申请撤回备案表、行政复议审结报批表、行政复议口头申请回执、行政复议相关材料查阅登记表、行政复议委托书、行政复议案件调查（听证）通知书、调查笔录、鉴定委托书、行政复议申请受理通知书、行政复议违法行为处理建议书、强制执行申请书、送达回证、行政复议口头申请记录、不予支持决定书等28种文书。

（三）环保行政诉讼法律文书

包括环保行政诉状、授权委托书、答辩状、代理词、行政上诉状、行政申诉状、强制执行申请书等。

案例一

国家环境保护总局办公厅文件

环法〔2005〕××号

环境违法行为限期改正通知书

××水泥厂有限公司：

经调查核实，你公司60万吨/年新型干法水泥生产线技改项目试生产期间，配套建设的环境保护设施未与主体工程同时投入试运行，违反了《中华人民共和国环境保护法》第二十六条、《建设项目环境保护管理条例》第二十条、《建设项目竣工环境保护验收管理办法》第六条和第八条的规定。

根据《建设项目环境保护管理条例》第二十六条的规定，现责令你公司限期改正环境违法行为，即严格按照60万吨/年新型干法水泥生产线技改项目环境影响报告书和我局关于该技改项目环境影响评价报告书批复的要求，于2005年12月20日前完成以下工作：

一、拆除60兆瓦余热回收补燃锅炉。

二、按“清污分流、雨污分流”的原则，建设厂区污水处理系统，生产废水和生活污水经处理后应符合国家和地方规定的排放标准，并全部回用。

三、加强原料堆场的管理，主要原辅材料均采取封闭或半封闭堆棚堆放。

四、完成窑尾烟囱的改造工作。

二〇〇五年××月×日

主题词：环保 违法 改正 通知

抄送：××省环境保护局，××省××市环境保护局

（资料来源：http://finance.sina.com.cn/g/20051107/1550387369.shtml）

该文书采用标准的公文形式，分眉首、主体、版记三个部分，文件级别高，权威性强，行文规范。眉首部分套红，更显文件的庄重性、严肃性；主体部分的核心内容按照查明事实，指出违反的环保法律法规，处罚的依据及具体的处罚意见四个内容行文，逐层递进，脉络清晰。语言表达准确、简明，如“经调查核实”，用一个字：经，而不是“经过”，极其简洁；“责令”、“限期”等词语，充分显示执法文书具有不容置疑的强制性特点。

案例二

××市环境保护局行政处罚事先告知书

×环罚告字〔2008〕×××号

××××有限责任公司：

经调查，你单位（或者个人）的以下行为：没有在环保法律的规定时间内缴纳排污费，违反了下列环境保护规定：《中华人民共和国环境保护法》第二十八条第一款和《排污费征收使用管理条例》第二条第一款。

我局拟依据《中华人民共和国环境保护法》第三十五条第三款和《排污费征收使用管理条例》第二十一条第一款对你单位（或者个人）做出如下行政处罚：

一、处罚人民币：柒拾玖万叁仟玖佰捌拾陆圆整（793 986.00 元）。

二、立即补交 2008 年 7～9 月份排污费：396 993.00 元。

根据《中华人民共和国行政处罚法》第三十一条的规定，你单位（或者个人）如对该处罚意见有异议，可在接到本通知之日起七日内向我局提出陈述和申辩；逾期未提出陈述或者申辩，视为你单位（或者个人）放弃陈述和申辩的权利。

承办人：××

签发人：×××

××市环境保护局

二〇〇八年×月×日

（资料来源：http://www.bzzwgk.gov.cn/XxgkNewsHtml/SA028）

该文书写法跟案例一基本相同，但多一个内容：告知当事人可使用的权利。处罚的依据到第×条第×款，更加细致具体。行为逻辑严密，如：给予被处罚单位权利时，先摆明依据，接着指出被处罚单位在有异议的情况下该如何做，最后点明什么情况下属于弃权。整篇文书语言简洁，表达准确，格式规范。

案例三

××市环境保护局行政处罚决定书

×环罚字〔2005〕××号

被处罚单位：××××有限责任公司

法人代表：×××

详细地址：××市××镇

××××有限责任公司环境违法一案，我局已经审查终结。现已查明，你公司年产1.2万吨精铅、1.6万吨硫酸锌和8吨铟项目未依法报批环境评价影响文件，擅自开工建设，2005年×月×日，我局对你公司送达了××市环境保护局环境违法行为改正通知，要求你公司立即停止该项目建设，待项目环境影响评价文件经我局审查批准后方可动工建设，但你公司未按规定仍擅自开工建设。

你单位的上述行为，违反了《中华人民共和国环境影响评价法》的有关规定，因此应当受到处罚。

2005年×月××日，我局对你公司送达了《××市环境保护局行政处罚事先告知书》(环罚告字〔2005〕××号)，明确告知你公司有进行陈述和申辩或3日内向我局要求听证的权利，但你公司在规定的期限内未进行陈述和申辩，也未提出听证的要求。以上事实，有如下证据为证，可以认定：

1. ××市环境保护局环境违法行为改正通知书（2005年×月××日）

2. 对你公司法人代表×××的调查询问笔录

3. ××市环境保护局行政处罚事先告知书（×环罚告字〔2005〕××号）

根据《中华人民共和国环境影响评价法》第三十一条第一款规定“建设单位未依法报批建设项目环境评价文件，或者未依照本法第二十四条的规定重新报批或者报请重新审核环境影响评价文件，擅自开工建设的，由有权审批该项目环境影响评价文件的环境保护行政主管部门责令停止建设，限期补办手续，逾期不补办手续的，可以处五万元以上二十万元以下的罚款”的规定，现决定对你公司给以如下处罚：

一、责令你公司立即停止建设

二、处以十五万元罚款

你公司在收到本决定书之日起15日内将罚款缴到××市非税收入汇缴结算户。

开户银行：××银行××分行

账　　号：×××01234590809××××

如不服本处罚规定，你单位可在接到本决定书之日起60日内向××省环境保护局或向××市人民政府申请行政复议，也可在接到本决定书之日起15日内直接向××市人民法院提起诉讼。

逾期不申请行政复议，也不向人民法院起诉，又不履行本处罚决定，我局将依法申请人民法院强制执行。

××市环境保护局（公章）

2005年××月××日

（资料来源：邓延陆《环境保护行政公文应用写作》）

该处罚决定书内容充实，处罚决定理由充分，行文逻辑严密，条理性极强。依照行文的顺序，内容依次是：摆明查证的违法事实—指出该事实违反的环保法律法规—指出违法事实的证据—明确处罚的决定—不服处罚决定的情况下该怎么做—什么情况下强制执行此决定。措辞严谨，表意准确、简明。如结尾部分，“可”、“也可”、“不”、“也不”、“又不”等词语的运用，意思连贯性很强。总之，该文书属执法文书的上乘之作。

胡锦涛总书记2007年先后3次对环境保护执法监督工作做出明确批示，要求增强责任感、加大治理力度，对拒不执行的要依法严肃处理。温家宝总理也指出，环境执法要像钢铁一样坚硬，不能像豆腐一样软弱，要坚决做到有法必依、执法必严、违法必究，严厉查处环境违法行为和案件，绝不允许严重危害群众利益的环境违法者逍遥法外。环境保护部部长周生贤在2008年全国环境执法工作会议上的讲话中说：“环境执法监督工作作为履行环境管理职责最基础、最基本的支撑力量，作为全面提升环境管理水平的重要途径和有效手段，是环保部门的立足之本。”以上批示和讲话充分表明了领导同志对环境执法监督的重视，充分体现了加强环境执法的重要性和紧迫性，充分反映了环境执法工作面临的严峻形势和肩负的重大责任。环保执法文书就是环境保护执法行为的具体体现。

一、环保执法文书的概念

环保执法文书指环境保护部门在执行环境保护法律、法规的过程中，按照特定的格式，经过规定的程序形成和使用的法律文书。它是环境保护行政专用公文中的一个重要内容。

二、环保执法文书的特征

（1）制作环保执法文书是环境管理与环境监察部门依法行使职权、表达国家和法律意志的体现，不是随意的个人行为。执法文书必须经执法机关领导批准签发，加盖公章后才能生效，而且执法机关只能在其法定的职权范围内制作执法文书，任何超越执法范围制作的执法文书不仅无效，而且如果因为该文书对当事人或他人造成损失的，还应当承担相应的赔偿责任。

（2）环保执法文书必须依照特定的格式制作。不同种类的执法文书有其特定的书面形式和符合法律规定的格式、必备的内容及专门的法律用语。

（3）制发环保执法文书必须按照特定的程序，严格审批。如果违反规定制作程序，其文书就会无效或者不能生效。

三、环保执法文书的写作格式

这里重点阐述环保行政处罚专用文书的写作格式。

国家环境保护总局于 1999 年发布了《关于发布环境保护行政处罚常用法律文书格式的通知》（环发〔1999〕170 号），制订发布了 12 种环境保护行政处罚常用法律文书的类别与格式、适用范围及要点。

（一）环境违法行为立案登记表

《环境违法行为立案登记表》是环境监察部门对于违反环境法律、法规的事件，经初步审查认为应当追究刑事责任，而进行登记作为一个案件进行调查处理时所制作的文书。

《环境违法行为立案登记表》应载明的内容包括：当事人的基本情况，主要违法事实和立案理由，受理和承办人的意见及领导审批意见（表 1）。

（二）环境保护调查询问笔录

《环境保护调查询问笔录》是环境监察执法人员在进行现场检查时，发现有违法情况而当场制作的书面记录。

《环境保护调查询问笔录》应载明的内容包括：现场检查时间、地点及被检查人的基本情况，询问的内容（包括检查和询问的经过、结果和案件有关的其他事实情况），由被询问人审阅笔录后签名或盖章，由检查人及在场人签名或盖章（表 2）。

（三）环境案件调查报告

《环境案件调查报告》是环境监察执法人员在调查环境案件时，向有关人员调查了解情况后制作的文书。

《环境案件调查报告》应载明的内容包括：当事人的基本情况，调查经过，查明的事实和依据，处理依据，处理意见等（表3）。

（四）环境违法行为改正通知书

《环境违法行为改正通知书》是为纠正当事人的环境违法行为，责令当事人改正而制作的法律文书。

《环境行为改正通知书》应载明当事人违法行为的事实，违反的环境保护法律法规的具体条款以及责令改正的要求，由下达机关盖章（表4）。

（五）环境违法行为限期改正通知书

《环境违法行为限期改正通知书》是为责令当事人在规定的期限内改正环境违法行为而制作的文书，它比《环境违法行为改正通知书》的要求更严格。

《环境违法行为限期改正通知书》应载明当事人环境违法行为的事实和违反的环境保护法律、法规的具体条款，限期改正的时间和法律依据（表5）。

（六）行政处罚事先告知书

《行政处罚事先告知书》是为保障当事人行使陈述和申辩权利而制作的文书。

《行政处罚事先告知书》应载明当事人环境违法行为的事实、违反的环境保护法律、法规的具体条款、拟处罚的依据与处罚内容以及告知当事人陈述、申辩的时限，由告知机关盖章（表6）。

（七）环境保护行政处罚听证告知书

《环境保护行政处罚听证告知书》是环境保护管理部门作出较重的行政处罚决定之前，依法告知当事人有要求举行听证的权利而制作的文书；或环境违法当事人在接到《行政处罚事先告知书》之后，要求进行申辩并举行听证会，发文部门经研究认为可以举行听证会而向当事人发出的文书。

《环境保护行政处罚听证告知书》应载明的内容包括：当事人的具体环境违法行为及违反的环境保护法律法规的条款，拟作出处罚决定的具体内容和所依据的法规条款，告知当事人有要求举行听证的权利，发出告知书的执法部门名称（表7）。

（八）环境保护行政处罚听证通知书

《环境保护行政处罚听证通知书》是环境保护执法部门在举行听证的7日前，

通知当事人举行听证会的时间、地点而制作的文书。

《环境保护行政处罚听证通知书》应载明的内容包括：当事人名称、举行听证会的时间、地点，确定的听证会主持人、听证员、书记员姓名，不按时间参加听证应负的责任及当事人应做准备的事项（表8）。

（九）环境保护当场处罚决定书

《环境保护当场处罚决定书》是环境保护执法人员实施行政处罚简易程序时使用的文书。

《环境保护当场处罚决定书》应预先编号并载明以下内容：当事人基本情况，环境违法事实和违反的环境保护法律法规的条款，处罚依据和处罚数量，履行方式及复议和诉讼的途径，执法人员应签名盖章（表9）。

（十）环境保护行政处罚决定书

《环境保护行政处罚决定书》是环境保护行政机关依法对违反环境保护法律、法规的当事人给予行政处罚时制作的文书。

《环境保护行政处罚决定书》应载明的内容：当事人的姓名或者名称、地址，违反法律、法规或者规章的事实和证据，行政处罚的种类和依据，行政处罚履行方式和期限，当事人如果不服行政处罚决定申请行政复议或者提起诉讼的途径和期限，作出行政处罚决定的行政机关（加盖公章）和做出决定的日期（表10）。

（十一）环境保护局执法文书送达回执

《环境保护局送达回执》是做出行政处罚决定的行政机关按照法律规定，为证明已将处罚文书送达当事人而制作的文书。

《环境保护局送达回执》应载明的内容：受送达单位及送达地点，送达文件名称和文号，收到时间及受送达人签名或盖章，送达人签名或盖章（表11）。

（十二）环境保护行政处罚强制执行申请书

《环境保护行政处罚强制执行申请书》是环境保护行政执法部门向人民法院申请对当事人不履行行政处罚的行为实施强制执行而制作的文书。

《环境保护行政处罚强制执行申请书》应载明的内容：申请人基本情况，被申请人基本情况，申请案由，申请强制执行处罚的种类、数量，申请强制执法名称，与行政处罚有关的附件、材料，由申请机关盖章（表12）。

表1 环境违法行为立案登记表规范格式

________环境保护局环境违法行为立案登记表

<table>
<tr><td>当事人</td><td colspan="5"></td></tr>
<tr><td>法定代表人</td><td></td><td>职务</td><td></td><td>电话</td><td></td></tr>
<tr><td>地址</td><td colspan="5"></td></tr>
<tr><td>案情简介</td><td colspan="5"></td></tr>
<tr><td>承办人意见</td><td colspan="5">承办人：　　年　月　日</td></tr>
<tr><td>承办部门意见</td><td colspan="5">部门负责人：　　年　月　日</td></tr>
<tr><td>领导审批意见</td><td colspan="5">年　月　日</td></tr>
<tr><td>备注</td><td colspan="5"></td></tr>
</table>

表2　环境保护调查询问笔录的规范格式

________环境保护局调查询问笔录

日期：		时间：
地点：		
案由：		
被询问人：	性别：	年龄：
工作单位：		职务：
家庭住址：		电话：
询问人：		记录人：
参加人：		
问： 答： 问： 答： 问： 答： 问： 答：		

表 3 环境案件调查报告规范格式

______________________环境保护局案件调查报告

案由：	
当事人：	
法定代表人：	职务：
地址：	电话：
调查经过：	
查明事实和证据：	
处理依据：	
处理意见： 调查人： 年 月 日	
调查部门意见： 负责人： 年 月 日	

表 4 环境违法行为改正通知书规范格式

________环境保护局

环境违法行为改正通知书

×环违改字〔 〕号

经调查核实，你单位（或个人）的以下行为：____

____

____

____，违反了下列环境保护规定：

《____》第______条第______款第_____项和

《____》第______条第______款第_____项。

现根据《中华人民共和国行政处罚法》第二十三条的规定，责令你单位（或个人）改正以上环境违法行为。

×××环境保护局（印章）

年 月 日

表 5　环境违法行为限期改正通知书规范格式

________环境保护局
环境违法行为限期改正通知书

×环限改字〔　　〕号

经调查，你单位（或个人）的以下行为：____

____

____

____，违反了下列环境保护规定：

《____》第______条第_____款第____项和

《____》第______条第_____款第____项。

现根据《中华人民共和国行政处罚法》第二十三条的规定，责令你单位（或个人）于　　年　　月　　日之前改正以上环境违法行为。

×××环境保护局（印章）
年　　月　　日

表6 环境保护行政处罚事先告知书规范格式

______环境保护局
行政处罚事先告知书

×环罚告字〔 〕号

经调查核实，你单位（或个人）的以下行为：____，违反了下列环境保护规定：《____________________》第______条第______款第______项和《____________________》第______条第______款第______项。

我局拟依据《____________________》第______条第______款和《____________________》第______条第______款的规定，对你单位（或个人）作出如下行政处罚：

1.

2.

现根据《中华人民共和国行政处罚法》第三十一条的规定，你单位（或个人）如对该处罚意见有异议，可在接到本通知之日起7日内向我局提出陈述和申辩；逾期未提出陈述或者申辩，视为你单位（或个人）放弃陈述和申辩的权利。

我局地址： 邮政编码：

联系人： 电 话：

×××环境保护局（印章）

年 月 日

表 7　环境保护行政处罚听证告知书规范格式

<table>
<tr><td>

__________环境保护局

行政处罚听证告知书

×环听告字〔　　〕号

经调查，你单位（或个人）的以下行为：____

____

____，违反了下列环境保护规定：

《____》第______条第_____款第_____项和

《____》第______条第_____款第_____项。

我局拟依据《____________________________》第____________条第__________款和《______________________》第_____条第________款的规定，对你单位（或个人）作出如下行政处罚：

1.

2.

现根据《中华人民共和国行政处罚法》第四十二条的规定，你单位（或个人）有权要求听证。你单位（或个人）如果要求听证，可在收到本通知之日起 3 日内向我局以书面提出听证申请；逾期未提出听证申请，视为你单位（或个人）放弃听证要求。

我局地址：　　　　　　　　　　　　邮政编码：

联系人：　　　　　　　　　　　　　电　　话：

×××环境保护局（印章）

年　　月　　日

</td></tr>
</table>

表 8 环境保护行政处罚听证通知书规范格式

________环境保护局
行政处罚听证通知书

×环听通字〔 〕号

根据《中华人民共和国行政处罚法》第四十二条的规定，并应你单位（或个人）的听证要求，我局决定于__________年________月______日______时_________分，在_____________________________________就___________________________________一案举行行政听证会，届时凭本通知准时参加。若无故缺席，视为你单位（或个人）放弃听证要求。

听证会可由你单位法定代表人（或者本人）亲自参加，也可委托 1 至 2 名代理人参加。

经我局负责人指定，本次听证会由________________担任主持人，____________________人听证员，_____________担任书记员。

在参加听证前，须做好以下准备：

1. 携带有关证据材料；

2. 通知有关证人出席作证；

3. 如委托代理人参加的，须提前办理委托手续；

4. 如申请听证主持人回避的，应及时向本局提出。

×××环境保护局（印章）

年 月 日

表 9 环境保护当场处罚决定书规范格式

<table>
<tr><td>

________环境保护局

当场处罚决定书

×环当罚字〔 〕号

法定代表人（单位）：________________职务：________________

地址：________________________________

你单位（或个人）的如下行为：________________________________

____

违反了《________________》第______条第______款。

依据《________________》第______条第______款和《中华人民共和国行政处罚法》第三十三条的规定，我局决定当场对你单位（或个人）给予以下一种或两种行政处罚：

1. 罚款（大写）________________________元。

以上罚款限于接到本处罚决定书之日起 15 日内缴至指定银行和账号。逾期不缴纳罚款的，我局将每日按罚款数额的 3%加处罚款。

收款银行：________________户名：________________

账号：________________________________

2. 警告。

你单位（或个人）如不服本处罚决定，可在即日起××日内依法向________________人民政府申请复议，或者在 15 日内直接向________________人民法院起诉。逾期不申请复议，也不向人民法院起诉，又不履行处罚决定的，我局将申请人民法院强制执行。

执法人员（签名或盖章）：

×××环境保护局（印章）

年 月 日

</td></tr>
</table>

表 10　环境保护行政处罚决定书规范格式

________环境保护局

行政处罚决定书

×环罚字〔　　〕号

____________________________：

法定代表人（单位）：____________________职务：________________________

详细地址：____

一、环境违法事实和证据

经调查核实，你单位（或个人）实施了以下环境违法行为：

1.____

2.____

以上行为有下列证据为证：

1.____

2.____

上述行为违反了《______________________》第________条第__________款和《______________________》第____条第_____款之规定，决定对你单位（或个人）作出如下行政处罚：

1.罚款（大写）______________元。限于接到本处罚决定书之日起 15 日内缴至指定银行和账号。逾期不缴纳罚款的，我局将每日按罚款数额的 3%加处罚款。

收款银行：________________户名：______________________

账号：____

2.____

二、申请复议或者提出诉讼的途径和期限

如不服本处罚决定，可在接到决定书之起××日内向环境保护局或者向______________人民政府申请复议，也可在××日内直接向____________人民法院起诉。

逾期不申请复议，也不向人民法院起诉，又不履行处罚决定的，我局将依法申请人民法院强制执行。

×××环境保护局（印章）

年　　月　　日

表 11 环境保护执法文书送达回执规范格式

<table>
<tr><td colspan="4">________环境保护局送达回执</td></tr>
<tr><td>受送达人</td><td colspan="3"></td></tr>
<tr><td>送达地点</td><td colspan="3"></td></tr>
<tr><td>案　　由</td><td colspan="3"></td></tr>
<tr><td>送达文书名称</td><td>字　　号</td><td>收到时间</td><td>受送达人
签名或盖章</td></tr>
<tr><td></td><td></td><td>年　月　日</td><td></td></tr>
<tr><td></td><td></td><td>年　月　日</td><td></td></tr>
<tr><td></td><td></td><td>年　月　日</td><td></td></tr>
<tr><td colspan="4">不能送达的理由：

年　　月　　日</td></tr>
<tr><td colspan="4">备　注：</td></tr>
<tr><td colspan="2" rowspan="2">送达机关</td><td>签发人</td><td></td></tr>
<tr><td>送达人</td><td></td></tr>
<tr><td colspan="4">注：发生拒收情况时，其他人员在场，记明情况，留下送达文件即为送达。</td></tr>
</table>

表 12 环境保护行政处罚决定书规范格式

______环境保护局
行政处罚强制执行申请书

×环罚申字〔　　〕号

申 请 人：____________　　地　　址：____________
法定代表人：____________　　职　　务：____________
电　　话：____________　　被申请人：____________
地　　址：____________　　法定代表人：____________
职　　务：____________　　电　　话：____________
案　　由：____
____

对被申请人的环境违法行为，我局已于______年_____月_____日依法对被申请人作出行政处罚决定。该案的________环罚字〔____〕号《行政处罚决定书》或者________________环当罚字〔____〕号《当场处罚决定书》已于______年_____月____日送达被申请人。

迄今，被申请人在规定的期限内既未申请行政复议，也未向人民法院起诉，又不履行处罚决定。根据《中华人民共和国环境保护法》第四十条和《中华人民共和国行政处罚法》第五十一条的规定，特申请你院强制执行以下行政处罚：

1.____

2.____

此致

______________________人民法院

附件：

1.《行政处罚决定书》或者《当场处罚决定书》）副本_______份

2.有关材料_________件

×××环境保护局（印章）

年　　月　　日

四、制作环保执法文书应注意的两点

（1）高度重视与完整制作环境违法案件的前期法律文书

环境违法案件的前期法律文书包括：《环境违法行为立案登记表》《环境保护调查询问笔录》《环境案件调查报告》。这些法律文书是环境保护行政执法的基础和前提，通常缺一不可。完整地制作这些法律文书，不仅为环境保护行政执法提供较为完整的物证、人证等证据，也为可能出现的当事人要求听证、行政复议或行政诉讼准备好完整的、充分的、确凿的法定证据。

（2）环境保护行政执法法律文书必须注意发布程序引用的法律、法规及具体条款

环境违法案件的后期法律文书分为两类：一类是责令改正或限期改正环境违法行为的通知书，适用于较轻且未酿成污染事故或严重影响的环境违法行为；另一类是行政处罚决定，含停工停产（即停止环境违法行为）、罚款（包括行政罚款、加倍行政收超标排污费、污染环境罚款等）。与此相关联的还有环境保护当场处罚决定书，行政处罚事先告知书；当事人在接到事先告知书后提出举行听证会的要求时，还有听证告知书、听证通知书。这两类后期法律文书除处罚决定外，均属于国家行政机关公文中的告知类公文。

对照行政处罚决定书的写法，看看下面某环保局的这篇行政处罚决定书在内容上有哪些不足之处，试指出来。

辽阳市环境保护局行政处罚决定书

×市环罚决字〔2009〕第××

当事人：××钢铁集团有限责任公司××××工程

法定代表人：×××　　性别：男　　年龄：42

工作单位：××钢铁集团有限责任公司××××工程

电　话：×××××××

地　址：××市××镇××村　　邮编：××××××

本机关于2009年×月×日对你单位未经环评审批，擅自开工建设一案进行立案调查。经查，你单位建设项目环境影响评价文件未经批准，擅自开工建设，此行

为违反了《中华人民共和国环境影响评价法》第四章第三十一条的规定。

违法事实：你单位建设项目环境影响评价文件未经批准，擅自开工建设。经现场调查询问、现场检查和照片为证。

上述违法行为事实清楚，证据确凿。依照《中华人民共和国环境影响评价法》第四章第三十一条，结合《细化行政处罚自由裁量权指导标准》相关规定，决定给予你单位以下行政处罚：

1. 立即停止环境违法行为；

2. 罚款 5 万元。

××市环境保护局

二〇〇九年×月×日

技能训练

根据下面提供的信息，对照《行政处罚强制执行申请书》的格式要求，代国家环保总局写一篇《国家环境保护总局行政处罚强制执行申请书》。

提供的信息：

××市××印染有限责任公司不完全履行国家环境保护总局《行政处罚决定书》(环法〔2006〕××号)。国家环保总局依法作出了行政处罚决定，责令其余热发电项目 20 吨/时锅炉和 1 500 千瓦背压发电机组、1 500 千瓦抽凝发电机组停止生产。《行政处罚决定书》(环法〔2006〕××号)已于××××年××月×日送达被申请人。××印染有限责任公司致函称“于即日起对锅炉车间一台 20 吨/时备用锅炉和 1 500 千瓦背压发电机组、1 500 千瓦抽凝发电机组实施停运。”但事后国家环保总局调查发现，××市××印染有限责任公司并未完全履行行政处罚决定，其余热发电项目 1 500 千瓦抽凝发电机组并未停止生产。

写作要求：请以国家环保总局的名义，向××印染责任有限公司所在地的省人民法院提出申请，请求对××印染责任有限公司作行政处罚并强制执行。

附录一 环境影响评价相关文书

××××××××××××××××××××××项目

环境影响评价执行标准请示函

×××××××环保局：

我单位承接的“××××××××××××××××××××环境影响评价项目”拟采用以下标准，与呈报告贵局，请予核定，当否？

一、环境质量标准

1. 地表水环境

×××××水域功能为农业灌溉用水，水环境质量标准执行《农田灌溉水质标准》（GB 5084—92）中二类水质标准要求；××××河×××段水环境质量标准执行《地表水环境质量标准》（GB 3838—2002）中 III 类水质标准要求。

2. 地下水环境

本项目涉及区域地下水执行《地下水质量标准》（GB/T 14848—93）中 III 类标准。

3. 声环境

本项目涉及区域执行《声环境质量标准》（GB 3096—2008）中三类标准。

4. 大气环境

项目所在地为二类区，环境空气质量执行《环境空气质量标准》（GB 3095—1996）的二级标准。

5. 土壤环境

本项目涉及区域土壤环境质量标准执行《土壤环境质量标准》（GB 15618—1995）中的二级标准。

二、污染物排放标准

1．污水

项目施工期废水和运营期废水处理达标后经××××小溪排入××××河，执行《污水综合排放标准》（GB 8978—1996）中一级排放标准要求。

2．噪声

项目施工期噪声执行《建筑施工场界噪声限值》（GB 12523—90）场界限值要求；运营期场界噪声执行《工业企业厂界环境噪声排放标准》（GB 12348—2008）中 3 类标准要求。

3．大气污染物

项目施工期和运营期大气污染物排放均执行《大气污染物综合排放标准》（GB 16297—1996）中二级标准。

4．固体废物

执行《一般工业固体废物贮存、处置场所污染控制标准》（GB 18599—2001）中固体废物控制要求。

请示单位：××××××××××××

年　月　日

××××××××××项目环境影响评价

现状监测报告

×××××××环境监测站

年　　月　　日

一、环境空气监测

表 1 监测期间气象参数

参数 日期	风速/（m/s）	风向	气温/℃	气压/hPa	湿度/%
×月×日					
……					
……					

表 2 环境空气监测分析方法

分析项目	分析方法	检出限/（mg/m³）
TSP	重量法	0.001
……		
……		

表 3 环境空气监测结果 单位：mg/m³

点位 项 目		×××点位		
		NH_3	TSP	……
×月×日	7:30～8:30			
	11:30～12:30			
	2:30～3:30			
	5:30～6:30			
	平均值			
	日均值			
×月×日	7:30～8:30			
	11:30～12:30			
	2:30～3:30			
	5:30～6:30			
	平均值			
	日均值			
……	7:30～8:30			
	11:30～12:30			
	2:30～3:30			
	5:30～6:30			
	平均值			
	日均值			

二、水环境监测

（一）地表水现状监测

表 4　水文资料

流速/（m/s）	流量/（m^3/s）	河宽/m	河深/m
0.7～1.0	0.3～0.4	3～4	0.1

表 5　地表水水质监测结果　　单位：mg/L（pH 无量纲）

项目 \ 监测断面		地表水监测断面		
		S_1	S_2	S_3
pH	×月×日			
	×月×日			
	×月×日			
	范围值			
COD_{Mn}	×月×日			
	×月×日			
	×月×日			
	平均值			
……	×月×日			
	×月×日			
	×月×日			
	平均值			
……	×月×日			
	×月×日			
	×月×日			
	平均值			

（二）地下水现状监测

表 6 地下水水质监测结果 单位：mg/L（pH 量纲一）

项目 \ 监测断面	污水处理池总排口下游 180 m			
	×月×日	×月×日	×月×日	平均值
pH				
COD_{Mn}				
六价铬				
氨氮				
锰				
铅				
……				
……				
……				
……				

三、土壤环境现状质量调查

表 7 土壤监测结果 单位：mg/kg

项目 \ 地点	××××南面	××××北面
pH		
铬		
锰		
……		
……		
……		
……		

四、声环境现状质量调查

表 8　噪声监测结果

单位：dB

方位	日期	测定时间	等效声级 L_{eq}
××位置东面 5 m	×月×日　昼	9:00　am	
		11:00　am	
	×月×日　夜	8:00　pm	
		10:00　pm	
××位置西面 5 m	×月×日　昼		
	×月×日　夜		
……	×月×日　昼		
	×月×日　夜		
……	×月×日　昼		
	×月×日　夜		

××××××××××××××××××××××××工程
环境影响评价公众参与公告（第一次）

一、建设项目的名称及概况

×××××公司 2009 年销售量达到 45 000 吨，销售额逾 11 亿元。为了满足市场需求，更新产品结构，提高科技含量，公司决定在现厂区内进行“×××××××××××××××××××××工程”。项目总投资××××××万元，共占地×××××m^2，总建筑面积××××××m^2，建设内容包括×××××、××××等主体工程，×××××、××××××、×××××××等配套工程，预期实现××××××年产 1 万吨×××（产品）的生产能力。

二、建设项目建设单位的名称和联系方式

建设单位： 联系人：
联系电话：

三、承担本项目环境影响评价的机构名称与联系方式

环评单位： 联 系 人：
联系电话： 电子邮箱：
地 址： 邮政编码：

四、环境影响评价的工作程序和主要工作内容

（1）环境影响评价的工作程序分三个阶段

① 准备阶段：主要工作为研究有关文件，进行初步的项目工程分析和环境现状调查，筛选重点评价项目，确定各单项环境影响评价的工作等级，编制评价工作方案和工作计划。

② 正式工作阶段：主要工作为进一步做工程分析和现状调查，并进行环境影响预测和评价。

③ 环境影响报告书编制阶段：主要工作为汇总、分析第二阶段工作所得的各

种资料、数据，给出结论，完成环境影响报告书的编制。

（2）环境影响评价的主要工作内容

① 开展环境质量现状调查、监测与评价。

② 预测项目投入正常生产后扬尘、废水、噪声和固体废物排放对周围大气环境、水环境、声环境和生态环境的影响。

③ 提出预防或者减轻不良环境影响的对策和措施。

④ 通过项目工程分析、清洁生产分析，分析项目采用工艺的清洁生产水平。

⑤ 根据本项目的特点，制定环境监测与管理计划。

⑥ 开展公众参与调查，收集公众意见，并对公众意见进行反馈。

⑦ 从环境保护角度提出本项目建设的环境可行性。

五、征求公众意见的主要事项

（1）征求公众意见内容

本次公示主要征求公众对于项目拟建厂区及邻近区域环境质量的看法、对其存在的主要环境问题的认识；对项目拟建厂区区域环境现状改善的建议；重点关心的该项目建设过程中可能存在的环境问题；对本项目环境保护工作的建议；对本次公众意见调查工作的建议等。

（2）公示方式

本次公示主要采取在建设单位公开网页发布新闻公告的方式进行公开，公示时间。

六、公众提出意见的主要方式

在本次信息公示后，公众可在公告发布之日起 10 个工作日内通过网站提交、向指定地址发送电子邮件、电话、传真、信函或者面谈等方式发表关于该项目建设及环评工作的意见看法。

公众参与调查表（个人）

<table>
<tr><td>姓　名</td><td></td><td>性　别</td><td>男□女□</td><td>年　龄</td><td colspan="2">≤30□ 31～50□ ≥51 □</td></tr>
<tr><td>职　业</td><td colspan="6">干部□　工人□　农民□　学生□　科教卫□　其他□</td></tr>
<tr><td>文化程度</td><td colspan="6">大学及以上□　中专或高中□　初中或以下□</td></tr>
<tr><td>项目概况</td><td colspan="6"></td></tr>
<tr><td>可能产生的环境污染及拟采取的减缓措施</td><td colspan="6"></td></tr>
<tr><td rowspan="2">您认为项目所在地区环境质量如何？</td><td colspan="2">好</td><td colspan="2">一般</td><td colspan="2">差</td></tr>
<tr><td colspan="2"></td><td colspan="2"></td><td colspan="2"></td></tr>
<tr><td rowspan="2">您对该建设项目持何态度？</td><td colspan="2">支持</td><td colspan="2">反对</td><td colspan="2">无所谓</td></tr>
<tr><td colspan="2"></td><td colspan="2"></td><td colspan="2"></td></tr>
<tr><td rowspan="2">对项目的建设施工您最关心的问题是什么？</td><td>大气污染</td><td>水域污染</td><td>噪声污染</td><td>生态破坏</td><td>固体废物</td><td>其他</td></tr>
<tr><td></td><td></td><td></td><td></td><td></td><td></td></tr>
<tr><td rowspan="2">您认为项目建设对国家及地方经济发展能起到促进作用吗？</td><td colspan="2">能</td><td colspan="2">不能</td><td colspan="2">不清楚</td></tr>
<tr><td colspan="2"></td><td colspan="2"></td><td colspan="2"></td></tr>
<tr><td rowspan="2">对项目的建设实施您最关心的问题是什么？</td><td>大气污染</td><td>水域污染</td><td>噪声污染</td><td>生态破坏</td><td>固体废物</td><td>其他</td></tr>
<tr><td></td><td></td><td></td><td></td><td></td><td></td></tr>
<tr><td>您对该项目还有哪些其他看法和建议？</td><td colspan="6"></td></tr>
</table>

调查人：　　　　　　　　　　　　　　　　　　　调查日期：

公众参与调查表（团体）

单位名称	
单位所在地	
项目概况	
可能产生的环境污染及拟采取的减缓措施	
您对该项目有何其他意见、建议或要求： （盖章）	

调查人：　　　　　　　　　　调查日期：

××××××××××××××××××××××××××工程

环境影响评价公众参与公告（第二次）

一、建设项目的名称及概况

×××××××××××××公司2009年年销售量达到45 000吨，销售额逾11亿元。随着汽车行业的迅猛发展，依托其品牌、质量及良好的市场信誉，该公司生产的汽车涂料依靠现有装置的生产能力再度无法满足需要。为了满足市场需求，更新产品结构，提高科技含量，公司决定在现厂区内进行“××××××××××××××××××扩建工程”。项目总投资××××××××万元，共占地××××××××××m^2，总建筑面积×××××××××m^2，建设内容包括××××××××××、×××××××××等主体工程，××××、×××××××、×××等配套工程，预期实现年产×××××××吨的生产能力。

二、扩建工程排污情况

1．大气污染
2．水污染
3．固体废物
4．噪声

三、污染防治措施

为了最大限度地减少污染物排放对环境的影响，达到保护环境的目的，本项目应采取如下环保措施：

1．大气
2．固体废物
3．噪声

四、环境影响评价总体结论

本项目用地为在公司现有工业用地范围进行增产扩建，项目用地符合××市总体规划和×××经济开发区用地规划要求，项目所生产的××××（产品）为目前国家大力支持发展的环保型材料，具有较明显的社会、经济、环境综合效益；项目所在地环境质量总体较好，项目建成投入使用后，对周围环境的污染程度较轻，在采取相应的治理措施后，排放的微量污染物不会对周围环境造成不良环境影响，项目实施后能满足区域环境质量与环境功能的要求。公众参与调查结果表明，绝大多数公众支持本项目的建设。

本项目的主要环境问题是建设期施工噪声、扬尘影响。应当在执行“三同时”原则的基础上，严格执行国家的环保法律法规，切实落实本环评中提出的各项污染防治和生态保护措施，将建设期对周围环境的不良影响降低到可接受的程度，从环保角度看，本项目的建设可行。

五、征求公众意见的主要事项

1. 征求公众意见内容

（1）您认为本项目建设是否有必要？

（2）从环保角度出发，您对该项目的建设持何种态度？

（3）您认为该项目运行中，建设方应该加强哪方面的管理？

（4）您对环保部门审批该项目有何建议和要求？

2. 公示方式

本次公示主要采取在建设单位公开网页发布新闻公告的方式进行公开，公示时间。

六、公众提出意见的主要方式

公众如想进一步了解项目和环境影响评价的内容，可向建设单位或其委托的环境影响评价机构索取环境影响报告书简本和其他相关补充信息，时间自本项目公示之日起 10 个工作日内，通过电话、电子邮件及写信的方式联系。

七、建设项目建设单位的名称和联系方式

建设单位：　　　　　　　　　　联系人：

联系电话：

八、承担本项目环境影响评价的机构名称与联系方式

环评单位：　　　　　　　　　　联 系 人：

联系电话：　　　　　　　　　　电子邮箱：

地　　址：　　　　　　　　　　邮政编码：

××××××××××××××××××××××××工程

环境影响报告书技术评估报告

湘环评估书〔20 〕 号

省环保局：

受省局委托，我中心于___年___月___日在长沙市主持召开了由长沙环境保护职业技术学院编制的《××××××××××××××××××××××××××工程环境影响报告书》（以下简称“报告书”）的技术评审会。___年___月___日收到了××××××××××单位报送的报告书（报批本）及相关材料。根据报告书分析结论和专家评审意见，经我中心认真研究，现对报告书提出如下技术评估报告。

一、项目概况

1．项目建设必要性

2．项目概况

二、环境保护目标、环境质量现状及存在的主要问题

1．环境保护目标

环境保护目标一览表

保护类别	保护目标	与工程相关位置	功能	规模	执行标准
空气环境	×××	西边，100 m	居住	200 人	《环境空气质量标准》二级
	×××	东边，200 m	学校	4 000 人	
	……	……	……	……	
地表水环境					
地下水环境					
生态环境					

2．环境质量现状及存在的主要问题

（1）生态环境

（2）环境空气现状评价结论

（3）地表水环境现状评价结论

（4）地下水环境现状评价结论

（5）声环境现状评价结论

三、环保措施

1．水环境保护措施

（1）施工期水环境保护措施

（2）营运期水环境保护措施

2．大气污染防治措施

（1）施工期大气环境保护措施

（2）营运期大气环境保护措施

3．噪声污染防治措施

4．固废污染防治措施

5．水土保持防治措施

6．环保投资

表 “三同时”验收表

项目	说明	“三同时”验收要求
水质保护措施	污水处理系统	
	……	
	……	
空气质量保护措施	……	
	……	
噪声防治措施	……	
	……	
环境保护管理与监测	……	
……		
……		

四、项目建设的环境可行性

1．规划相符性

（1）行业规划

（2）城市发展规划

2．选址可行性

3．环境影响预测结论

（1）施工期影响

（2）运行期影响

4．污染物排放总量控制要求及指标来源

5．环境影响预测结论（主要是对环境敏感目标的影响情况）

6．环境风险

7．公众参与

五、项目建设的制约因素

1．制约性因素

2．解决办法

六、环境影响报告书编制质量及报批材料情况

1．报告书编制及修改质量

2．报批材料相关情况

七、项目建设评估总体结论

年　　月　　日

主题词：　　□□□　　□□□　　□□□　　报告书　　评估报告

关于《××××××××××××××工程环境影响报告》的批复请示

×××省环保厅：

我公司就“××××××××××××××××××××××工程”，根据《环境影响评价法》及《中华人民共和国环境保护法》要求，委托××××××××××××（单位）进行该项目环境影响评价工作，现报告已编制完毕，并通过专家评审，现呈报贵厅，请予批复！

××××××××××公司

年　　月

建设项目环境影响报告书、报告表、登记表

审批意见会签表

<table>
<tr><td>建设单位</td><td></td><td>联系人
及电话</td><td></td></tr>
<tr><td>项目名称</td><td></td><td>项目性质</td><td></td></tr>
<tr><td>工程地点</td><td></td><td>初审时间</td><td></td></tr>
<tr><td>评价类别</td><td></td><td>评价单位</td><td></td></tr>
<tr><td colspan="4">项目批准机关及批准文件、文号：</td></tr>
<tr><td colspan="4">投资总金额　　　　万元，其中环保措施投资　　　　万元。</td></tr>
<tr><td>环保处
意见</td><td colspan="3">

经办人：　　　　　　　　　　　　年　　月　　日</td></tr>
<tr><td>分管局长
意见</td><td colspan="3">

签名：　　　　　　　　　　　　年　　月　　日</td></tr>
<tr><td>局长意见</td><td colspan="3">

签名：　　　　　　　　　　　　年　　月　　日</td></tr>
</table>

××局环保处收（发）文登记表

序号	发送文件名称	接收文件单位名称	收件人	送件人	时间	份数	备注

建设项目现场检查登记表

项目名称：　　　　　　　　　　　　　　　　检查时间：

被检查单位基本情况	
企业名称	
项目建设详细地址	
法人代表及其职务	
环评报告书、报告表、登记表批准时间	
初步设计审查通过时间	
施工现场检查情况	
开工时间及施工进度	
环保设施建设情况、存在的问题及处理意见	
备注	

现场检查人员：　　　　记录员：　　　　被调查人员：

编号：

建设项目“三同时”验收意见会签表

<table>
<tr><td>建设单位</td><td></td><td>联系人
及电话</td><td></td></tr>
<tr><td>项目名称</td><td></td><td>行业类别</td><td></td></tr>
<tr><td>工程地点</td><td></td><td>验收时间</td><td></td></tr>
<tr><td>验收类别</td><td></td><td>验收监测单位</td><td></td></tr>
<tr><td colspan="4">项目批准机关及批准文件、文号：</td></tr>
<tr><td colspan="4">投资总金额　　　万元，其中环保措施投资　　　万元。</td></tr>
<tr><td>环保处
意见</td><td colspan="3">经办人：　　　　　　　　年　　月　　日</td></tr>
<tr><td>分管局长
意见</td><td colspan="3">签名：　　　　　　　　年　　月　　日</td></tr>
<tr><td>局长意见</td><td colspan="3">签名：　　　　　　　　年　　月　　日</td></tr>
</table>

××××××排放污染物许可证申请表

申请单位（盖章）：　　　　　　　　　　　　　　　　　　年　月　日

<table>
<tr><td>单位名称</td><td colspan="3"></td><td>法人代表</td><td colspan="2"></td></tr>
<tr><td>单位代码</td><td colspan="3"></td><td>地　址</td><td colspan="2"></td></tr>
<tr><td>环保机构名称</td><td></td><td>联系人</td><td colspan="2"></td><td>电话</td><td></td></tr>
<tr><td>项目名称</td><td></td><td>生产规模</td><td colspan="4"></td></tr>
<tr><td>总投资</td><td></td><td>环保投资</td><td colspan="4"></td></tr>
<tr><td rowspan="5">主要产品及原料产量</td><td>主要产品及原料名称</td><td>单　位</td><td colspan="4">年产量</td></tr>
<tr><td></td><td></td><td colspan="4"></td></tr>
<tr><td></td><td></td><td colspan="4"></td></tr>
<tr><td></td><td></td><td colspan="4"></td></tr>
<tr><td></td><td></td><td colspan="4"></td></tr>
<tr><td>产品能耗（吨标煤/年）</td><td></td><td>产品水耗（吨/年）</td><td colspan="4"></td></tr>
<tr><td colspan="7">主要生产工艺：</td></tr>
<tr><td colspan="7">主要污染防治设施：</td></tr>
<tr><td colspan="7">污染物排放去向：</td></tr>
<tr><td colspan="7">排污口整治情况：</td></tr>
</table>

排污者申报的污染物排放情况	废水排放量				废气排放量		排气筒高度	
	污染因子							
	年排放总量							
	排放浓度							
环保部门核定的污染物排放情况	废水排放量				废气排放量		排气筒高度	
	污染因子							
	排放标准							
	允许排放总量							

发证机关核准意见：

经办人：　（单位盖章）

年　月　日

单位：废水排放量：t/a，排放浓度：mg/L，其他项目年排放量：kg/a。废气排放量：万 Nm^3/a，排放浓度：mg/m^3，排气筒高：m。

编号：

××××××排污许可证办理呈批表

申请单位（盖章）：　　　　　　　　　　　　　　　　年　月　日

<table>
<tr><td>单位名称</td><td></td><td>项目行业</td><td></td></tr>
<tr><td>联系人</td><td></td><td>联系电话</td><td></td></tr>
<tr><td>生产规模</td><td></td><td>单位地址</td><td></td></tr>
<tr><td>总投资（万元）</td><td></td><td>环保投资（万元）</td><td></td></tr>
<tr><td colspan="4">项目批准机关及批准文件、文号：</td></tr>
<tr><td colspan="4">环保处意见：

经办人：　　　　　　　　　　　　　　　　年　月　日</td></tr>
<tr><td colspan="4">分管局长审定意见：

签　字：　　　　　　　　　　　　　　　　年　月　日</td></tr>
<tr><td colspan="4">局长审定意见：

签　字：　　　　　　　　　　　　　　　　年　月　日</td></tr>
</table>

编号：

××××××排放污染物许可证变更表

申请单位（盖章）：　　　　　　　　　　　　　　年　　月　　日

<table>
<tr><td colspan="2">单位名称</td><td colspan="5"></td></tr>
<tr><td colspan="2">单位法人代表</td><td></td><td>单位地址</td><td colspan="3"></td></tr>
<tr><td colspan="2">联系人</td><td></td><td>电话</td><td colspan="3"></td></tr>
<tr><td colspan="2">许可证号码</td><td></td><td>有效期</td><td>年</td><td>发证日期</td><td>年　月　日</td></tr>
<tr><td rowspan="6">原许可证内容</td><td>项目</td><td colspan="2">允许排放因子</td><td colspan="3">允许排放量</td></tr>
<tr><td></td><td colspan="2"></td><td colspan="3"></td></tr>
<tr><td></td><td colspan="2"></td><td colspan="3"></td></tr>
<tr><td></td><td colspan="2"></td><td colspan="3"></td></tr>
<tr><td></td><td colspan="2"></td><td colspan="3"></td></tr>
<tr><td></td><td colspan="2"></td><td colspan="3"></td></tr>
<tr><td>申请新许可证内容</td><td colspan="6"></td></tr>
<tr><td>新申请许可证主要生产工艺及主要污染防治设施</td><td colspan="6"></td></tr>
</table>

排污口整治情况								
排污者申报的污染物排放情况	废水排放量				废气排放量		排气筒高	
	污染因子							
	排放浓度							
	年排放总量							
环保部门核定的污染物排放情况	废水排放量				废气排放量		排气筒高	
	污染因子							
	排放浓度							
	年排放总量							
发证机关审核意见	经办人：（单位盖章） 年 月 日							

单位：废水排放量：t/a，排放浓度：mg/L，其他项目年排放量：kg/a。废气排放量：万 Nm^3/a，排放浓度：mg/m^3，排气筒高：m。

附录二　国家行政机关公文处理办法

第一章　总则

第一条　为使国家行政机关（以下简称行政机关）的公文处理工作规范化、制度化、科学化，制定本办法。

第二条　行政机关的公文（包括电报，下同），是行政机关在行政管理过程中形成的具有法定效力和规范体式的文书，是依法行政和进行公务活动的重要工具。

第三条　公文处理指公文的办理、管理、整理（立卷）、归档等一系列相互关联、衔接有序的工作。

第四条　公文处理应当坚持实事求是、精简、高效的原则，做到及时、准确、安全。

第五条　公文处理必须严格执行国家保密法律、法规和其他有关规定，确保国家秘密的安全。

第六条　各级行政机关的负责人应当高度重视公文处理工作，模范遵守本办法并加强对本机关公文处理工作的领导和检查。

第七条　各级行政机关的办公厅（室）是公文处理的管理机构，主管本机关的公文处理工作并指导下级机关的公文处理工作。

第八条　各级行政机关的办公厅（室）应当设立文秘部门或者配备专职人员负责公文处理工作。

第二章　公文种类

第九条　行政机关的公文种类主要有：

（一）命令（令）

适用于依照有关法律公布行政法规和规章；宣布施行重大强制性行政措施；嘉奖有关单位及人员。

（二）决定

适用于对重要事项或者重大行动做出安排，奖惩有关单位及人员，变更或者撤销下级机关不适当的决定事项。

（三）公告

适用于向国内外宣布重要事项或者法定事项。

（四）通告

适用于公布社会各有关方面应当遵守或者周知的事项。

（五）通知

适用于批转下级机关的公文，转发上级机关和不相隶属机关的公文，传达要求下级机关办理和需要有关单位周知或者执行的事项，任免人员。

（六）通报

适用于表彰先进，批评错误，传达重要精神或者情况。

（七）议案

适用于各级人民政府按照法律程序向同级人民代表大会或人民代表大会常务委员会提请审议事项。

（八）报告

适用于向上级机关汇报工作，反映情况，答复上级机关的询问。

（九）请示

适用于向上级机关请求指示、批准。

（十）批复

适用于答复下级机关的请示事项。

（十一）意见

适用于对重要问题提出见解和处理办法。

（十二）函

适用于不相隶属机关之间商洽工作，询问和答复问题，请求批准和答复审批事项。

（十三）会议纪要

适用于记载、传达会议情况和议定事项。

第三章　公文格式

第十条　公文一般由秘密等级和保密期限、紧急程度、发文机关标识、发文字号、签发人、标题、主送机关、正文、附件说明、成文日期、印章、附注、附件、主题词、抄送机关、印发机关和印发日期等部分组成。

（一）涉及国家秘密的公文应当标明密级和保密期限，其中，“绝密”、“机密”级公文还应当标明份数序号。

（二）紧急公文应当根据紧急程度分别标明“特急”、“急件”。其中电报应当分别标明“特提”、“特急”、“加急”、“平急”。

（三）发文机关标识应当使用发文机关全称或者规范化简称；联合行文，主办机关排列在前。

（四）发文字号应当包括机关代字、年份、序号。联合行文，只标明主办机关发文字号。

（五）上行文应当注明签发人、会签人姓名。其中，“请示”应当在附注处注明联系人的姓名和电话。

（六）公文标题应当准确简要地概括公文的主要内容并标明公文种类，一般应当标明发文机关。公文标题中除法规、规章名称加书名号外，一般不用标点符号。

（七）主送机关指公文的主要受理机关，应当使用全称或者规范化简称、统称。

（八）公文如有附件，应当注明附件顺序和名称。

（九）公文除“会议纪要”和以电报形式发出的以外，应当加盖印章。联合上报的公文，由主办机关加盖印章；联合下发的公文，发文机关都应当加盖印章。

（十）成文日期以负责人签发的日期为准，联合行文以最后签发机关负责人的签发日期为准。电报以发出日期为准。

（十一）公文如有附注（需要说明的其他事项），应当加括号标注。

（十二）公文应当标注主题词。上行文按照上级机关的要求标注主题词。

（十三）抄送机关指除主送机关外需要执行或知晓公文的其他机关，应当使用全称或者规范化简称、统称。

（十四）文字从左至右横写、横排。在民族自治地方，可以并用汉字和通用的少数民族文字（按其习惯书写、排版）。

第十一条 公文中各组成部分的标识规则，参照《国家行政机关公文格式》国家标准执行。

第十二条 公文用纸一般采用国际标准A 4 型（210 mm×297 mm），左侧装订。张贴的公文用纸大小，根据实际需要确定。

第四章 行文规则

第十三条 行文应当确有必要，注重效用。

第十四条 行文关系根据隶属关系和职权范围确定，一般不得越级请示和报告。

第十五条 政府各部门依据部门职权可以相互行文和向下一级政府的相关业务部门行文；除以函的形式商洽工作、询问和答复问题、审批事项外，一般不得向下一级政府正式行文。

部门内设机构除办公厅（室）外不得对外正式行文。

第十六条 同级政府、同级政府各部门、上级政府部门与下一级政府可以联合行文；政府与同级党委和军队机关可以联合行文；政府部门与相应的党组织和军队机关可以联合行文；政府部门与同级人民团体和具有行政职能的事业单位也可以联合行文。

第十七条 属于部门职权范围内的事务，应当由部门自行行文或联合行文。联合行文应当明确主办部门。须经政府审批的事项，经政府同意也可以由部门行文，文中应当注明经政府同意。

第十八条 属于主管部门职权范围内的具体问题，应当直接报送主管部门处理。

第十九条 部门之间对有关问题未经协商一致，不得各自向下行文。如擅自行文，上级机关应当责令纠正或撤销。

第二十条 向下级机关或者本系统的重要行文，应当同时抄送直接上级机关。

第二十一条 “请示”应当一文一事；一般只写一个主送机关，需要同时送其他机关的，应当用抄送形式，但不得抄送其下级机关。

“报告”不得夹带请示事项。

第二十二条 除上级机关负责人直接交办的事项外，不得以机关名义向上级机关负责人报送“请示”、“意见”和“报告”。

第二十三条 受双重领导的机关向上级机关行文，应当写明主送机关和抄送机关。上级机关向受双重领导的下级机关行文，必要时应当抄送其另一上级机关。

第五章　发文办理

第二十四条 发文办理指以本机关名义制发公文的过程，包括草拟、审核、签发、复核、缮印、用印、登记、分发等程序。

第二十五条 草拟公文应当做到：

（一）符合国家的法律、法规及其他有关规定。如提出新的政策、规定等，要切实可行并加以说明。

（二）情况确实，观点明确，表述准确，结构严谨，条理清楚，直述不曲，字词规范，标点正确，篇幅力求简短。

（三）公文的文种应当根据行文目的、发文机关的职权和与主送机关的行文关系确定。

（四）拟制紧急公文，应当体现紧急的原因，并根据实际需要确定紧急程度。

（五）人名、地名、数字、引文准确。引用公文应当先引标题，后引发文字号。引用外文应当注明中文含义。日期应当写明具体的年、月、日。

（六）结构层次序数，第一层为“一、”，第二层为“（一）”，第三层为“1.”，第四层为“（1）”。

（七）应当使用国家法定计量单位。

（八）文内使用非规范化简称，应当先用全称并注明简称。使用国际组织外文名称或其缩写形式，应当在第一次出现时注明准确的中文译名。

（九）公文中的数字，除成文日期、部分结构层次序数和在词、词组、惯用语、缩略语、具有修辞色彩语句中作为词素的数字必须使用汉字外，应当使用阿拉伯数字。

第二十六条 拟制公文，对涉及其他部门职权范围内的事项，主办部门应当主动与有关部门协商，取得一致意见后方可行文；如有分歧，主办部门的主要负责人应当出面协调，仍不能取得一致时，主办部门可以列明各方理据，提出建设性意见，并与有关部门会签后报请上级机关协调或裁定。

第二十七条 公文送负责人签发前，应当由办公厅（室）进行审核。审核的重点是：是否确需行文，行文方式是否妥当，是否符合行文规则和拟制公文的有关要求，公文格式是否符合本办法的规定等。

第二十八条 以本机关名义制发的上行文，由主要负责人或者主持工作的负责人签发；以本机关名义制发的下行文或平行文，由主要负责人或者由主要负责人授权的其他负责人签发。

第二十九条 公文正式印制前，文秘部门应当进行复核，重点是：审批、签发手续是否完备，附件材料是否齐全，格式是否统一、规范等。

经复核需要对文稿进行实质性修改的，应按程序复审。

第六章 收文办理

第三十条 收文办理指对收到公文的办理过程，包括签收、登记、审核、拟办、批办、承办、催办等程序。

第三十一条 收到下级机关上报的需要办理的公文，文秘部门应当进行审核。审核的重点是：是否应由本机关办理；是否符合行文规则；内容是否符合国家法律、法规及其他有关规定；涉及其他部门或地区职权的事项是否已协商、会签；文种使用、公文格式是否规范。

第三十二条 经审核，对符合本办法规定的公文，文秘部门应当及时提出拟办意见送负责人批示或者交有关部门办理，需要两个以上部门办理的应当明确主办部门。紧急公文，应当明确办理时限。对不符合本办法规定的公文，经办公厅（室）负责人批准后，可以退回呈报单位并说明理由。

第三十三条 承办部门收到交办的公文后应当及时办理，不得延误、推诿。紧急公文应当按时限要求办理，确有困难的，应当及时予以说明。对不属于本单位职权范围或者不宜由本单位办理的，应当及时退回交办的文秘部门并说明理由。

第三十四条 收到上级机关下发或交办的公文，由文秘部门提出拟办意见，送负责人批示后办理。

第三十五条 公文办理中遇有涉及其他部门职权的事项，主办部门应当主动与有关部门协商；如有分歧，主办部门主要负责人要出面协调，如仍不能取得一致，可以报请上级机关协调或裁定。

第三十六条 审批公文时，对有具体请示事项的，主批人应当明确签署意见、姓名和审批日期，其他审批人圈阅视为同意；没有请示事项的，圈阅表示已阅知。

第三十七条 送负责人批示或者交有关部门办理的公文，文秘部门要负责催办，做到紧急公文跟踪催办，重要公文重点催办，一般公文定期催办。

第七章　公文归档

第三十八条 公文办理完毕后，应当根据《中华人民共和国档案法》和其他有关规定，及时整理（立卷）、归档。

个人不得保存应当归档的公文。

第三十九条 归档范围内的公文，应当根据其相互联系、特征和保存价值等整理（立卷），要保证归档公文的齐全、完整，能正确反映本机关的主要工作情况，便于保管和利用。

第四十条 联合办理的公文，原件由主办机关整理（立卷）、归档，其他机关保存复制件或其他形式的公文副本。

第四十一条 本机关负责人兼任其他机关职务，在履行所兼职务职责过程中形成的公文，由其兼职机关整理（立卷）、归档。

第四十二条 归档范围内的公文应当确定保管期限，按照有关规定定期向档案部门移交。

第四十三条 拟制、修改和签批公文，书写及所用纸张和字迹材料必须符合存档要求。

第八章　公文管理

第四十四条 公文由文秘部门或专职人员统一收发、审核、用印、归档和销毁。

第四十五条 文秘部门应当建立健全本机关公文处理的有关制度。

第四十六条 上级机关的公文，除绝密级和注明不准翻印的以外，下一级机关经负责人或者办公厅（室）主任批准，可以翻印。翻印时，应当注明翻印的机关、日期、份数和印发范围。

第四十七条 公开发布行政机关公文，必须经发文机关批准。经批准公开发布的公文，同发文机关正式印发的公文具有同等效力。

第四十八条 公文复印件作为正式公文使用时，应当加盖复印机关证明章。

第四十九条 公文被撤销，视作自始不产生效力；公文被废止，视作自废止之日起不产生效力。

第五十条 不具备归档和存查价值的公文，经过鉴别并经办公厅（室）负责人批准，可以销毁。

第五十一条 销毁秘密公文应当到指定场所由二人以上监销，保证不丢失、不漏销。其中，销毁绝密公文（含密码电报）应当进行登记。

第五十二条 机关合并时，全部公文应当随之合并管理。机关撤销时，需要归档的公文整理（立卷）后按有关规定移交档案部门。

工作人员调离工作岗位时，应当将本人暂存、借用的公文按照有关规定移交、清退。

第五十三条 密码电报的使用和管理，按照有关规定执行。

第九章 附则

第五十四条 行政法规、规章方面的公文，依照有关规定处理。外事方面的公文，按照外交部的有关规定处理。

第五十五条 公文处理中涉及电子文件的有关规定另行制定。统一规定发布之前，各级行政机关可以制定本机关或者本地区、本系统的试行规定。

第五十六条 各级行政机关的办公厅（室）对上级机关和本机关下发公文的贯彻落实情况应当进行督促检查并建立督查制度。有关规定另行制定。

第五十七条 本办法自2001年1月1日起施行。1993年11月21日国务院办公厅发布，1994年1月1日起施行的《国家行政机关公文处理办法》同时废止。

主题词：文秘工作　公文　办法

附录三　中国共产党机关公文处理条例

（中共中央办公厅一九九六年五月三日发布实施）

第一章　总则

第一条　为适应中国共产党机关（以下简称党的机关）工作的需要，实现党的机关公文处理工作的科学化、制度化、规范化，制定本条例。

第二条　党的机关的公文，是党的机关实施领导、处理公务的具有特定效力的规范格式的文书，是传达贯彻党的路线、方针、政策，指导、布置和商洽工作，请示和答复问题，报告和交流情况的工具。

第三条　公文处理是包括公文拟制、办理、管理、立卷归档在内的一系列衔接有序的工作。

第四条　公文处理应当坚持实事求是、按照行文机关要求和公文处理规定进行的原则，做到准确、及时、安全、保密。

第五条　党的机关的办公厅（室）主管本机关的公文处理工作，并对下级机关的公文处理工作进行业务指导。

第六条　党的机关的办公厅（室）应当设立秘书部门或者配备秘书人员具体负责公文处理工作，并逐步改善办公手段，努力提高工作效率和质量。秘书人员应当具有较高的政治和业务素质，工作积极，作风严谨，遵守纪律，恪尽职守。

第二章　公文种类

第七条　党的机关公文种类主要有：

（一）决议　用于经会议讨论通过的重要决策事项。

（二）决定　用于对重要事项作出决策和安排。

（三）指示　用于对下级机关布置工作，提出开展工作的原则和要求。

（四）意见　用于对重要问题提出见解和处理办法。

（五）通知　用于发布党内法规、任免干部、传达上级机关的指示、转发上级机关和不相隶属机关的公文、批转下级机关的公文、发布要求下级机关办理和有关单位共同执行或者周知的事项。

（六）通报　用于表彰先进、批评错误、传达重要精神、交流重要情况。

（七）公报　用于公开发布重要决定或者重大事件。

（八）报告　用于向上级机关汇报工作、反映情况、提出建议，答复上级机关的询问。

（九）请示　用于向上级机关请求指示、批准。

（十）批复　用于答复下级机关的请示。

（十一）条例　用于党的中央组织制定规范党组织的工作、活动和党员行为的规章制度。

（十二）规定　用于对特定范围内的工作和事务制定具有约束力的行为规范。

（十三）函　用于机关之间商洽工作、询问和答复问题，向无隶属关系的有关主管部门请求批准等。

（十四）会议纪要　用于记载会议主要精神和议定事项。

第三章　公文格式

第八条　党的机关公文由版头、份号、密级、紧急程度、发文字号、签发人、标题、主送机关、正文、附件、发文机关署名、成文日期、印章、印发传达范围、主题词、抄送机关、印制版记组成。

（一）版头　由发文机关全称或者规范化简称加“文件”二字或者加括号标明文件组成，用套红大字居中印在公文首页上部。联合行文，版头可以用主办机关名称，也可以并用联署机关名称。在民族自治地方，发文机关名称可以并用自治民族的文字和汉字印制。

（二）份号　公文印制份数的顺序号，标注于公文首页左上角。秘密公文应当标明份号。

（三）密级　公文的秘密等级，标注于份号下方。

（四）紧急程度　对公文送达和办理的时间要求。紧急文件应当分别标明“特急”、“加急”，紧急电报应当分别标明“特提”、“特急”、“加急”、“平急”。

（五）发文字号　由发文机关代字、发文年度和发文顺序号组成，标注于版头下方居中或者左下方。联合行文，一般只标明主办机关的发文字号。

（六）签发人　上报公文应当在发文字号右侧标注“签发人”，“签发人”后面标注签发人姓名。

（七）标题　由发文机关名称、公文主题和文种组成，位于发文字号下方。

（八）主送机关　主要受理公文的机关。主送机关名称应当用全称或者规范化简称或者同类型机关的统称，位于正文上方，顶格排印。

（九）正文 公文的主体，用来表述公文的内容，位于标准或者主送机关下方。

（十）附件 公文附件，应当置于主件之后，与主件装订在一起，并在正文之后、发文机关署名之前注明附件的名称。

（十一）发文机关署名 应当用全称或者规范化简称，位于正文的右下方。

（十二）成文日期 一般署会议通过或者领导人签发日期；联合行文，署最后签发机关领导人的签发日期；特殊情况署印发日期。成文日期应当写明年、月、日，位于发文机关署名右下方。决议、决定、条例、规定等不标明主送机关的公文，成文日期加括号标注于标题下方居中位置。

（十三）印章 除会议纪要和印制的有特定版头的普发性公文外，公文应当加盖发文机关印章。

（十四）印发传达范围 加括号标注于成文日期左下方。

（十五）主题词 按上级机关的要求和《公文主题词表》标注，位于抄送机关上方。

（十六）抄送机关 指除主送机关以外的其他需要告知公文内容的上级、下级和不相隶属机关。抄送机关名称标注于印制版记上方。

（十七）印制版记 由公文印发机关名称、印发日期和份数组成，位于公文末页下端。

第九条 公文的汉字从左至右横排；少数民族文字按其书写习惯排印。公文用纸幅面规格可采用16开型（长260毫米，宽184毫米），也可采用国际标准A4型（长297毫米，宽210毫米）。左侧装订。

第十条 党的机关公文版头的主要形式及适用范围：

（一）《中共××文件》 用于各级党委发布、传达贯彻党的方针、政策，作出重要工作部署，转发上级机关的文件，批转下级机关的重要报告、请示。

（二）《中国共产党××委员会（××）》 用于各级党委通知重要事项、任免干部、批复下级机关的请示，向上级机关报告、请示工作。

（三）《中共××办公厅（室）文件》《中共××办公厅（室）（××）》用于各级党委办公厅（室）根据授权，传达党委的指示，答复下级党委的请示，转发上级机关的文件，批转下级机关的报告、请示，发布有关事项，向上级机关报告、请示工作。

（四）《中共××部文件》《中共××部（××）》用于除办公厅（室）以外的党委各部门发布本部门职权范围内的事项，向上级机关报告、请示工作。

第四章　行文规则

第十一条　行文应当确有需要，注重实效，坚持少而精。可发可不发的公文不发，可长可短的公文要短。

第十二条　党的机关的行文关系，根据各自的隶属关系和职权范围确定。

（一）向上级机关行文，应当主送一个上级机关；如需其他相关的上级机关阅知，可以抄送。不得越级向上级机关行文，尤其不得越级请示问题；因特殊情况必须越级行文时，应当同时抄送被越过的上级机关。

（二）向下级机关的重要行文，应当同时抄送发文机关的直接上级机关。

（三）党委各部门在各自职权范围内可以向下级党委的相关部门行文。党委办公厅（室）根据党委授权，可以向下级党委行文；党委的其他部门，不得对下级党委发布指示性公文。部门之间对有关问题未经协商一致，不得各自向下行文。

（四）同级党的机关、党的机关与其他同级机关之间必要时可以联合行文。

（五）不相隶属机关之间一般用函行文。

第十三条　受双重领导的机关向上级机关行文，应当写明主送机关和抄送机关，由主送机关负责答复其请示事项。上级机关向受双重领导的下级机关行文，应当抄送其另一上级机关。

第十四条　向上级机关请示问题，应当一文一事，不应当在非请示公文中夹带请示事项。

请示事项涉及其他部门业务范围时，应当经过协商并取得一致意见后上报；经过协商未能取得一致意见时，应当在请示中写明。除特殊情况外，请示应当送上级机关的办公厅（室）按规定程序处理，不应直接送领导者个人。

党委各部门应当向本级党委请示问题。未经本级党委同意或授权，不得越过本级党委向上级党委主管部门请示重大问题。

第十五条　对不符合行文规则的上报公文，上级机关的秘书部门可退回下级呈报机关。

第五章　公文起草

第十六条　起草公文应当做到：

（一）符合党的路线、方针、政策和国家的法律、法规及上级机关的指示，完整、准确地体现发文机关的意图，并同现行有关公文相衔接。

（二）全面、准确地反映客观实际情况，提出的政策、措施切实可行。

（三）观点明确，条理清晰，内容充实，结构严谨，表述准确。

（四）开门见山，文字精练，用语准确，篇幅简短，文风端正。

（五）人名、地名、时间、数字、引文准确。公文中汉字和标点符合的用法符合国家发布的标准方案，计量单位和数字用法符合国家主管部门的规定。

（六）文种、格式使用正确。

（七）杜绝形式主义和烦琐哲学。

第十七条 起草重要公文应当由领导人亲自动手或亲自主持、指导，进行调查研究和充分论证，征求有关部门意见。

第六章 公文校核

第十八条 公文文稿送领导人审批之前，应当由办公厅（室）进行校核。公文校核的基本任务是协助机关领导人保证公文的质量。公文校核的内容是：

（一）报批程序是否符合规定；

（二）是否确需行文；

（三）内容是否符合党的路线、方针、政策和国家的法律、法规及上级机关的指示精神，是否完整、准确地体现发文机关的意图，并同现行有关公文相衔接；

（四）涉及有关部门业务的事项是否经过协调并取得一致意见；

（五）所提措施和办法是否切实可行；

（六）人名、地名、时间、数字、引文和文字表述、密级、印发传达范围、主题词是否准确、恰当，汉字、标点符号、计量单位、数字的用法及文种使用、公文格式是否符合本条例的规定。

第十九条 文稿如需作较大修改，应当与原起草部门协商或请其修改。

第二十条 已经领导人审批过的文稿，在印发之前应再作校核。校核的内容同第十八条（六）款。经校核如需作涉及内容的实质性修改，须报原审批领导人复审。

第七章 公文签发

第二十一条 公文须经本机关领导人审批签发。重要公文应当由机关主要领导人签发。联合发文，须经所有联署机关的领导人会签。党委办公厅（室）根据党委授权发布的公文，由被授权者签发或者按照有关规定签发。领导人签发公文，应当明确签署意见，并写上姓名和时间。若圈阅，则视为同意。

第八章 公文办理的传递

第二十二条 公文办理分为收文办理和发文办理。收文办理包括公文的签收、登记、拟办、请办、分发、传阅、承办和催办等程序。公文经起草、校核和领导审批签发后转入发文办理，发文办理包括公文的核发、登记、印制和分发等程序。

（一）签发　收到有关公文并以签字或盖章的方式给发文方以凭据。签收公文应当逐件清点，如发现问题，应当及时向发文机关查询，并采取相应的处理措施。急件应当注明签收的具体时间。

（二）登记　公文办理过程中就公文的特征和办理情况进行记载。登记应当将公文标题、密级、发文字号、发文机关、成文日期、主送机关、份数、收发文日期及办理情况逐项填写清楚。

（三）拟办　秘书部门对需要办理的公文提出办理意见，并提供必要的背景材料，送领导人批示。

（四）请办　办公厅（室）根据授权或有关规定将需要办理的公文注请主管领导人批示或者主管部门研办。对需要两个以上部门办理的，应当指明主办部门。

（五）分发　秘书部门根据有关规定或者领导人批示将公文分送有关领导人和部门。

（六）传阅　秘书部门根据领导人批示或者授权，按照一定的程序将公文送有关领导人阅知或者指示。处理公文传阅应当随时掌握公文去向，避免漏传、误传和延误。

（七）承办　主管部门对需要办理的公文进行办理。凡属承办部门职权范围内可以答复的事项，承办部门应当直接答复呈文机关；凡涉及其他部门业务范围的事项，承办部门应当主动与有关部门协商办理；凡须报请上级机关审批的事项，承办部门应当提出处理意见并代拟文稿，一并送请上级机关审批。

（八）催办　秘书部门对公文的承办情况进行督促检查。催办贯穿于公文处理的各个环节。对紧急或者重要公文应当及时催办，对一般公文应当定期催办，并随时或者定期向领导人反馈办理情况。

（九）核发　秘书部门在公文正式印发前，对公文的审批手续、文种、格式等进行复核，确定发文字号、分送单位和印制份数。

（十）印制　应当做到准确、及时、规范、安全、保密。秘密公文应当在机要印刷厂（或一般印刷厂的保密车间）印制。

第二十三条　公文处理过程中，应当使用符合存档要求的书写材料。需要送请领导人阅批的传真件，应当复制后办理。

第二十四条　秘密公文应当通过机要交通（或机要通信）传递、密电传输或者计算机网络加密传输，不得密电明传、明电密电混用。

第九章　公文管理

第二十五条　党的机关公文应当发给组织，由秘书部门统一管理，一般不发给个人。秘书部门应当切实做好公文的管理工作，既发挥公文效用，又有利于公文保密。

第二十六条　党的机关秘密公文的印发传达范围应当按照发文机关的要求执行，下级机关、不相隶属机关如需变更，须经发文机关批准。

第二十七条　公开发布党的机关公文，须经发文机关批准。经批准公开发布的公文，同发文机关正式印发的公文具有同等效力。

第二十八条　复制上级党的机关的秘密公文，须经发文机关批准或者授权。翻印件应当注明翻印机关名称、翻印日期和份数；复印件应当加盖复印机关戳记。复制的公文应当与正式印发的公文同样管理。

第二十九条　汇编上级党的机关的秘密公文，须经发文机关批准或者授权。公文汇编本的密级按照编入公文的最高密级标注并进行管理。

第三十条　绝密级公文应当由秘书部门指定专人管理，并采取严格的保密措施。

第三十一条　秘书部门应当按照规定对秘密公文进行清理、清退和销毁，并向主管机关报告公文管理情况。

销毁秘密公文，必须严格履行登记手续，经主管领导人批准后，由二人监销，保证不丢失、不漏销。个人不得擅自销毁公文。

第三十二条　机关合并时，全部公文应当随之合并管理。机关撤销时，需要归档的公文立卷后按照有关规定移交档案部门，其他公文按照有关规定登记销毁。工作人员调离工作岗位时，应当将本人保管、借用的公文按照有关规定移交、清退。

第十章　公文立卷归档

第三十三条　公文办理完毕后，秘书部门应当按照有关规定将公文的定稿、正本和有关材料收集齐全，进行立卷归档。个人不得保存应当归档的公文。

第三十四条　两个以上机关联合办理的公文，原件由主办机关立卷归档，相关机关保存复制件。机关领导人兼任其他机关职务的，在履行其所兼职务过程中形成的公文，由其兼职的机关立卷归档。

第十一章　公文保密

第三十五条　公文处理必须严格遵守《中华人民共和国保守国家秘密法》及有关保密法规，遵守党的保密纪律，确保党和国家秘密的安全。

凡泄露或出卖党和国家秘密公文的，依照有关法律、法规的规定进行处理。

第三十六条 党内秘密公文的密级按其内容及如泄露可能对党和国家利益造成危害的程度划分为“绝密”、“机密”、“秘密”。不公开发布又未标注密级的公文，按内部公文管理。

第三十七条 发文机关在拟制公文时，应当根据公文的内容和工作需要，严格划分密与非密的界限；对于需要保密的公文，要准确标注其密级。公文密级的变更和解除由发文机关或其上级机关决定。

第十二章 附则

第三十八条 本条例适用于中国共产党各级机关。

第三十九条 本条例由中共中央办公厅负责解释。

第四十条 本条例自发布之日起施行。

附录四　国家行政机关公文格式

国务院办公厅秘书局编
二〇〇〇年十一月

1 范围

本范围规定了国家行政机关公文通用的纸张要求、印制要求、公文中各要素排列和标识规则。

本标准适用于国家各级行政机关制发的公文。其他机关公文可参照执行。使用少数民族文字印制的公文，其格式可参照本标准按有关规定执行。

2 引用标准

下列标准所包含的条文，通过在本标准中引用而构成为本标准的条文。本标准出版时，所示版本均为有效。所有标准都会被修订，使用本标准的各方应探讨使用下列标准最新版本的可能性。

GB/T 148—1997　印刷、书写和绘图纸幅面尺寸

3 定义

本标准采用下列定义。

3.1 字 word

标识公文中横向距离的长度单位。一个字指一个汉字所占空间。

3.2 行 line

标识公文中纵向距离的长度单位。本标准以 3 号字高度加 3 号字高度 7/8 倍的距离为一基准行；公文标准以 2 号字高度加 2 号字高度 7/8 倍的距离为一基准行。

4 公文用纸主要技术指标

公文用纸一般使用纸张定量为 60～80 g/m^2 的胶纸印刷纸或复写纸。纸张白度

为 85%～90%，横向耐折度≥15 次，不透明度≥85%，pH 值为 7.5～9.5。

5 公文用纸幅面及版面尺寸

5.1 公文用纸幅面尺寸

公文用纸张采用 GB/T 148 中规定的 A4 型纸，其成品幅面尺寸为：210 mm×297 mm，尺寸的允许偏差见 GB/T 148。

5.2 公文页边与版心尺寸

公文用纸天头（上白边）为：37 mm±1 mm
公文用纸订口（左白边）为：28 mm±1 mm
版心尺寸为：156 mm×225 mm（不含页码）

6 公文中图文的颜色

未作特殊说明公文中图文的颜色均为黑色。

7 排版规格与印装要求

7.1 排版规格

正文用 3 号仿宋体字，文中如有小标题可用 3 号小标宋体字或黑体字，一般每面排 22 行，每行排 28 个字。

7.2 制版要求

版面干净无底灰，字迹清楚无断划，尺寸标准，版心不斜，误差不超过 1 mm。

7.3 印刷要求

双面印刷；页码套正，两面误差不得超过 2 mm。黑色油墨应达到色谱所标 BL 100%，红色油墨应达到色谱所标 Y 80%，M 80%。印品着墨实、均匀；字面不花、不白、无断划。

7.4 装订要求

公文应左侧装订，不掉页。包本公文的封面与书芯不脱落，后背平整、不空。两页页码之间误差不超过 4 mm。骑马订或平订的订位为两钉钉锯外订眼距书芯上下各 1/4 处，允许误差±4 mm。平订钉锯与书间的距离为 3～5 mm；无坏钉、漏钉、重钉，针脚平伏牢固；后脊不可散页明订。裁切成品尺寸误差±1 mm，四角成 90 度，无毛茬或缺损。

8 公文中各要素标识规则

本标准将组成公文的各要素划分为眉首、主体、版记三部分。

置于公文首页红色反线（宽度同版心，即 156 mm）以上的各要素统称眉首；置于红色反线（不含）以下至主题词（不含）之间的各要素统称主体；置于主题词以下的各要素统称版记。

8.1 眉首

8.1.1 公文份数序号

公文份数序号是将同一文稿印制若干份时每份公文的顺序编号。如需标识公文份数序号，用阿拉伯数码顶格标识在版心左上角第 1 行。

8.1.2 秘密等级和保密期限

如需标识秘密等级，用 3 号黑体字，顶格标识在版心右上角第 1 行，两字之间空 1 字；如需同时标识秘密等级和保密期限，用 3 号黑体字，顶格标识在版心右上角第 1 行，秘密等级和保密期限之间用“★”隔开。

8.1.3 紧急程度

如需标识紧急程度，用 3 号黑体字，顶格标识在版心右上角第 1 行，两字之间空 1 字；如需同时标识秘密等级与紧急程度，秘密等级顶格标识在版心右上角第 1 行紧急程度顶格标识在版心右上角第 2 行。

8.1.4 发文机关标识

由发文机关全称或规范化简称后加“文件”组成；对一些特定的公文可只标识发文机关全称或规范化简称。发文机关标识上边缘至版心上边缘为 25 mm。对于上报的公文，发文机关标识上边缘至版心上边缘为 80 mm。如需标识公文份数序号、秘密等级和保密期限以及紧急程度，可在发文机关标识上空 2 行向下依次标识。

发文机关标识推荐使用小标宋体字，用红色标识。字号由发文机关以醒目美观为原则酌定，但一般应小于 22 mm×15 mm（高×宽）。

联合行文时应使主办机关名称在前，“文件”二字置于发文机关名称右侧，上下居中排布；如联合行文机关过多，必须保证公文首页显示正文。

8.1.5 发文字号

发文字号由发文机关代字、年份和序号组成。发文机关标识下空 2 行，用 3 号仿宋体字，居中排布；年份、序号用阿拉伯数码标识；年份应标全称，用六角“〔 〕”括入；序号不编虚位（即 1 不编为 001），不加“第”字。

发文机关之下 4 mm 处印一条与版心等宽的红色反线。

8.1.6 签发人

上报的公文需标识签发人姓名，平行排列于发文字号右侧。发文字号居左空 1 字，签发人姓名居右空 1 字；签发人用 3 号仿宋体字，签发人后标全角冒号，冒号后用 3 号楷体字标识签发人姓名。

如有多个签发人，主办单位签发人姓名置于第 1 行，其他签发人姓名从第 2 行起在主办单位签发人姓名之下按发文机关顺序依次顺排，下移红色反线，应使发文字号与最后一个签发人姓名处在同一行并使红色反线与之的距离为 4 mm。

8.2 主体

8.2.1 公文标题

红色反线下空 2 行，用 2 号小标宋体字，可分一行或多行居中排布；回行时，要做到词意完整，排列对称，间距恰当。

8.2.2 主送机关

标题下空 1 行，左侧顶格用 3 号仿宋体字标识，回行时仍顶格；最后一个主送机关名称后标全角冒号。如主送机关名称过多而使公文首页不能显示正文时，应将主送机关名称移至版记中的主题词之下、抄送之上，标识方法同抄送。

8.2.3 公文正文

主送机关名称下 1 行，每自然段左空 2 字，回行顶格。数字、年份不能回行。

8.2.4 附件

公文如有附件，在正文下空 1 行左空 2 字用 3 号仿字体字标识“附件”，后标全角冒号和名称。附件如有序号使用阿拉伯数码（如“附件：1.×××××”）；附件名称后不加标点符号。附件应与公文正文一起装订，并在附件左上角第 1 行顶格标识“附件”，有序号时标识序号；附件的序号和名称前后标识应一致。如附件与公文正文不能一起装订，应在附件左上角第 1 行顶格标识公文的发文字号并在其后标识附件（或带序号）。

8.2.5 成文日期

用汉字将年、月、日标全；“零”写为“〇”；成文日期的标识位置见 8.2.6。

8.2.6 公文生效标识

公文生效标识是证明公文效力的表现形式。它包括发文机关印章或签署人姓名。公文生效标识有以下两种情况，一种是单一发文机关如何标识公文生效标识，另一种是联合行文的机关如何标识公文生效标识。

8.2.6.1 单一发文印章

单一机关制发的公文在落款处不署发文机关名称，只标识成文日期。成文日期右空 4 字；加盖印章应上距正文1行之内，端正、居中下压成文时间，印章用红色。

当印章下弧无文字时，采用下套方式，即仅以下弧压在成文日期上；

当印章下弧有文字时，采用中套方式，即印章中心线压在成文日期上。

8.2.6.2 联合行文印章

当联合行文需加盖两个印章时，应将成文日期拉开，左右各空 7 字；主办机关印章在前；两个印章均压成文日期，印章用红色。只能采用同种加盖印章方式，以保证印章排列整齐。两印章间互不相交或相切，相距不超过 3 mm。

当联合行文需加盖 3 个以上印章时，为防止出现空白印章，应将各发文机关名称（可用简称）按加盖印章顺序排列在相应位置，并使印章加盖或套印在其上。主办机关印章在前，每排最多排 3 个印章，两端不得超出版心；最后一排如余一个或两个印章，均居中排布；印章之间互不相交或相切；在最后一排印章之下右空 2 字标识成文时间。

8.2.6.3 特殊情况说明

当公文排版后所剩空白处不能容下印章位置时，应采取调整行距、字距的措施加以解决，务使印章与正文同处一面，不得采取标识“此页无正文”的方法解决。

8.2.7 附注

公文如有附注，用 3 号仿宋体字，居左空 2 字加圆括号标识在成文日期下 1 行。

8. 3 版记

8.3.1 主题词

“主题词”用 3 号黑体字，居左顶格标识，后标全角冒号；词目用 3 号小标宋体字；词目之间空 1 字。

8.3.2 抄送机关

公文如有抄送机关，在主题词下 1 行；左右各空 1 字，用 3 号仿宋体字标识“抄送”，后标全角冒号；抄送机关间用逗号隔开，回行时与冒号后的抄送机关对齐；在最后一个抄送机关后标句号。如主送机关移至主题词之下，标识方法同抄送机关。

8.3.3 印发机关和印发日期

位于抄送机关之下（无抄送机关在主题词之下）占1行位置；用3号仿宋体字。印发机关左空1字，印发日期右空1字。印发日期以公文付印的日期为准，用阿拉伯数码标识。

8.3.4 版记中的反线

版记中各要素之下均加一条反线，宽度同版心。

8.3.5 版记的位置

版记应置于公文最后一面（封四），版记的最后一个要素置于最后一行。

9 页码

用4号半角白体阿拉伯数码标识，置于版心下边缘之下一行，数码左右各放一条4号一字线，一字线距版心下边缘7 mm。单页码居右空1字，双页码居左空1字。空白页和空白页以后的页不标识页码。

10 公文中表格

公文如需附表，对横排A4纸型表格，应将页码放在横表的左侧，单页码置于表的左下角，双页码置于表的左上角，单页码表头在订口一边，双页码表头在切口一边。

公文如需附A3纸型表格，且当最后一页为A3纸型表格时，封三、封四（可放分送，不放页码）应为空白，将A3纸型表格贴在封三前，不应贴在文件最后一页（封四）上。

11 公文的特定格式

11.1 信函式格式

发文机关名称上边缘距上页边的距离为30 mm，推荐用小标宋体字，字号由发文机关酌定；发文机关全称下4 mm处为一条武文线（上粗下细），距下页边20 mm处为一条文武线（上细下粗），两条线长均为170 mm。每行居中排28个字。首页不显示页码。发文机关名称及双线均印红色。发文字号置于武文线下1行版心右边缘顶格标识。发文字号下空1行标识公文标题。如需标识秘密等级或紧急程度，可置于武文线下1行版心左边缘顶格标识。两线之间其他要素的标识方法从本标准相应要素说明。

11.2 命令格式

命令标识由发文机关名称加“命令”或“令”组成，用红色小标宋体字，字号由发文机关酌定。命令标识上边缘距版心上边缘 20 mm，下边缘空 2 行居中标识令号；令号下空 2 行标识正文；正文下空 1 行右空 4 字标识签发人签名章，签名章左空 2 字标识签发人职务；联合发布的命令或令的签发人职务应标识全称。在签发人签名章下空 1 行右空 2 字标识成文日期。其他要素从本标准相关要素说明。

11.3 会议纪要格式

会议纪要标识由"××××××会议纪要"组成。其标识位置同 8.1.4，用红色小标宋体字，字号由发文机关酌定。会议纪要不加盖印章。其他要素从本标准相关要素说明。

12 式样

A4 型公文用纸页边及版心尺寸见图 1（略）；公文首页版式见图 2（略）；

上报公文首页版式见图 3（略）；公文末页版式见图 4（略）；联合行文公文末页版式 1 见图 5（略）；联合行文公文末页版式 2 见图 6（略）。

附录五　国务院公文主题词表

（国务院办公厅秘书局　1997年12月修订）

使用说明

为适应办公现代化的要求，便于计算机检索和管理公文，特编制《国务院公文主题词表》（以下简称词表）。词表主要用于标引国务院、国务院办公厅印发的文件和各地区、各部门上报国务院及其办公厅的文件。

一、编制原则

（一）词表结构务求合乎逻辑，具有较宽的涵盖面，便于使用。

（二）词表体现文档管理一体化的原则，即词表中主题词的区域分类和类别词可分别作为档案分类中的大类和属类。

二、体系结构

（一）词表共由15类1 049个主题词组成，分为主表和附表两大部分，主表有13类751个主题词，附表有2类298个主题词。词表分为三个层次。第一层是对主题词区域的分类，如"综合经济"、"财政、金融"类等。第二层是类别词，即对主题词的具体分类，如"工交、能源、邮电"类中的"工业"、"交通"、"能源"和"邮电"等。第三层是类属词，如"体制"、"职能"、"编制"等。第二层和第三层统称为主题词，用于文件的标引。

（二）1988年12月和1994年4月修订的词表中曾列入本词表中而不再继续用作标引的主题词，用黑体单列在区域分类的最后部分。

三、标引方法

（一）一份文件的标引，除类别词外最多不超过5个主题词。主题词标在文件的抄送栏之上，顶格写。

（二）标引顺序是先标类别词，再标类属词。在标类属词时，先标反映文件内容的词，最后标反映文件形式的词。如《国务院关于加强水土保持工作的通知》，先标类别词“农业”，再标类属词“水土保持”，最后标上“通知”。

（三）一份文件如有两个以上的主题内容，先集中对一个主题内容进行标引，再对第二个主题内容进行标引。如《国务院关于在若干城市试行国有企业兼并破产和职工再就业有关问题的通知》，先标反映第一个主题内容的类别词“经济管理”，再标类属词“企业”、“破产”；然后标反映第二个主题内容的类别词“劳动”，再标类属词“就业”；最后标“通知”。

（四）根据需要，可将不同类的主题词进行组配标引。如《国务院关于“九五”期间深化科学技术体制改革的决定》，可标“科技、体制、改革、决定”。

（五）当词表中找不出准确反映文件主题内容的类属词时，可以在类别词中选择适当的词标引。同时将能够准确反映文件内容的词标在类别词的后面，并在该词的后面加“△”以便区别。

（六）列在区域分类最后，用黑体标出的主题词只供检索用，不再用作标引。

（七）附表中的主题词与主表中的主题词具有同等效力，标引方法相同，不同的是，如果附表中所列的国家、地区的实际名称发生了变化，使用本表的各单位可先按照变化后的标准名称进行修改和使用。国务院办公厅秘书局将定期修订附表。

四、词表管理

（一）本词表由国务院办公厅秘书局负责管理和解释，具体工作由档案数据处承办。

（二）本词表自 1998 年 2 月 1 日起执行，1994 年 4 月修订的词表同时废止。

国务院公文主题词表

01.综合经济（77 个）

01A 计划

规划　统计　指标　分配　统配　调拨

01B 经济管理

经济　管理　调整　调控　控制　结构　制度
所有制　股份制　责任制　流通　产业　行业　改革
改造　竞争　兼并　开放　开发　协作　资源
土地　资产　资料　产权　物价　价格　投资
投标　经营　生产　转产　项目　产品　质量
承包　租赁　合同　包干　国有　国营　私营

集体	个体	企业	公司	集团	合作社	普查
工商	商标	注册	广告	监督	增产	效益
节约	浪费	破产	亏损	特区	开发区	保税区
展销	展览					
商品化	**横向联系**	**第三产业**	**生产资料**			

02.工交、能源邮电（69 个）

02A 工业

冶金	钢铁	地矿	机械	汽车	电子	电器
仪器	仪表	化工	航天	航空	核工	船舶
兵器	军工	轻工	有色金属	盐业	食品	印刷
包装	手工业	纺织	服装	丝绸	设备	原料
材料	加工					

02B 交通

铁路	公路	桥梁	民航	机械	航线	航道
空中管制	飞机	港口	码头	口岸	车站	车辆
运输	旅客					

02C 能源

石油	煤炭	电力	燃料	天然气	煤气	沼气

02D 邮电

通信	电信	邮政	网络	数据		
民品	**厂矿**	**空运**	**三线**	**通讯**	**水运**	**运费**

03.旅游、城乡建设、环保（42 个）

03A 旅游

03B 服务业

饮食业	宾馆

03C 城乡建设

城市	乡镇	基建	建设	建筑	建材	勘察
测绘	设计	市政	公用事业	监理	环卫	征地
工程	房地产	房屋	住宅	装修	设施	出让
转让	风景名胜	园林	岛屿			

03D 环保

保护区	植物	动物	污染	生态	生物	
风景	**饭店**	**城乡**	**国土**	**沿海**		

04.农业、林业、水利、气象（56个）

04A 农业

农村	农民	农民负担	农场	农垦	粮食	棉花
油料	生猪	蔬菜	糖料	烟草	水产	渔业
水果	经济作物	农副产品	副业	畜牧业	乡镇企业	农膜
种子	化肥	农药	饲料	灾害	以工代赈	扶贫

04B 林业

绿化	木材	森林	草原	防沙治沙		

04C 水利

河流	湖泊	滩涂	水库	水域	流域	水土保持
节水	防汛	抗旱	三峡			

04D 气象

气候	预报	预测				
烟酒	**土特产**	**有机肥**	**多种经营**	**牧业**		

05.财政、金融（57个）

05A 财政

预算	决算	核算	收支	财务	会计	税务
税率	审计	债务	积累	经费	集资	收费
资金	基金	租金	拨款	利润	补贴	折旧费
附加费	固定资产					

05B 金融

银行	货币	黄金	白银	存款	贷款	信贷
贴现	通货膨胀	交易	期货	利率	利息	贴息
外汇	外币	汇率	债券	证券	股票	彩票
信托	保险	赔偿	信用社			
现金	**留成**	**流动资金**	**储蓄**	**费用**	**侨汇**	**折旧率**

06.贸易（52个）

06A　商业

商品	物资	收购	定购	购置	市场	集贸
酒类	副食品	日用品	销售	消费	批发	供应
零售	拍卖	专卖	订货	营业	仓库	储备
储运	货物					

06B　外贸

对外援助	军贸	进口	出口	引进	海关	缉私
仲裁	商检	外商	外资	合资	合作	关贸
许可证	驻外企业					
贸易	**倒卖**	**外向型**	**议购**	**议售**	**垄断**	**经贸**
贩运	**票证**	**外经**	**交易会**			

07.外事（42个）

07A　外交

对外政策	对外关系	领土	领空	领海	外交人员	建交
公约	大使	领事	条约	协定	协议	议定书
备忘录	照会	国际	涉外事务	抗议		

07B　外事

国际会议	国际组织	对外宣传	出访	出国	出入境	签证
护照	邀请	来访	谈判	会谈	会见	接见
招待会	宴会	外国人	外宾	对外友协	外国专家	
涉外						

08.公安、司法、监察（46个）

08A　公安

警察	武警	警衔	治安	非法组织	安全	保卫
禁毒	消防	防火	检查	扫黄	案件	处罚
户口	证件	事件	危险品	游行	海防	边防
边界	边境					

08B　司法

政法	法制	法律	法院	律师	检察	程序
公证	劳改	劳教	监狱			

08C 监察

廉政建设	审查	纪检	执法	行贿	受贿	贪污
处分						
侦破						

09.民政、劳动人事（85个）

09A 民政

基层政权	选举	行政区划	地名	人口	双拥工作	社会保障
社团	救灾	救济	募捐	婚姻	移民	抚恤
慰问	调解	老龄问题	烈士	纠纷	残疾人	墓地
殡葬	社区服务					

09B 机构

驻外机构	体制	职能	编制	精简	更名

09C 人事

行政人员	干部	公务员	考核	录用	职工	家属
子女	知识分子	专家	参事	院士	文史馆员	履历
聘任	任免	辞退	退职	职称	待遇	离休
退休	交流	安置	调配	模范	表彰	奖励

09D 劳动

就业	失业	招聘	合同制	工人	保护	劳务
第二职业	事故					

09E 工资

津贴	奖金	福利	收入			
老年	**简历**	**劳资**	**人才**	**招工**	**待业**	**补助**
拥军优属	**丧葬**	**奖惩**				

10.科、教、文、卫、体（73个）

10A 科技

科学	技术	科普	科研	鉴定	标准	计量
专利	发明	实验	情报	计算机	自动化	信息
卫星	地震	海洋				

10B 教育

学校	教师	招生	学生	培训	毕业	学位
留学	教材	校办企业				

10C 文化

文字	文史	文学	语言	艺术	古籍	图书
宣传	广播	电视	电影	出版	版权	报刊
新闻	音像	文物	古迹	纪念物	电子出版物	

10D 卫生

医院	中医	医疗	医药	药材	防疫	疾病
计划生育	妇幼保健	检验	检疫			

10E 体育

运动员	教练员	运动会	比赛			
馆所	**院校**	**校舍**	**地方志**	**软科学**	**社科**	

11.国防（24 个）

11A 军事

军队	国防	空军	海军	征兵	服役	转业
民兵	预备役	军衔	复员	文职	后勤	装备
战备	作战	训练	防空	军需	武器	弹药
人武						
退伍						

12.秘书、行政（74 个）

12A 文秘工作

机关	国旗	国徽	机要	印章	信访	督查
保密	公文	档案	会议	文件	秘书	电报
提案	议案	谈话	讲话	总结	批示	汇报
建议	意见	文章	题词	章程	条例	办法
细则	规定	方案	布告	决议	命令	决定
指示	公告	通告	通知	通报	报告	请示
批复	函	会议纪要				

12B 行政事务

行政 工作制度 纪念活动 庆典活动 休假 节假日 着装
参观 接待 措施 调查 视察 考察 礼品
馈赠 服务
出席 发言 转发 名单 批准 审批 信函
事务 活动 纪要 督察

13.综合党团（54个）

13A 党派团体

共产党 民主党派 共青团 团体 工会 协会 学会
民间组织 文联 学联 妇女 儿童 基金会

13B 统战

政协 民主人士 爱国人士

13C 民族

民族区域自治 民族事务

13D 宗教

寺庙

13E 侨务

外籍华人 归侨 侨乡

13F 港澳台

香港问题 澳门问题 台湾问题

13G 综合

整顿 形势 社会 精神文明 法人 发展 其他
试点
推广 青年 政治 范围 党派 组织 领导
方针 政策 党风 事业 咨询 中心 清除

附表

1. 中国行政区域（54个）（略）
2. 世界行政区域（244个）（略）